Körperschaftsteuerliches Anrechnungsverfahren und internationales Steuerrecht

Europäische Hochschulschriften
Publications Universitaires Européennes
European University Studies

Reihe V
Volks- und Betriebswirtschaft

Série V Series V
Sciences économiques, gestion d'entreprise
Economics and Management

Bd./Vol. 1486

PETER LANG
Frankfurt am Main · Berlin · Bern · New York · Paris · Wien

Axel Thümler

Körperschaftsteuerliches Anrechnungsverfahren und internationales Steuerrecht

PETER LANG
Europäischer Verlag der Wissenschaften

Die Deutsche Bibliothek - CIP-Einheitsaufnahme

Thümler, Axel:

Körperschaftsteuerliches Anrechnungsverfahren und internationales Steuerrecht / Axel Thümler. - Frankfurt am Main ; Berlin ; Bern ; New York ; Paris ; Wien : Lang, 1994
(Europäische Hochschulschriften : Reihe 5, Volks- und Betriebswirtschaft ; Bd. 1486)
Zugl.: Bamberg, Univ., Diss., 1993
ISBN 3-631-46665-X

NE: Europäische Hochschulschriften / 05

D 473
ISSN 0531-7339
ISBN 3-631-46665-X

Printed in Germany 1 2 3 4 6 7

Vorwort

Die vorliegende Arbeit wurde im Wintersemester 1992/1993 von der Fakultät Sozial- und Wirtschaftswissenschaften der Otto-Friedrich-Universität Bamberg als Dissertation angenommen.
Ganz herzlich möchte ich Herrn Prof. Dr. Crezelius für die Anregung zu diesem Thema und die Betreuung, Herrn Prof. Dr. Kupsch für die Zweitbegutachtung und Herrn Rechtsanwalt/Steuerberater Prof. Dr. Schindhelm LL.M., Osnabrück, für die wichtigen und wertvollen praktischen Hinweise danken.
Die Promotion wurde durch Stipendien von der Konrad-Adenauer-Stiftung e.V. und von der Studienstiftung des deutschen Volkes gefördert.
Für die Durchsicht des Manuskriptes danke ich Herrn Thomas Diembach M.A. und meiner Frau Babette.
Mein Dank gilt auch meinen Eltern, die das Promotionsvorhaben unterstützt haben.

Osnabrück, im August 1993 Axel Thümler

Inhaltsverzeichnis

Abkürzungsverzeichnis

Abb.	Abbildung
bzw.	beziehungsweise
DStJG	Deutsche Steuerjuristische Gesellschaft
ErgLfg.	Ergänzungslieferung
ggf.	gegebenenfalls
GmbHR	GmbH-Rundschau
GrS	Großer Senat
Halbbd.	Halbband
i.H.	in Höhe
IStR	Internationales Steuerrecht
IWB	Internationale Wirtschaftsbriefe
KapErhStG	Gesetz über steuerrechtliche Maßnahmen bei Erhöhung des Nennkapitals aus Gesellschaftsmitteln
max.	maximal
Mrd.	Milliarden
StEK	Steuererlasse in Karteiform
u.a.	und andere
v.	vom/von
ZfhF	Zeitschrift für handelswissenschaftliche Forschung
z.Zt.	zur Zeit

Hinsichtlich der weiteren Abkürzungen wird verwiesen auf: Kirchner, Hildebert, Abkürzungsverzeichnis der Rechtssprache, 4. Aufl., 1993.

§1. EINLEITUNG

A. Problemdarstellung

Die körperschaftsteuerliche Doppelbelastung ausgeschütteter Gewinne auf der Ebene der Kapitalgesellschaft und auf der Ebene der Anteilseigner ist ein nationales Problem. Es ist durch die Einführung eines Körperschaftsteuersystems mit Vollanrechnungsverfahren durch die Körperschaftsteuerreform 1977 beseitigt worden. Durch das Vollanrechnungsverfahren wird die auf der Ebene der Kapitalgesellschaft gezahlte Körperschaftsteuer auf die Steuerschuld der Anteilseigner angerechnet und ggf. erstattet. Die vor 1977 gegebene Doppelbelastung mit Körperschaft- und Einkommensteuer wird vermieden.
Das Problem der internationalen Doppelbesteuerung wird durch uni- und bilaterale Maßnahmen vermieden bzw. gemildert. Unilaterale Maßnahmen werden einseitig vom deutschen Fiskus gewährt, bilaterale werden in DBA mit dem jeweiligen Vertragsstaat vereinbart.
Im Schnittbereich des körperschaftsteuerlichen Vollanrechnungsverfahrens mit den Maßnahmen zur Vermeidung bzw. Milderung der internationalen Doppelbesteuerung entsteht nach dem z.Zt. gültigen Körperschaftsteuerrecht ein Problem: Die Wirkung der Maßnahmen zur Vermeidung bzw. Milderung der internationalen Doppelbesteuerung wird aufgehoben, sobald die Kapitalgesellschaft ausländische Einkünfte ausschüttet. Soweit die Einkünfte keiner oder nur einer verminderten inländischen Körperschaftsteuer unterlagen, wird die inländische Körperschaftsteuer im Ausschüttungsfall nach § 27 Abs. 1 KStG durch eine Ausgleichsteuer bis zur Höhe der Ausschüttungsbelastung i.H.v. 36% nacherhoben. Beträgt die inländische Körperschaftsteuer mehr als 36%, wird sie auf die Höhe der Ausschüttungsbelastung i.H.v. 36% gemindert. Diese Ausschüttungsbelastung wird dem Anteilseigner zwar als Steuerguthaben auf seine Einkommen- bzw. Körperschaftsteuer angerechnet, im Ergebnis verlieren die Maßnahmen zur Vermeidung bzw. Milderung der internationalen Doppelbesteuerung jedoch ihre Wirkung, da die Einkünfte beim Anteilseigner normal zu versteuern sind.

Anders stellt sich der Sachverhalt bei Personengesellschaften dar. Da Personengesellschaften keiner eigenständigen Besteuerung unterliegen und der Gewinn den Mitunternehmern im Rahmen der einheitlichen und gesonderten Gewinnfeststellung zugerechnet wird, bleiben bei Personengesellschaften die Maßnahmen zur Vermeidung bzw. Milderung der internationalen Doppelbesteuerung endgültig wirksam[1].
Viele Staaten, die ein Körperschaftsteuersystem mit Voll- bzw. Teilanrechnungsverfahren anwenden, erheben wie das deutsche Körperschaftsteuersystem eine Ausgleichsteuer, wenn zur Ausschüttung verwendete Gewinnanteile nicht der vollen Körperschaftsteuer unterlegen haben. So erheben z.B. Frankreich[2], Großbritannien[3] und Italien[4] eine Ausgleichsteuer. Frankreich stellt allerdings ausländische Steuern der inländischen gleich, so daß insoweit keine Ausgleichsteuer entsteht[5]. In diesen Fällen führen damit auch ausländische Steuern zu einer Steuergutschrift beim Anteilseigner.
Seit der Einführung des körperschaftsteuerlichen Vollanrechnungsverfahrens wird die Aufhebung der Maßnahmen

---

[1] Feuerbaum, Internationale Besteuerung des Industrieanlagenbaus, S. 31.

[2] Vgl. Pöllath, RIW 1979, 759f.; Tillmanns, IWB, Fach 5 Frankreich, Gruppe 2, 913.

[3] Vgl. Herzig, StuW 1990, 25; Hundt, DB Beilage 17/1980, 10; Pöllath, RIW 1979, 759.

[4] Anfangs wurde im italienischen Körperschaftsteuerrecht keine Ausgleichsteuer erhoben. Kurze Zeit nach Einführung des Körperschaftsteuersystems mit Vollanrechnungsverfahren wurde allerdings eine Ausgleichsteuer eingeführt (Mayr, IWB, Fach 5 Italien, Gruppe 2, 318f.).
Die Ausgleichsteuer wird nicht erhoben, wenn die Gewinne aufgrund besonderer Förderungsgesetze (Süditalien) von der Körperschaftsteuer befreit sind. Bei anderen Steuererleichterungen wird nur die halbe Ausgleichsteuer erhoben. (Mayr, IWB, Fach 5 Italien, Gruppe 2, 319).

[5] Vgl. Farnschläder, IWB, Fach 5 Frankreich, Gruppe 2, 863; Hundt, DB Beilage 17/1980, 9; Pöllath, RIW 1979, 759f..

zur Vermeidung bzw. Milderung der internationalen Doppelbesteuerung bei der Ausschüttung kritisiert[6].
Bei ausländischen Einkünften, die durch DBA von der Besteuerung in der Bundesrepublik freigestellt werden, stellt sich die Frage, ob die Herstellung der Ausschüttungsbelastung durch eine Ausgleichsteuer zulässig ist[7]. Da auch nach Ansicht des BFH die Ausgleichsteuer eine Körperschaftsteuer[8] ist, verstößt die Herstellung der Ausschüttungsbelastung gegen den Wortlaut vieler DBA. Allerdings vereinbart die Bundesrepublik in neu abgeschlossenen DBA Klauseln mit dem Inhalt, daß die Herstellung der Ausschüttungsbelastung mit den DBA vereinbar ist[9].
Die Aufhebung der Maßnahmen zur Vermeidung bzw. Milderung der internationalen Doppelbesteuerung bei der Ausschüttung gewinnt mit zunehmender Internationalisierung der deutschen Wirtschaft an Bedeutung, da damit zuneh-

---

6 Vgl. dazu vor 1980: Becker bereits mit Bezug auf europäische Unternehmungsverschmelzungen (vgl. Becker, BB 1978, 1373ff.); Brezing, GmbHR 1976, 273 und AG 1979, 244ff.; Feuerbaum, Internationale Besteuerung des Industrieanlagenbaus, S. 27f.; Flick, DB 1977, 34; Kuhn, FR 1979, 315; Mayer-Wegelin, BB 1976, 1599ff.; Müller-Dott, BB 1977, 1268; Pöllath, RIW 1979, 757ff.; Reuter, DStR 1978, 67f. und DStR 1978, 242; Telkamp, FR 1977, 319; Tietze, BB 1977, 439ff.; Wöhe kritisierte die Regelung bereits, als das Gesetz noch in der Fassung eines Referentenentwurfs vorlag (vgl. Wöhe, DStR 1972, 338); Wohlschlegel, FR 1976, 243ff..
Schon vor der Formulierung konkreter Gesetzentwürfe weist Salditt auf die "isolationistischen Eigenschaften des Anrechnungssystems" (Salditt, RIW 1971, 398) hin, wenn eine Ausgleichsteuer erhoben wird (vgl. Salditt, RIW 1971, 398).

7 Vgl. Brezing, GmbHR 1987, 154; Escher, RIW 1977, 408; Manke, StbJb 1977/78, 286f.; Mayer-Wegelin, BB 1976, 1599; Raupach, JbFSt 1977/78, 437f.; Telkamp, FR 1977, 319; Wohlschlegel, FR 1976, 244.

8 BFH v. 27.6.1990, BStBl II 1991, 150, 152.

9 Dötsch in Dötsch/Eversberg/Jost/Witt, § 27 KStG Rz. 46d; Kluge, Das deutsche internationale Steuerrecht, S. 219.

mend Erträge im Ausland entstehen[10]. Der EG-Binnenmarkt wird diese Internationalisierung forcieren[11]. Ausländische Einkünfte inländischer Kapitalgesellschaften werden gegenüber inländischen Einkünften durch das z.Zt. gültige Steuerrecht benachteiligt[12]. Dies gilt auch für ausländische Einkünfte aus Staaten, die Mitglied der EG sind. Der gemeinsame Binnenmarkt, der die Bedeutung der Grenzen für die Wirtschaft aufheben will, wird so durch die körperschaftsteuerliche Behandlung ausländischer Einkünfte in der Bundesrepublik konterkariert. Die Bundesrepublik gerät auf diese Weise als Ausgangsbasis für Auslandsengagements ins Hintertreffen, denn das deutsche Körperschaftsteuerrecht hemmt die Internationalisierung deutscher Unternehmen[13]. Für die EG stellt die "Beseitigung der

---

10 Vgl. Feuerbaum, DB 1980, 1809f.; Heibel, RIW 1982, 646ff. und DB 1984, 2060ff..

11 Vgl. in diesem Zusammenhang die Bemühungen der zuständigen Gremien der EG: Mitteilung an das Parlament und den Rat über die Leitlinien der Unternehmensbesteuerung v. 20.4.1990 (veröffentlicht als BRDrucks 360/90); Richtlinie des Rates v. 23.7.1990, ABlEG, Nr. L 225 v. 20.8.1990, 1ff.; Richtlinie des Rates v. 23.7.1990, ABlEG, Nr. L 225 v. 20.8.1990, 6ff.; Übereinkommen über die Beseitigung der Doppelbesteuerung im Falle von Gewinnberichtigungen zwischen verbundenen Unternehmen, ABlEG, Nr. L 225 v. 20.8.1990, 10ff.; Vorschlag für eine Richtlinie des Rates über die gemeinsame Steuerregelung für Zahlungen von Zinsen und Lizenzgebühren zwischen Mutter- und Tochtergesellschaften verschiedener Mitgliedstaaten v. 6.12.1990, ABlEG, Nr. C 53 v. 28.2.1991, 26ff.; Vorschlag für eine Richtlinie des Rates über eine Regelung für Unternehmen zur Berücksichtigung der Verluste ihrer in anderen Mitgliedstaaten belegenen Betriebstätten und Tochtergesellschaften v. 6.12.1990, ABlEG, Nr. C 53 v. 28.2.1991, 30ff..

12 Vgl. Brezing, AG 1979, 249f.; Greif, RIW 1977, 216f.; Heibel, RIW 1982, 648f. und DB 1984, 2061f.; Institut Finanzen und Steuern, Nr. 249; Kuhn, FR 1979, 318; Pöllath, RIW 1979, 762f.; Reuter, DStR 1978, 67f. und DStR 1978, 241f.; Ritter, BB 1983, 325ff.; Stein, Festschrift zur Vollendung des 80. Lebensjahres von Peter Scherpf, S. 339f..

13 Darüber hinaus verliert die Bundesrepublik im Wettbewerb der Steuersysteme an Boden, da andere EG-Staaten und Wettbewerbs-

steuerlichen Hindernisse, die gegenwärtig der grenzüberschreitenden Tätigkeit der Unternehmen in der Gemeinschaft entgegenstehen oder sie erschweren," eine vorrangige Aufgabe dar[14]. Die körperschaftsteuerliche Behandlung ausländischer Einkünfte in der Bundesrepublik ist ein solches Hindernis.
Durch die Einführung des körperschaftsteuerlichen Vollanrechnungsverfahrens sollten mittelbar über eine Kapitalgesellschaft bezogene Einkünfte steuerlich nicht höher als unmittelbar über eine Personengesellschaft bezogene Einkünfte belastet werden[15]. Durch die Maßnahmen zur Vermeidung bzw. Milderung der internationalen Doppelbesteuerung sollte die Benachteiligung ausländischer Einkünfte gegenüber inländischen beseitigt werden[16].
Bei mittelbarem Bezug ausländischer Einkünfte über eine inländische Kapitalgesellschaft hat der Gesetzgeber beide Zielsetzungen durchbrochen. Er hat einerseits ausländische gegenüber inländischen Einkünften benachteiligt. Andererseits hat er mittelbar über eine Kapitalgesellschaft bezogene Einkünfte im Vergleich zu unmittelbar über eine Personengesellschaft bezogenen Einkünften benachteiligt[17].

---

länder außerhalb der EG die Körperschaftsteuersätze auf weit unter dem deutschen Niveau liegende Sätze absenken werden oder abgesenkt haben. (Vgl. Gutachten der Kommission zur Verbesserung der steuerlichen Bedingungen für Investitionen und Arbeitsplätze, Rz. 67ff.).

14 Mitteilung an das Parlament und den Rat über die Leitlinien der Unternehmensbesteuerung v. 20.4.1990, 6 (veröffentlicht als BRDrucks 360/90).

15 Vgl. BTDrucks 7/1470, 327f..

16 Vgl. BTDrucks 6/2883, 21; BTDrucks 8/3648, 20.

17 Vgl. Brezing, AG 1979, 244ff. und GmbHR 1987, 152ff.; Fischer, Festschrift zur Vollendung des 80. Lebensjahres von Peter Scherpf, S. 280f.; Flick, DB 1977, 34; Greif, RIW 1977, 216f.; Haase/Roßmayer, DStR 1991, 1126; Heibel, RIW 1982, 648f. und DB 1984, 2061ff.; Institut Finanzen und Steuern, Nr. 249; Kuhn, FR 1979, 315ff. und StbJb 1980/81, 176; Pöllath, RIW 1979, 762ff.; Reuter, DStR 1978, 67f. und DStR 1978, 241f.; Ritter, BB 1983, 325ff. und BB 1991, 356;

Vielfältige Reformvorschläge wurden gemacht[18]. Diese Vorschläge berücksichtigen aber nicht das besondere Spannungsfeld, welches durch das körperschaftsteuerliche Vollanrechnungsverfahren auf der einen und die Maßnahmen zur Vermeidung bzw. Milderung der internationalen Doppelbesteuerung auf der anderen Seite entsteht. Sowohl das körperschaftsteuerliche Vollanrechnungsverfahren als auch die Maßnahmen zur Vermeidung bzw. Milderung der internationalen Doppelbesteuerung sind auf bestimmte Ziele und Motive des Gesetzgebers zurückzuführen. Die Reformvorschläge müssen daher möglichst sowohl den Zielen und Motiven des Gesetzgebers bei der Einführung des körperschaftsteuerlichen Vollanrechnungsverfahrens als auch den Zielen und Motiven bei der Einführung von Maßnahmen zur Vermeidung bzw. Milderung der internationalen Doppelbesteuerung gerecht werden. Dieses Ziel erreichen die bisherigen Vorschläge nicht.

B. Gang der Untersuchung

Die vorliegende Arbeit stellt die Grundsatzentscheidung zugunsten eines Körperschaftsteuersystems mit Vollanrechnungsverfahren nicht in Frage. Dieses System hat sich bewährt[19] und es ist möglich, die Behandlung ausländischer Einkünfte auch im bestehenden Vollanrechnungsverfahren anders auszugestalten[20]. Sollte innerhalb der EG ein harmonisiertes Körperschaftsteuersystem eingeführt werden, ist es darüber hinaus wahrscheinlich, daß dies ein Körperschaftsteuersystem mit Teil-

---

Stein, Festschrift zur Vollendung des 80. Lebensjahres von Peter Scherpf, S. 339f.; Widmann, DStR 1980, 522.

18 Vgl. Brezing, AG 1979, 253ff. und GmbHR 1987, 155; Flick, DB 1977, 34; Greif, RIW 1977, 217; Gutachten der Kommission zur Verbesserung der steuerlichen Bedingungen für Investitionen und Arbeitsplätze, Rz. 460ff.; Heibel, DB 1984, 2066ff.; Herzig, StuW 1990, 32f.; Institut Finanzen und Steuern, Nr. 249; Kuhn, FR 1979, 315; Mösbauer, FR 1987, 53; Pöllath, RIW 1979, 761f.; Ritter, BB 1983, 326, Schuler, Körperschaftsteuerliche Aspekte der geplanten Unternehmenssteuerreform, S. 141ff..

19 Ebenso Herzig/Dötsch, Festschrift 40 Jahre DER BETRIEB, S. 115.

20 Vgl. die zahlreichen Vorschläge in Fn. 18.

oder Vollanrechnungsverfahren sein wird, denn in der Mehrzahl der EG-Mitgliedstaaten sind solche Körperschaftsteuersysteme gültig[21].
Ziel der Untersuchung ist es, Reformvorschläge für die Behandlung der ausländischen Einkünfte im Körperschaftsteuerrecht zu erarbeiten. Diese Vorschläge sollen die Vergünstigung der Maßnahmen zur Vermeidung bzw. Milderung der internationalen Doppelbesteuerung bei mittelbarem Bezug über eine inländische Kapitalgesellschaft an die Anteilseigner weiterleiten. Die Vorschläge sollen den Zielen und Motiven des Gesetzgebers sowohl bei der Einführung des körperschaftsteuerlichen Vollanrechnungsverfahrens[22] als auch bei der Einführung der Maßnahmen zur Vermeidung bzw. Milderung der internationalen Doppelbesteuerung[23] gerecht werden. Darüber hinaus werden die Vorschläge an den Zielen und Motiven der EG gemessen, welche diese als Begründung für Maßnahmen zur Vermeidung bzw. Milderung der internationalen Doppelbesteuerung anführt.
Diese Maßstäbe wurden gewählt, da sich der Gesetzgeber an die von ihm selbst aufgestellten Ziele und Motive halten sollte und in dieser Hinsicht ein Steuersystem mit möglichst wenig Widersprüchen aufbauen sollte. Wenn der Gesetzgeber sich entschließt, bestimmte Maßnahmen zu begünstigen bzw. nicht zu benachteiligen, sollte er diese Wertung einheitlich im Steuerrecht beibehalten.
Ziel der Reformvorschläge ist es nicht, die vollständige Rechtsformneutralität zwischen dem mittelbaren Bezug ausländischer Einkünfte über eine inländische Kapitalgesellschaft und dem unmittelbaren Bezug ausländischer Einkünfte zu erreichen. Solange es eine eigenständige Besteuerung von Kapitalgesellschaften durch das KStG gibt, wird dies auch kaum möglich sein.
Auch die vollständige Gleichheit der Steuerbelastung in- und ausländischer Einkünfte wird nur in Ausnahme-

---

21 Vgl. Gutachten der Kommission zur Verbesserung der steuerlichen Bedingungen für Investitionen und Arbeitsplätze, Rz. 404; Mitteilung an das Parlament und den Rat über die Leitlinien der Unternehmensbesteuerung v. 20.4.1990, Anlage 7 (veröffentlicht als BRDrucks 360/90)

22 Vgl. BTDrucks 7/1470, 326ff..

23 Vgl. z.B. BTDrucks 6/2883, 21 und BTDrucks 8/3648, 20.

fällen erreicht werden können, solange im In- und Ausland unterschiedliche Steuersysteme angewandt werden.
Die Untersuchung betrachtet das Problem aus der Perspektive des Anteilseigners und sieht daher die Kapitalgesellschaft als Mittel der Anteilseigner, um Einkommen zu erzielen[24]. Diese Sichtweise ist beim vorliegenden Problem erforderlich, da das Problem erst bei der Ausschüttung ausländischer Einkünfte und damit der Einbeziehung der Anteilseignerebene auftritt.
Die Untersuchung beschränkt sich auf Kapitalgesellschaften i.S. § 1 Abs. 1 Nr. 1 KStG. Diese Gesellschaften stellen den Großteil aller dem KStG unterliegenden Körperschaften dar[25].
Die Untersuchung geht von unbeschränkt einkommen- bzw. körperschaftsteuerpflichtigen anrechnungsberechtigten Anteilseignern aus. Unberücksichtigt bleiben nicht anrechnungsberechtigte Anteilseigner, es sei denn, diese werden ausdrücklich angesprochen.
Berücksichtigt werden nur die Körperschaft- und die Einkommensteuer.
Da die untersuchte Problematik nur bei positiven ausländischen Einkünften auftritt, wird die Behandlung negativer ausländischer Einkünfte nicht untersucht.
In §2. werden Unternehmensbesteuerungssysteme dargestellt. Einen Schwerpunkt bildet das in der Bundesrepublik verwirklichte Körperschaftsteuersystem mit Vollanrechnungsverfahren. Gegliedert wird die Untersuchung nach den zur Beseitigung der Doppelbelastung ausgeschütteter Gewinne ergriffenen Maßnahmen.
Daran anschließend werden in §3. in der Bundesrepublik durchgeführte uni- und bilaterale Maßnahmen zur Vermeidung bzw. Milderung der internationalen Doppelbesteuerung dargestellt.
Beurteilungskriterien für die Wirkung von Maßnahmen zur Vermeidung bzw. Milderung der internationalen Doppelbesteuerung werden in §4. erarbeitet. Diese Kriterien leiten sich sowohl aus den Zielen und Motiven ab, die zur Beseitigung der Doppelbelastung im Körperschaft-

---

24 Vgl. Wöhe, Betriebswirtschaftliche Steuerlehre, Bd. I/1, S. 194.

25 Vgl. Statistisches Bundesamt, Finanzen und Steuern, Fachserie 14, Reihe 7.2, Körperschaftsteuer 1986, S. 18 und 51.

steuerrecht geführt haben, als auch aus den Zielen und Motiven, die zur Einführung von Maßnahmen zur Vermeidung bzw. Milderung der internationalen Doppelbesteuerung geführt haben. Die aus den Zielen und Motiven abgeleiteten Kriterien implizieren eine ökonomische Sichtweise.

In §5. wird die Problematik erörtert, die im Überschneidungsbereich des in der Bundesrepublik verwirklichten Körperschaftsteuersystems und der in §3. dargestellten Maßnahmen zur Vermeidung bzw. Milderung der internationalen Doppelbesteuerung liegt. Die Wirkung der unterschiedlichen Maßnahmen zur Vermeidung bzw. Milderung der internationalen Doppelbesteuerung bei mittelbarem Bezug ausländischer Einkünfte über eine inländische Kapitalgesellschaft wird jeweils einzeln untersucht. Dies ist notwendig, da diese Maßnahmen sich in Wirkung und Vorgehensweise voneinander unterscheiden.

In §6. soll die Wirkung der international üblichen Maßnahmen zur Vermeidung bzw. Milderung der internationalen Doppelbesteuerung in unterschiedlichen Körperschaftsteuersystemen untersucht werden. Gegliedert wird der Abschnitt nach den zur Milderung bzw. Vermeidung der körperschaftsteuerlichen Doppelbelastung ergriffenen Maßnahmen.

Unilateral durchführbare Reformvorschläge zur Behandlung ausländischer Einkünfte, die mittelbar über eine inländische Kapitalgesellschaft bezogen werden, werden in §7. dargestellt und beurteilt. Bei der Beurteilung der unilateral durchführbaren Reformvorschläge wird unterstellt, daß das Ausland ein klassisches Körperschaftsteuersystem anwendet. Auch in diesem Abschnitt werden die Reformvorschläge für die unterschiedlichen Maßnahmen zur Vermeidung bzw. Milderung der internationalen Doppelbesteuerung getrennt behandelt. Untersucht werden in der Literatur vorgestellte und eigene Reformvorschläge. Um eigene Reformvorschläge zu entwickeln, werden Anregungen aus der Literatur und speziellen gesetzlichen Regelungen aufgenommen.

In §8. werden bilateral durchführbare Reformvorschläge für den unmittelbaren Bezug ausländischer Einkünfte einerseits und für den mittelbaren Bezug ausländischer Einkünfte über eine inländische Kapitalgesellschaft

andererseits erörtert. Diese Vorschläge lassen die Annahme fallen, daß das Ausland ein klassisches Körperschaftsteuersystem anwendet. Nacheinander werden Reformvorschläge für die in §2. dargestellten unterschiedlichen Körperschaftsteuersysteme untersucht. Die verschiedenen Körperschaftsteuersysteme vermeiden bzw. mildern die Doppelbelastung durch die Einkommen- und Körperschaftsteuer auf unterschiedliche Weise. Daher müssen die Reformvorschläge zur Weiterleitung dieser Vergünstigung an inländische Anteilseigner bei mittel- und unmittelbarem Bezug auf das ausländische Körperschaftsteuersystem abgestimmt werden und können nur auf bilateraler Basis eingeführt werden. Unterschiedliche ausländische Körperschaftsteuersysteme erfordern unterschiedliche Reformvorschläge. Da die Milderung bzw. Vermeidung der körperschaftsteuerlichen Doppelbelastung durch das ausländische Körperschaftsteuersystem nur die Ausschüttungen ausländischer Kapitalgesellschaften betrifft, werden nur diese betrachtet. Von den Maßnahmen zur Vermeidung bzw. Milderung der internationalen Doppelbesteuerung werden deshalb nur die direkte Anrechnung, die indirekte Anrechnung und das internationale Schachtelprivileg untersucht.
Reformvorschläge sind auch für den unmittelbaren Bezug von Ausschüttungen ausländischer Kapitalgesellschaften durch inländische Anteilseigner erforderlich, damit der unmittelbare gegenüber dem mittelbaren Bezug nicht benachteiligt wird. Dies wäre der Fall, wenn ausschließlich bei mittelbarem Bezug von Ausschüttungen ausländischer Kapitalgesellschaften über inländische Kapitalgesellschaften die Vergünstigungen der ausländischen Körperschaftsteuersysteme an die inländischen Anteilseigner weitergegeben würden.
In §9. werden die Untersuchungsergebnisse zusammengefaßt und die Gemeinsamkeiten der in der Untersuchung empfohlenen Reformvorschläge herausgearbeitet. Es wird versucht, aus den Gemeinsamkeiten für Teilbereiche einen allgemeinen Ansatz abzuleiten.

§2. UNTERNEHMENSBESTEUERUNGSSYSTEME UNTER BESONDERER BERÜCKSICHTIGUNG VON MAßNAHMEN ZUR BESEITIGUNG DER DOPPELBELASTUNG AUSGESCHÜTTETER GEWINNE

Die Besteuerung von Unternehmen ist in zwei Grundformen denkbar[1]. Die erste Grundform knüpft an die Ordnungsstruktur des Zivilrechts und damit an die Rechtsform an. Diese Form, die in der Bundesrepublik angewandt wird, unterwirft die Gewinne von juristischen Personen der Körperschaftsteuer und erfaßt die Gewinne von Personengesellschaften bzw. Einzelunternehmen anteilig bei den Gesellschaftern. Im folgenden umfaßt der Begriff Personengesellschaft auch die Einzelunternehmen. Die zweite Grundform unterwirft alle Unternehmen unabhängig von der Rechtsform einer Betriebsteuer[2]. Ein solches einheitliches Unternehmenssteuerrecht gibt es in der Bundesrepublik nicht.

Unternehmensbesteuerungssysteme werden in dieser Untersuchung nach dem Grad der Beseitigung der Doppelbelastung ausgeschütteter Gewinne systematisiert.

Dabei ist der Begriff Doppelbelastung irreführend. Er ist qualitativ irreführend, da juristisch einmal das Einkommen der Kapitalgesellschaft und einmal das Einkommen des Anteilseigners besteuert wird[3]. Dies entspricht aber wirtschaftlich einer Doppelbelastung. Er ist quantitativ irreführend, da nicht genau die doppelte Belastung entsteht, sondern eine zusätzliche Belastung[4].

---

1 Gutachten der Steuerreformkommission, Schriftenreihe des BMF, Heft 17, Rz. IV/40.

2 Vgl. Rasenack, Die Theorie der Körperschaftsteuer, S. 133.

3 Vgl. Begründung zum Entwurf des KStG 1920, 14, zitiert bei Rasenack, Die Theorie der Körperschaftsteuer, S. 89; Popitz, Handwörterbuch der Staatswissenschaften, Bd. 5, S. 896f..

4 Vgl. Crezelius, Steuerrecht II, § 13 Rz. 3. Es ist nicht möglich, diese Zusatzbelastung zu quantifizieren. Möglicherweise wird die Ausschüttung wirtschaftlich im Ergebnis nur einmal besteuert, sofern beispielsweise der Anteilseigner einem Steuersatz von 0% unterliegt. Möglicherweise kommt es aber auch zu einer zwei-, drei- oder mehrfachen Besteuerung, falls mehrere juristische Personen hintereinandergeschaltet sind und der Gewinn durch alle juristischen Personen durchgeschüt-

Im folgenden wird unter Doppelbelastung die Besteuerung des Gewinns sowohl bei der Kapitalgesellschaft als auch im Ausschüttungsfall beim Anteilseigner verstanden[5]. Bei der Systematisierung nach dem Grad der Beseitigung der Doppelbelastung ergeben sich:

- Unternehmensbesteuerungssysteme, welche die Doppelbelastung ausgeschütteter Gewinne nicht mildern.
- Unternehmensbesteuerungssysteme, welche die Doppelbelastung ausgeschütteter Gewinne mildern.
- Unternehmensbesteuerungssysteme, welche die Doppelbelastung ausgeschütteter Gewinne beseitigen.

Da die Unternehmensbesteuerung in der Bundesrepublik an die Rechtsform der Unternehmen anknüpft[6], sollen Körperschaftsteuersysteme hier ausführlich, Betriebsteuersysteme hingegen nur kurz dargestellt werden. Zuerst wird das in der Bundesrepublik verwirklichte Körperschaftsteuersystem mit Vollanrechnungsverfahren dargestellt. Daran schließt sich die Behandlung der grundsätzlichen Ausgestaltungsmöglichkeiten von Körperschaftsteuersystemen an. Am Schluß befindet sich die kurze Erörterung von Betriebsteuersystemen.

---

tet wird, ohne daß die Ausschüttungen einer Steuerfreistellung (z.B. einem Schachtelprivileg) unterliegen.

[5] Vgl. Crezelius, Steuerrecht II, § 13 Rz. 3; Knobbe-Keuk, Bilanz- und Unternehmenssteuerrecht, S. 512; Spitaler, Das Doppelbesteuerungsproblem bei den direkten Steuern, S. 74; Tipke/Lang, Steuerrecht, S. 404.
Die Doppelbelastung kann in eine juristische und eine wirtschaftliche Doppelbelastung unterteilt werden. Unter juristischer Doppelbelastung wird verstanden, daß dasselbe Steuersubjekt mit demselben Steuerobjekt mehrfach durch dieselbe Steuerhoheit besteuert wird. Verzichtet man auf das Kriterium der Steuersubjektidentität, liegt eine wirtschaftliche Doppelbelastung vor (vgl. Haberstock, Die Steuerplanung der internationalen Unternehmung, S. 21). In dieser Untersuchung wird demnach unter Doppelbelastung die wirtschaftliche Doppelbelastung verstanden, beschränkt auf den Bereich der Körperschaft- und Einkommensteuer.

[6] Walz, Gutachten F für den 53. Deutschen Juristentag 1980, S. F9; vgl. auch Tipke/Lang, Steuerrecht, S. 411; Wöhe, Betriebswirtschaftliche Steuerlehre, Bd. I/1, S. 189.

A. Körperschaftsteuerliches Vollanrechnungsverfahren der Bundesrepublik

Die Bundesrepublik wendet ein Körperschaftsteuersystem an, das die Doppelbelastung vollständig vermeidet. Beim Körperschaftsteuersystem mit Vollanrechnungsverfahren wird der gesamte Gewinn der Kapitalgesellschaft der Körperschaftsteuer unterworfen, unabhängig davon ob der Gewinn ausgeschüttet oder thesauriert wird[7].
Die auf Ausschüttungen lastende Körperschaftsteuer, die Ausschüttungsbelastung, wird dem Anteilseigner auf seine persönliche Körperschaft- oder Einkommensteuerschuld angerechnet und ggf. auch erstattet. Wirtschaftlich wirkt die Körperschaftsteuer auf den ausgeschütteten Gewinn wie eine Steuervorauszahlung zugunsten der Anteilseigner[8] und geht deshalb zusätzlich zur Ausschüttung in die steuerliche Bemessungsgrundlage ein.
Thesauriert die Kapitalgesellschaft Teile des Gewinns, werden diese für den Zeitraum der Thesaurierung der Körperschaftsteuer unterworfen. Erst wenn die Kapitalgesellschaft die Gewinne an die Anteilseigner ausschüttet, wird die Körperschaftsteuer auf die Steuer der Anteilseigner angerechnet. Die Gewinne werden dann insgesamt mit dem individuellen Steuersatz der Anteilseigner belastet. Wirtschaftlich wird damit, auf die Gesamtlebensdauer des Unternehmens gesehen, die gesamte Körperschaftsteuerbelastung außer der auf den nicht abziehbaren Ausgaben lastenden Körperschaftsteuer[9] rückgängig

---

7 BTDrucks 7/1470, 329ff., Gutachten der Steuerreformkommission, Schriftenreihe des BMF, Heft 17, Rz. IV/111ff.; Wöhe, Betriebswirtschaftliche Steuerlehre, Bd. I/1, S. 190f..

8 Genauso die ständige Rechtsprechung des BFH (vgl. BFH v. 2.10.1981, BStBl II 1982, 8, 10; 9.2.1982, BStBl II 1982, 401, 402; 24.3.1987, BStBl II 1987, 508, 510; 26.10.1987 (GrS), BStBl II 1988, 348, 357; 25.5.1988, BFH/NV 1988, 742, 743; 28.9.1988, BStBl II 1989, 85, 86; 8.2.1989, BStBl II 1989, 349, 350; 12.12.1990, BStBl II 1991, 427, 430); Mannhold, FR 1976, 372; Sarrazin, FR 1976, 501.

9 Vgl. zu diesem hier nicht weiter vertieften Problem: Barth, BB 1976, 993; Brezing, StbJb 1981/82, 402ff.; BVerfGE Bd. 34, 103; Institut Finanzen und Steuern, Nr. 263; Schaich, GmbHR 1979, 229ff.; Siegel, BB 1988, 1013ff.; Thiel/Schad, GmbHR

gemacht. Der Gewinn wird im Ergebnis wie bei Personengesellschaften den individuellen Steuersätzen der Anteilseigner unterworfen[10].
Das Vollanrechnungsverfahren vermeidet damit die Doppelbelastung ausgeschütteter Gewinne. Die von der Kapitalgesellschaft gezahlte Körperschaftsteuer wird, abgesehen von der Körperschaftsteuerbelastung der nichtabzugsfähigen Aufwendungen[11], voll auf die individuelle Steuerschuld der Anteilseigner angerechnet.
In der Bundesrepublik wurde, den Vorschlägen des wissenschaftlichen Beirates beim BMF aus dem Jahr 1967[12] und der Steuerreformkommission aus dem Jahr 1971[13] folgend, ein Anrechnungsverfahren verwirklicht. Dabei weicht das Körperschaftsteuergesetz in einigen Punkten von dem System ab, das die Steuerreformkommission 1971 vorgeschlagen hatte. Diese Abweichungen sind darauf zurückzuführen, daß die Steuerreformkommission die Doppelbelastung aus prinzipiellen Erwägungen ablehnt. Im Gegensatz dazu lehnt die Bundesregierung diese nicht ab, sondern läßt sich bei Art und Umfang der Vermeidung der Doppelbelastung ausschließlich von Zweckmäßigkeitserwägungen leiten[14]. Der Steuersatz für thesaurierte Gewinne betrug bis 1989 nach § 23 Abs. 1 KStG 56%, für ausgeschüttete Gewinne nach § 27 Abs. 1 KStG 36%. Ab 1990 wurde der Steuersatz für thesaurierte Gewinne auf 50% gesenkt[15]. Die Anwendung eines gespaltenen Körperschaftsteuersatzes für thesaurierte und

---

1971, 103; Willemsen, GmbHR 1981, 84; Wöhe, ZfbF 1980, 523ff..

10 Vgl. Heigl, StuW 1972, 316.
Dabei wird von den Zinseffekten durch den zwischenzeitlichen Liquiditätsentzug durch die Körperschaftsteuer abgesehen.

11 Vgl. dazu z.B. Crezelius, Steuerrecht II, § 16 Rz. 14ff.; Knobbe-Keuk, Bilanz- und Unternehmenssteuerrecht, S. 582; Wöhe, Betriebswirtschaftliche Steuerlehre, Bd. I/1, S. 258.

12 Wissenschaftlicher Beirat beim BMF, Schriftenreihe des BMF, Heft 9, S. 50ff..

13 Gutachten der Steuerreformkommission, Schriftenreihe des BMF, Heft 17, Rz. IV/162.

14 BTDrucks 7/1470, 326.

15 Vgl. zu den Auswirkungen der Tarifsenkung Herzig/Förster, DB 1987, 1205ff.; Singbartl/Dötsch/Hundt, DB 1988, 1819.

ausgeschüttete Gewinne ist vom wissenschaftlichen Beirat beim BMF und von der Steuerreformkommission nicht vorgeschlagen worden, hat aber materiell auf das Anrechnungsverfahren keine Auswirkung.

I. Gründe für die Anwendung eines gespaltenen Körperschaftsteuersatzes

Für die Anwendung eines gespaltenen Körperschaftsteuersatzes in der Bundesrepublik gab es mehrere Gründe[16]. Auf diese Weise wurde vermieden, daß bei Anteilseignern mit hohem Einkommen das Steuerguthaben zu einer Einkommensteuererstattung führte[17].
Bei einer Ausschüttungsbelastung von ursprünglich 56% wären die Ausschüttungen[18] vieler Unternehmen erheblich gekürzt worden. Um diesen optisch und psychologisch negativen Effekt zu vermeiden, entschied sich die Bundesregierung für eine geringere Ausschüttungsbelastung[19].
Zusätzlich ermöglichte die gegenüber nicht anrechnungsberechtigten Anteilseignern als Definitivsteuer ausgestaltete Ausschüttungskörperschaftsteuer[20] (§§ 50 Abs. 5 Satz 2 EStG und 51 KStG) i.V.m. der Beibehaltung der Kapitalertragsteuer als Abgeltungssteuer (§§ 50 Abs. 5 Satz 1 EStG und 50 Abs. 1 KStG) eine Belastung dieser

---

16 Vgl. BTDrucks 7/1470, 331; Flämig, JuS 1977, 154f.; Geiger/Zeitler, Körperschaftsteuerreform 1977, S. 31f.; Jonas, DStR 1986, 753f.; Salditt, RIW 1971, 474ff.; Stäuber, GmbHR 1974, 199f.; Wöhe, DBW 1977, 31; a.A. Clouth, DStR 1986, 752f..

17 Nach der Einführung eines Körperschaftsteuersystems mit Anrechnungsverfahren in Frankreich war es zu Einkommensteuererstattungen bei Personen mit hohem Einkommen, die fast ausschließlich Einkommen aus Kapitalvermögen hatten, gekommen. Dies traf auch für den damaligen Parlamentspräsidenten Chaban-Delmas zu und führte zu politischen Auseinandersetzungen (Crezelius, Steuerrecht II, § 13 Rz. 7; Jurkat, WPg 1976, 514).

18 Der Begriff Ausschüttung umfaßt nicht die Steuergutschrift.

19 Vgl. BTDrucks 7/1470, 331; Heintzeler, ZfbF 1971, 560.

20 Vgl. BFH v. 9.2.1982, BStBl II 1982, 401, 402; 7.2.1990, BFH/NV 1990, 737, 738; 12.12.1990, BStBl II 1991, 427, 428.

Anteilseigner, die Wettbewerbsverzerrungen vermied und damit den Vorstellungen der Bundesregierung entsprach[21]. Bei den nicht anrechnungsberechtigten Anteilseignern handelt es sich um juristische Personen des öffentlichen Rechts nach § 2 Nr. 2 KStG, steuerbefreite Körperschaften i.S. § 5 KStG und ausländische Anteilseigner nach den §§ 1 Abs. 4 EStG und 2 Nr. 1 KStG[22].
Ausschüttungen an juristische Personen des öffentlichen Rechts werden daher mit der nach den §§ 51, 50 Abs. 1 Nr. 2 KStG nicht anrechenbaren Körperschaftsteuer i.H.v. 36% und der Kapitalertragsteuer nach § 43a Abs. 1 Nr. 1 EStG i.H.v. 25% belastet. Die Kapitalertragsteuer wird jedoch auf Antrag zur Hälfte nach § 44c Abs. 2 EStG erstattet. Die Gesamtbelastung beträgt daher 36% + 1/2 (25% von 64%) = 36% + 8% = 44%.
Steuerbefreite Körperschaften i.S. § 5 KStG unterliegen mit ihren empfangenen Ausschüttungen nach den §§ 51, 50 Abs. 1 Nr. 1 KStG der nicht anrechenbaren Körperschaftsteuer und der Kapitalertragsteuer. Gemeinnützigen Körperschaften und Kirchen wird die Kapitalertragsteuer auf Antrag nach § 44c Abs. 1 EStG vollständig, anderen steuerbefreiten Körperschaften nach § 44c Abs. 2 EStG zur Hälfte erstattet. Die Gesamtbelastung beträgt daher 36% bzw. 44%.
Ausländische Anteilseigner werden mit der Ausschüttungsbelastung i.H.v. 36% (§§ 51, 50 Abs. 1 Nr. 2 KStG bzw. § 50 Abs. 5 Satz 2 EStG) und der Kapitalertragsteuer als Abgeltungssteuer (§ 50 Abs. 1 Nr. 2 KStG bzw. § 50 Abs. 5 Satz 1 EStG) belastet. Die Kapitalertragsteuer wird nach Beteiligungsumfang und DBA differenziert[23]. Der ursprüngliche Abstand von 20% zwischen

---

21 Vgl. BTDrucks 7/1470, 331; Pezzer, StuW 1976, 312; Wrede, DStZ 1974, 183.

22 Vgl. Dötsch/Gottstein/Stegmüller/Zenthöfer, Körperschaftsteuer, Rz. 882; Knobbe-Keuk, Bilanz- und Unternehmenssteuerrecht, S. 556ff..

23 Differenziert wird danach, ob Schachtelbeteiligungen oder Streubesitz vorliegen. Darüber hinaus werden in DBA häufig Sondervereinbarungen über die Höhe der Kapitalertragsteuer getroffen (vgl. beispielsweise die Übersicht von Riegler/ Salomon, DB 1990, 1003).

Thesaurierungs- und Ausschüttungssteuersatz ermöglichte aufgrund einer in den meisten DBA vereinbarten Suspensionsklausel entgegen Art. 10 Abs. 2 OECD-Muster-DBA die Beibehaltung einer Kapitalertragsteuer bei ausländischen Muttergesellschaften von im Regelfall 25%[24]. Damit wurden ausländische Muttergesellschaften mit der definitiven Ausschüttungsbelastung i.H.v. 36% und der Kapitalertragsteuer i.H.v. 16% (25% von 64%) belastet, insgesamt also 52%, sofern im DBA keine niedrigere Kapitalertragsteuer vereinbart war. Eine weitere Belastung der Ausschüttung erfolgt nicht, da Ausschüttungen an ausländische Muttergesellschaften i.d.R. aufgrund der DBA oder innerstaatlicher Regelungen von einer Besteuerung im Staat des Sitzes der Muttergesellschaft freigestellt sind. Die Belastungsdifferenz von 4% zu inländischen Muttergesellschaften, die mit 56% besteuert wurden, wurde unter Wettbewerbsgesichtspunkten als tragbar angesehen[25].
Auch die Behandlung ausländischen Streubesitzes wurde so als sachgerechter angesehen. Dieser unterliegt nach § 50 Abs. 5 Satz 2 EStG einer körperschaftsteuerlichen Definitivbelastung i.H.v. 36% und zusätzlich einer auf die Steuerschuld im Ausland anrechenbaren Kapitalertragsteuer i.H.v. 16% (25% von 64%)[26].
Da seit 1990 der Thesaurierungskörperschaftsteuersatz nach § 23 Abs. 1 KStG 50% beträgt, hat sich der Abstand zum Ausschüttungskörperschaftsteuersatz auf 14% vermindert. I.d.R. beträgt daher die zulässige Kapitalertragsteuer für Muttergesellschaften nach Art. 10 Abs. 2 OECD-Muster-DBA 5%[27].

---

24 Vgl. Fischer/Warneke, Internationale betriebswirtschaftliche Steuerlehre, S. 171; Manke, WPg 1989, 71; Wrede, DStZ 1974, 183.

25 Vgl. Wöhe, Betriebswirtschaftliche Steuerlehre, Bd. I/1, S. 293ff..

26 Vgl. zu den Aspekten der Anrechenbarkeit auf die ausländische Steuerschuld Salditt, RIW 1971, 474ff..

27 Vgl. Fischer/Warneke, Internationale betriebswirtschaftliche Steuerlehre, S. 171; Manke, WPg 1989, 72. Zur Entwicklung der Kapitalertragsteuersätze in den DBA Bellstedt, RIW 1988, 285f.; Riegler/Salomon, DB 1990, 1002f..

Inländische Körperschaften werden nach § 23 Abs. 1 KStG mit 50% besteuert. Ausländische Muttergesellschaften unterliegen der als Definitivsteuer ausgestalteten Ausschüttungsbelastung i.H.v. 36% (§ 27 Abs. 1 KStG) und einer Kapitalertragsteuer i.H.v. 3,2% (5% von 64%), also insgesamt einer Steuer i.H.v. 39,2%[28]. Der Wettbewerbsvorteil für ausländische Muttergesellschaften hat sich damit durch die Veränderung der Steuersätze vergrößert.
Die Umsetzung dieser Grundsätze hat eine komplizierte Vorgehensweise des Körperschaftsteuersystems zur Folge.

II. Funktionsweise des Anrechnungsverfahrens

Das Anrechnungsverfahren stellt sicher, daß die ausgeschütteten Gewinne nur den persönlichen Steuersätzen der Anteilseigner unterliegen. Die vom Gesetzgeber genutzte Vorgehensweise wird im folgenden in ihren Grundzügen dargestellt[29].
Die Ausschüttungsbelastung wird den Anteilseignern nach den §§ 36 Abs. 2 Nr. 3 EStG und 49 Abs. 1 KStG als Steuergutschrift gewährt. Nach § 27 Abs. 1 KStG beträgt die Ausschüttungsbelastung 36%, also 36/64 = 9/16 der Ausschüttung. Folglich[30] haben die Anteilseigner nach § 20 Abs. 1 Nr. 3 EStG die Ausschüttung zuzüglich der Steuergutschrift zu versteuern. Die Steuergutschrift wird auf die Einkommen- bzw. Körperschaftsteuerschuld der Anteilseigner angerechnet und ggf. erstattet.

---

28 Crezelius, Steuerrecht II, § 13 Rz. 16.

29 Vgl. hierzu z.B. Dötsch, DB 1978, 265ff., 314ff., 361ff., 413ff., 459ff., 509ff., 555ff.; Eggesieker, GmbHR 1977, 202ff.; Freericks, AG 1976, 253ff.; Herzig, FR 1976, 441ff.; Jünger, DB 1974, 303ff. und DB 1976, 1124ff.; Jurkat, WPg 1976, 513ff. und 545ff.; Krebs, BB Beilage 3/1976; Pezzer, StuW 1976, 313ff.; Raupach, FR 1978, 570ff.; Rose, Betrieb und Steuer, Die Ertragsteuern, S. 164ff.; Sarrazin, FR 1976, 493ff.; Thiel, DB 1976, 1495ff.; Tillmann, Das neue Körperschaftsteuerrecht der GmbH; Wöhe, DBW 1977, 28ff.; Wrede, DStR 1976, 327ff..

30 Vgl. Crezelius, Steuerrecht II, § 13 Rz. 11.

Dem Gesetzgeber erschien die Steuergutschrift in der konstanten Höhe von 9/16 der Ausschüttung als geeigneter Weg, das Anrechnungsverfahren rationell durchzuführen[31]. Die Schwierigkeiten werden damit auf die Ebene der Körperschaft verlagert, denn eine Grundentscheidung des Gesetzgebers bei der Körperschaftsteuerreform 1977 war, daß nur inländische, nach dem Systemwechsel entstandene Körperschaftsteuer an die Anteilseigner weitergegeben werden darf[32]. Nach Ansicht des Gesetzgebers stellt die Berücksichtigung von Tatsachen, welche die Höhe der Körperschaftsteuer beeinflussen, bei der Festlegung der vom Anteilseigner zu zahlenden Einkommen- oder Körperschaftsteuer einen nicht erforderlichen und nicht zulässigen Durchgriff durch die Rechtsform der juristischen Person dar. Aus diesem Grunde dürfen Steuervergünstigungen und -befreiungen der juristischen Person nicht auf den Anteilseigner durchschlagen[33]. Damit bleiben Steuervergünstigungen und -befreiungen nur so lange erhalten, wie die Kapitalgesellschaft den Gewinn thesauriert[34]. Dieser Grundsatz ist in § 27 KStG enthalten. Diese Vorschrift stellt sicher, daß Ausschüttungen i.H. der Ausschüttungsbelastung von 36% mit inländischer, nach dem Systemwechsel entstandener Körperschaftsteuer belastet sind.

---

31 Dötsch in Dötsch/Eversberg/Jost/Witt, Vor § 27 KStG Rz. 21; Kläschen, Vor §§ 27 - 47 KStG Rz. 18; Wrede, DStZ 1974, 183f..

32 Dötsch in Dötsch/Eversberg/Jost/Witt, § 27 KStG Rz. 46d.

33 BTDrucks 7/1470, 332.

34 Vgl. BFH v. 27.6.1990, BStBl II 1991, 150, 153; BTDrucks 7/1470, 366; Crezelius, Steuerrecht II, § 16 Rz. 11; Dötsch in Dötsch/Eversberg/Jost/Witt, Vor § 27 KStG Rz. 51; Fischer/Warneke, Internationale betriebswirtschaftliche Steuerlehre, S. 130; Geiger/Zeitler, Körperschaftsteuerreform 1977, S. 91f.; Kießling/Pelikan, Körperschaftsteuer, S. 267f.; Knobbe-Keuk, Bilanz- und Unternehmenssteuerrecht, S. 578f.; Müller-Dott, BB 1977, 1268; Palitzsch, BB 1981, 900ff.; Widmann, JbFSt 1977/78, 314; Willemsen, GmbHR 1981, 84. Ausnahmen sind der § 27 BerlinFG und die §§ 38ff. KAGG, welche Steuervergünstigungen an die Anteilseigner durchleiten (vgl. Institut Finanzen und Steuern, Nr. 249, S. 83ff.; Jünger, DB 1976, 2376f.).

1. Herstellung der Ausschüttungsbelastung

Da die Steuergutschrift konstant 9/16 der Ausschüttung beträgt, muß auf der Ebene der Kapitalgesellschaft sichergestellt werden, daß jede Ausschüttung einheitlich mit 36% inländischer Körperschaftsteuer belastet ist. Dies gilt unabhängig davon, ob das für die Ausschüttungen verwendete Eigenkapital aus ungemildert besteuerten, gemildert besteuerten oder überhaupt nicht besteuerten Gewinnen entstanden ist.

Das KStG geht davon aus, daß der Gewinn zunächst unabhängig vom Thesaurierungsverhalten nach den normalen Tarifvorschriften besteuert wird, d.h. im Regelfall nach § 23 Abs. 1 KStG mit 50%[35]. Um die konstante Ausschüttungsbelastung i.H.v. 36% herzustellen, muß nach § 27 Abs. 1 KStG die Tarifbelastung gemindert werden, falls die Belastung über 36% liegt, und erhöht werden, sofern sie niedriger liegt. Letzteres ist z.B. erforderlich, wenn bestimmte Einkünfte mit einem ermäßigten Steuersatz belastet oder von der Besteuerung freigestellt waren. Zu der Tarifbelastung nach § 27 Abs. 2 KStG gehört nur die nach dem 31.12.1976 entstandene inländische Körperschaftsteuer, die nicht auf nicht abziehbaren Ausgaben lastet[36].

Normalerweise wird die nach § 23 Abs. 1 KStG 50% betragende Körperschaftsteuer um 14% auf 36% gemindert. Ist aber ein verwendeter Eigenkapitalteil im Extremfall von der inländischen Körperschaftsteuer freigestellt gewesen, wird die Ausschüttungsbelastung i.H.v. 36% nacherhoben.

Aus der Herstellung der Ausschüttungsbelastung ergaben sich zwei Probleme, die gesetzlich zu regeln waren[37]. Es mußte ein System eingeführt werden, das die Höhe der Tarifbelastung der verschiedenen Eigenkapitalteile festhält und diese entsprechend der Höhe der Tarifbelastung gliedert. Zusätzlich war erforderlich, die Aus-

---

[35] Aus dem Wortlaut des § 27 Abs. 1 KStG ist zu entnehmen, daß die Ausschüttungsbelastung herzustellen ist, nachdem das Eigenkapital mit der Tarifbelastung belastet wurde.

[36] Tillmann, Das neue Körperschaftsteuerrecht der GmbH, S. 16.

[37] Vgl. Crezelius, Steuerrecht II, § 16 Rz. 2ff.; Wrede, DStR 1976, 330.

schüttungsreihenfolge dieser unterschiedlich mit Körperschaftsteuer belasteten Eigenkapitalteile festzulegen. Notwendig war, daß die Gliederung die in den Vorjahren thesaurierten Eigenkapitalteile enthält, da auch für diese im Ausschüttungsfall die Ausschüttungsbelastung hergestellt wird[38].

2. Verwendbares Eigenkapital

Die Speicherung der Tarifbelastung und die Gliederung der unterschiedlich belasteten Eigenkapitalteile übernimmt das verwendbare Eigenkapital.
Zu diesem Zweck wird das körperschaftsteuerliche Eigenkapital nach § 29 Abs. 2 KStG in das Nennkapital und das verwendbare Eigenkapital aufgeteilt. Das verwendbare Eigenkapital wird nach § 30 Abs. 1 KStG entsprechend der Tarifbelastung gegliedert, d.h. nach § 27 Abs. 2 KStG der Belastung mit inländischer Körperschaftsteuer. Es bildet das Verbindungsglied zwischen der Besteuerung der Kapitalgesellschaft und der des Anteilseigners, indem es die Tarifbelastung speichert und eine exakte Entlastung ermöglicht[39].
Um das verwendbare Eigenkapital übersichtlicher zu halten und bei Ausschüttungen die Berechnungen zu vereinfachen, wird das verwendbare Eigenkapital nicht in jeden möglichen Steuersatz zwischen 50% und 0% untergliedert[40], sondern nach § 30 Abs. 1 KStG in Gruppen mit einer Tarifbelastung i.H.v. 50%, 36% und 0% unterteilt. Für diese haben sich die Bezeichnungen EK 50, EK 36 und EK 0 durchgesetzt. Dabei wird das EK 0 in § 30

---

38 Vgl. Jünger, GmbHR 1976, 176; Knobbe-Keuk, Bilanz- und Unternehmenssteuerrecht, S. 569.

39 Vgl. Dötsch, DB 1978, 265; Herzig, StuW 1976, 325f. und BFuP 1977, 328; Raupach, FR 1978, 571 und StbJb 1979/80, 425ff.; Reuter, StbJb 1976/77, 322f.; Rose, Betrieb und Steuer, Die Ertragsteuern, S. 169; Sarrazin, FR 1976, 499f.; Tillmann, Das neue Körperschaftsteuerrecht der GmbH, S. 16ff.; Wrede, DStZ 1976, 416f..

40 Vgl. Wöhe, Betriebswirtschaftliche Steuerlehre, Bd. I/1, S. 236.

Abs. 2 KStG weiter differenziert[41]. EK 01 enthält Eigenkapitalteile aus steuerfreien ausländischen Einkünften, die z.B. bei der Freistellung von der inländischen Körperschaftsteuer entstehen. EK 02 enthält sonstige steuerfreie Vermögensmehrungen, die nicht unter § 30 Abs. 2 Nr. 1, 3 und 4 KStG subsumiert werden können. Dies sind beispielsweise steuerfreie Investitionszulagen und Sanierungsgewinne nach § 3 Nr. 66 EStG. EK 03 besteht aus verwendbarem Eigenkapital, das vor der Körperschaftsteuerreform 1977 entstanden ist. In EK 04 werden nach der Körperschaftsteuerreform 1977 von den Anteilseignern geleistete Einlagen eingestellt, die das Eigenkapital erhöht haben, aber nicht in das Nennkapital eingegangen sind.

Diese Unterteilung des EK 0 ist erforderlich, da die vier EK 0 Gruppen in jeweils mindestens einem Fall unterschiedlich behandelt werden[42].

Nicht anrechnungsberechtigten Anteilseignern wird bei Ausschüttung von EK 01 und EK 03 die Körperschaftsteuererhöhung nach § 36e EStG und § 52 KStG vergütet[43].

Ausschüttungen aus dem EK 04 gehören nach § 20 Abs. 1 Nr. 1 Satz 3 EStG nicht zu den Einnahmen. Daher ist nach § 40 Nr. 1 KStG keine Körperschaftsteuererhöhung vorzunehmen. § 20 Abs. 1 Nr. 1 Satz 3 EStG hat nicht die Steuerfreiheit dieser Ausschüttungen aus dem EK 04 entsprechend § 3 EStG zur Folge, sondern daß diese Einnahmen als nicht steuerbar behandelt werden. Bei Gewinneinkünften kann § 20 Abs. 1 Nr. 1 Satz 3 EStG daher nur vollzogen werden, indem der Buchwert der

---

41 Vgl. Bastert/Gräfer, Körperschaftsteuer, S. 36ff.; Crezelius, Steuerrecht II, § 16 Rz. 10f.; Freericks, AG 1976, 257; Jünger, DB 1976, 1126f.; Jurkat, StbKRep 1977, 288ff.; Müller-Dott, BB 1984, 524; Raupach, StbJb 1979/80, 430f.; Schmidt, NJW 1976, 2238; Wöhe, Betriebswirtschaftliche Steuerlehre, Bd. I/1, S. 232f..

42 Vgl. Maenner, Grundfragen des körperschaftsteuerlichen Anrechnungsverfahrens, S. 32; Raupach, StbJb 1979/80, 430f.; Tillmann, Das neue Körperschaftsteuerrecht der GmbH, S. 36f..

43 Dötsch/Gottstein/Stegmüller/Zenthöfer, Körperschaftsteuer, Rz. 1592ff.; Jahn, DB 1976, 1448; Knobbe-Keuk, Bilanz- und Unternehmenssteuerrecht, S. 574f.; Krebs, BB Beilage 3/1976, 31.

Beteiligung um die aus dem EK 04 stammende Ausschüttung gemindert wird. Dabei ist der Teilwert der Beteiligung ohne Bedeutung. Übersteigen die Bezüge den Buchwert, sind sie gewinnerhöhende Betriebseinnahmen[44].
Die Regelung gilt entsprechend für Kapitalrückzahlungen bei Kapitalherabsetzungen, für die übriges Eigenkapital i.S. § 29 Abs. 2 KStG verwendet wird.
EK 03 und EK 04 scheiden nach der Verwendung für eine Kapitalerhöhung aus Gesellschaftsmitteln im Gegensatz zum restlichen verwendbaren Eigenkapital aus dem verwendbaren Eigenkapital aus (Argument aus § 29 Abs. 3 KStG)[45].
Da theoretisch jede beliebige Tarifbelastung zwischen 50% und 0% entstehen kann, werden Eigenkapitalteile, die nicht mit 50%, 36% oder 0% belastet sind, nach § 32 KStG auf die Eigenkapitalgruppen aufgeteilt[46]. Demnach sind Eigenkapitalteile, deren Tarifbelastung zwischen 50% und 36% liegt, auf das EK 50 und das EK 36 aufzuteilen und Eigenkapitalteile, deren Tarifbelastung zwischen 36% und 0% liegt, auf das EK 36 und das EK 0.
Mit Hilfe dieser Gliederung des verwendbaren Eigenkapitals wird die Ausschüttungsbelastung nach § 27 Abs. 1 KStG i.H.v. 36% hergestellt. Nur bei Verwendung von EK 04 wird nach § 40 Satz 1 Nr. 1 KStG keine Körperschaftsteuer nacherhoben. Der Sinn der Regelung liegt darin, daß eine Anrechnung auf die Steuerschuld der Anteilseigner nicht in Frage kommt, da nach § 20 Abs. 1 Nr. 1 Satz 3 EStG keine Einnahmen aus Kapitalvermögen vorliegen. Dies ist folgerichtig, da es sich um zurückgezahlte Einlagen und nicht um ausgeschüttete Gewinne handelt[47].

---

44 Vgl. BFH v. 7.11.1990, BStBl II 1991, 177, 179; BMF v. 9.1.1987, BStBl I 1987, 171; Dötsch/Gottstein/Stegmüller/Zenthöfer, Körperschaftsteuer, Rz. 1491f.; Kießling/Pelikan, Körperschaftsteuer, S. 283f.; a.A. Herrmann/Heuer/Raupach, § 20 EStG grüne Blätter S. 10.

45 Dötsch/Gottstein/Stegmüller/Zenthöfer, Körperschaftsteuer, Rz. 1124ff.; Kießling/Pelikan, Körperschaftsteuer, S. 138.

46 Bastert/Gräfer, Körperschaftsteuer, S. 40ff; Freericks, AG 1976, 257f.; Jurkat, StbKRep 1977, 291ff.; Schmidt, NJW 1976, 2238.

47 Crezelius, Steuerrecht II, § 16 Rz. 11.

Damit bleibt noch das Problem der Ausschüttungsreihenfolge.

3. Verwendungsfiktion des verwendbaren Eigenkapitals

Grundsätzlich bestehen für die Verwendungsreihenfolge des verwendbaren Eigenkapitals zwei Extremmöglichkeiten: Das verwendbare Eigenkapital wird entweder in der Reihenfolge einer fallenden oder einer steigenden Tarifbelastung verwendet. Wird das verwendbare Eigenkapital in der Reihenfolge der fallenden Tarifbelastung ausgeschüttet, ist dies günstig für die Kapitalgesellschaft und die Anteilseigner, da zuerst die Minderung der Tarifbelastung erfolgt[48]. Bei der umgekehrten Reihenfolge finden zuerst die Körperschaftsteuererhöhungen statt, was günstig für den Fiskus ist. Die Verwendungsfiktion des § 28 Abs. 3 KStG legt fest, daß das verwendbare Eigenkapital in der für die Körperschaft und die Anteilseigner günstigen Reihenfolge der fallenden Tarifbelastung ausgeschüttet wird. Das EK 0 wird in der Reihenfolge EK 01 - EK 04 ausgeschüttet.
Die Funktionsweise des körperschaftsteuerlichen Anrechnungsverfahrens ist besonders im Bereich der Gliederung des verwendbaren Eigenkapitals und der Herstellung der Ausschüttungsbelastung kompliziert gestaltet[49].

4. Vereinfachungsüberlegungen hinsichtlich des körperschaftsteuerlichen Anrechnungsverfahrens

Die Vorgehensweise des Körperschaftsteuersystems läßt sich mit Hilfe von zwei Modellen vereinfachen, ohne daß wesentliche Veränderungen der Auswirkungen des Anrechnungsverfahrens eintreten.

---

48 Vgl. Geiger/Zeitler, Körperschaftsteuerreform 1977, S. 95; Herzig, FR 1976, 447f.; Tillmann, Das neue Körperschaftsteuerrecht der GmbH, S. 56ff.. Dieser Vorteil wird durch die Aufteilungsregel des § 32 KStG verstärkt (Jurkat, WPg 1976, 550).

49 Vgl. Krebs, BB 1984, 1863.

Die erste Möglichkeit ist das Körperschaftsteuerguthabenmodell[50]. Die Gliederung des verwendbaren Eigenkapitals ist kein systemnotwendiger Bestandteil des Anrechnungsverfahrens, sondern eine Nebenrechnung[51], welche die einheitliche Ausschüttungsbelastung i.H.v. 36% sicherstellt. Daher ersetzt dieses Modell die Gliederung des verwendbaren Eigenkapitals durch die Fortschreibung eines Steuerguthabens. Damit wird die auf den Teilbeträgen des verwendbaren Eigenkapitals lastende Tarifbelastung nicht mehr indirekt durch das verwendbare Eigenkapital, sondern direkt durch das Steuerguthaben gespeichert[52]. Aufgefüllt wird das Steuerguthaben durch die körperschaftsteuerliche Tarifbelastung, entleert durch Ausschüttungen und die auf den nichtabziehbaren Ausgaben lastende körperschaftsteuerliche Definitivbelastung. Das Steuerguthaben wird um 50/64 der Ausschüttung, also 14/64 Körperschaftsteuerminderung und 36/64 anrechenbare Steuergutschrift, und um 50/50 der nichtabziehbaren Ausgaben vermindert[53]. Ist das Steuerguthaben verbraucht, wird eine Körperschaftsteuererhöhung vorgenommen, um die Ausschüttungsbelastung i.H.v. 36% herzustellen[54].
Die zweite Möglichkeit ist das Modell der vereinfachten Gliederungsrechnung[55]. Hier entfällt das EK 36 und alle ermäßigt besteuerten Eigenkapitalzugänge werden auf das EK 50 und das EK 0 aufgeteilt. Bei der Aufteilung ist nicht mehr nach § 32 Abs. 2 KStG zwischen Belastungen über und unter 36% zu differenzieren. Die Eigenkapi-

---

50 Vgl. Jost, DB Beilage 3/1986; Krebs, BB 1984, 1864ff. und GmbHR 1987, 161ff.; Sarrazin, DStZ 1986, 235ff..

51 Vgl. Brenner, Bericht über die Steuerfachtagung 1988 des IdW in Deutschland, S. 67; Sarrazin, DStZ 1986, 237.

52 Vgl. Dötsch, DB 1987, 1858; Dötsch/Gottstein/Stegmüller/Zenthöfer, Körperschaftsteuer, Rz. 1187; Herzig, GmbHR 1985, 39; Krebs, GmbHR 1987, 161.

53 Vgl. Krebs, BB 1984, 1864ff..

54 Vgl. Dötsch, DB 1987, 1859; Krebs, BB 1984, 1866.
Ein Vorschlag des IdW sieht vor, daß Körperschaftsteuererhöhungen mit später entstehenden Tarifsteuerbeträgen verrechnet werden können (vgl. IdW, WPg 1985, 526f.).

55 Vgl. Dötsch, DB 1987, 1860 und DB 1988, 2426f.; Herzig, GmbHR 1985, 41f.; Jost, DB Beilage 3/1986; Maas, BB 1985, 45ff..

talgruppen EK 01, EK 02 und EK 03 werden zusammengefaßt. Daher ist insgesamt nur eine Aufteilungsrechnung für das gesamte zu versteuernde Einkommen erforderlich, wenn es ermäßigt belastet ist, da nicht mehr zwischen diesen Eigenkapitalgruppen unterschieden wird. Insgesamt sind damit statt sechs nur noch drei Eigenkapitalgruppen fortzuschreiben, nämlich das EK 50, das EK 01-03 und das EK 04[56].
Die materiellen Auswirkungen und die Vereinfachungseffekte beider Modelle sind weitgehend identisch[57]. Dies ist darauf zurückzuführen, daß das Steuerguthaben jeweils in einer Größe gespeichert wird. Einmal wird es direkt im Steuerguthaben und einmal indirekt im EK 50 gespeichert. Beide Modelle weisen kein ermäßigt belastetes Eigenkapital mehr aus, sondern nur noch EK 50 bzw. Steuerguthaben.
Vorteilhaft für Anteilseigner und Kapitalgesellschaft ist, daß für höhere Ausschüttungen eine Körperschaftsteuerminderung möglich ist, da auch die im jetzigen System in das EK 36 eingestellten Beträge auf das EK 50 und das EK 01-03 aufgeteilt werden, bzw. die auf dem EK 36 lastende Tarifbelastung in das Steuerguthaben eingestellt wird[58]. Anteilseigner gelangen so schneller in den Genuß des Steuerguthabens.
Nachteilig ist, daß dann auch die Abzugsmöglichkeit nichtabziehbarer Ausgaben bei mangelndem EK 50 vom EK 36 nach § 31 Abs. 2 KStG entfällt[59].
Da in beiden Modellen nicht mehr zwischen den Eigenkapitalgruppen EK 01, EK 02 und EK 03 differenziert wird, ist die Vergütung des Körperschaftsteuererhöhungsbetrages an nichtanrechnungsberechtigte Anteilseigner nach §

---

56 Dötsch, DB 1988, 2426.

57 Vgl. Dötsch, DB 1987, 1860; Dötsch/Gottstein/Stegmüller/Zenthöfer, Körperschaftsteuer, Rz. 1189; Herzig/Dötsch, Festschrift 40 Jahre DER BETRIEB, S. 117ff.; Jost, DB Beilage 3/1986, 13.

58 Vgl. Dötsch, DB 1987, 1861; Herzig, GmbHR 1985, 40; Herzig/Schuler, DB 1989, 496; Jost, DB Beilage 3/1986, 8f.; Sarrazin, DStZ 1986, 238f..

59 Vgl. Curtius-Hartung, StbJb 1986/87, 21f.; Herzig, GmbHR 1985, 40; Herzig/Schuler, DB 1989, 496; Maas, BB 1985, 47.

52 KStG bzw. § 36e EStG entweder auf das EK 02 auszudehnen oder insgesamt zu versagen[60].
Da auch das EK 03 nicht mehr gesondert ausgewiesen wird, entfällt die Sonderbehandlung, falls EK 03 in Nennkapital umgewandelt wird[61]. In diesem Fall scheidet das EK 03 bisher nach § 29 Abs. 3 KStG aus dem verwendbaren Eigenkapital aus. Sofern diese Beträge nach Ablauf von 5 Jahren durch eine Herabsetzung des Nennkapitals an die Anteilseigner ausgeschüttet werden, sind diese steuerfrei, § 5 KapErhStG ist nicht anwendbar. Diese Sonderbehandlung ist bei einem Verzicht auf die gesonderte Fortschreibung des EK 03 nicht mehr möglich. Daher sollen alle Kapitalrückzahlungen bei den Anteilseignern der Besteuerung unterliegen, sofern es sich nicht um die Rückzahlung von Einlagen handelt[62].
Die steuerfreie Rückzahlung des EK 04 ist im Modell der vereinfachten Gliederung problemlos, da dort dieser Teilbetrag fortgeschrieben wird. Beim Guthabenmodell ist hierzu entweder eine Nebenrechnung erforderlich, die den Vereinfachungseffekt vermindert, oder es wird hilfsweise auf die Kapitalrücklage nach § 272 Abs. 2 Nr. 4 HGB zurückgegriffen. Dies ist problematisch, da

---

60 Vgl. Dötsch, DB 1987, 1861; Herzig/Dötsch, Festschrift 40 Jahre DER BETRIEB, S. 118f.; Herzig/Schuler, DB 1989, 496; Krebs, GmbHR 1987, 162.
Bei den Kapitalgesellschaften standen nach den Zahlen der Körperschaftsteuer-Statistik 1986 den aggregierten positiven EK 02 Beträgen i.H.v. 19,3 Mrd. negative EK 02 Beträge i.H.v. 61,7 Mrd. gegenüber. Daher wird es insgesamt eher zu einer Verminderung des Vergütungsvolumens kommen, wenn das EK 02 mit EK 01 und EK 03 zusammengefaßt und in die Vergütung nach § 52 KStG bzw. § 36e EStG mit einbezogen wird. Zu beachten ist jedoch, daß die Statistik nur aggregierte Werte wiedergibt. (Vgl. Statistisches Bundesamt, Finanzen und Steuern, Fachserie 14, Reihe 7.2, Körperschaftsteuer 1986, S. 49).

61 Vgl. Bareis, StbKRep 1987, 73; Dötsch, DB 1987, 1861; Herzig/Dötsch, Festschrift 40 Jahre DER BETRIEB, S. 119; Herzig/Schuler, DB 1989, 496.

62 Vgl. Dötsch, DB 1988, 2428.

z.B. verdeckte Einlagen in diese Größe nicht eingehen[63].
Ein weiterer Nachteil des Guthabenmodells gegenüber der vereinfachten Gliederung ist die fehlende Abstimmungsmöglichkeit des verwendbaren Eigenkapitals mit dem Eigenkapital der Steuerbilanz[64].
Beim Guthabenmodell ergeben sich im Gegensatz zur vereinfachten Gliederungsrechnung bei Steuersatzänderungen Verzerrungen bei der Totaleinkommensermittlung[65].
Aufgrund dieser Vorteile und der Tatsache, daß eine vollständige Umstellung des Anrechnungsverfahrens nicht erforderlich ist[66], hatte das BMF bereits einen Referentenentwurf eines Körperschaftsteuer-Vereinfachungsgesetzes vorgelegt, der die vereinfachte Gliederungsrechnung enthielt[67]. Der Referentenentwurf wurde zwar zurückgezogen, die Vereinfachung des körperschaftsteuerlichen Anrechnungsverfahrens ist jedoch weiterhin geplant[68].

B. Körperschaftsteuersysteme

I. Körperschaftsteuersysteme ohne Milderung der Doppelbelastung

Klassische Körperschaftsteuersysteme besteuern auf der Ebene der Kapitalgesellschaft den gesamten Gewinn einschließlich der ausgeschütteten Gewinnanteile mit dem vollen Körperschaftsteuersatz. Auf Ausschüttungen wird beim Anteilseigner noch einmal die volle Einkommensteuer erhoben. Dies bedeutet im Ergebnis, daß der aus-

---

63 Vgl. Bareis/Geiger/Höflacher, GmbHR 1988, 317; Dötsch, DB 1987, 1862ff.; Herzig/Dötsch, Festschrift 40 Jahre DER BETRIEB, S. 118; Krebs, GmbHR 1987, 162; Sarrazin, DStZ 1986, 240.

64 Vgl. Herzig, GmbHR 1985, 40; Herzig/Dötsch, Festschrift 40 Jahre DER BETRIEB, S. 118. Krebs sieht dies dagegen wegen des geringeren Arbeitsaufwands positiv (Krebs, GmbHR 1987, 163).

65 Bareis/Geiger/Höflacher, GmbHR 1988, 313ff..

66 Vgl. Curtius-Hartung, StbJb 1986/87, 23; Dötsch, DB 1988, 2426; Herzig/Schuler, DB 1989, 495; Jost, DB Beilage 3/1986, 13.

67 Vgl. Dötsch, DB 1988, 2426; Herzig/Schuler, DB 1989, 495.

68 Vgl. Dötsch/Gottstein/Stegmüller/Zenthöfer, Körperschaftsteuer, Rz. 1191.

geschüttete Gewinn einer zweimaligen Besteuerung unterliegt. Ist der Anteilseigner eine Kapitalgesellschaft und kann keine Steuerbefreiung in Anspruch genommen werden, unterliegt der Gewinn einer drei- oder mehrfachen Besteuerung[69].
In Deutschland wurde die Doppelbelastung ausgeschütteter Gewinne bis zur Einführung des gespaltenen Körperschaftsteuersatzes 1953 nicht gemildert. Die Begründung der ungemilderten Doppelbelastung im ersten eigenständigen Körperschaftsteuergesetz von 1920 stellt darauf ab, daß aufgrund der fehlenden Subjektidentität nicht von einer Doppelbelastung gesprochen werden könne[70]. Das Trennungsprinzip, d.h. die Betonung der rechtlichen Selbständigkeit der juristischen Person[71], begründet diese Argumentation. Anhängern der Identitätstheorie[72], welche die Kapitalgesellschaft mit den Anteilseignern identifiziert, wurden darüber hinaus weitere Argumente für die Doppelbelastung entgegengehalten[73]:

- Die Rechtsfähigkeit bietet den Kapitalgesellschaften Vorteile. Daher müssen sie auch die damit verbundenen Nachteile tragen.
- Die Kapitalgesellschaften besitzen eine erhöhte Kreditfähigkeit.
- Die Kapitalgesellschaften besitzen erhebliche Möglichkeiten, ihr Kapital zu erweitern.
- In vielen Fällen führt die Kapitalanhäufung zu einer Erhöhung der Wirtschaftlichkeit.
- Die starke Wettbewerbsposition der Kapitalgesellschaften erfordert eine eigenständige Besteuerung.

---

69 Märkle/Gottstein/Seibold/Stegmüller, Das Anrechnungsverfahren nach dem Körperschaftsteuerreformgesetz 1977, S. 7; vgl. auch Dötsch in Dötsch/Eversberg/Jost/Witt, Vor § 27 KStG Rz. 2; Frotscher/Maas, Vor § 27 KStG Rz. 3; Meilicke, Die Aussprache 1967, 213f.; Tipke/Lang, Steuerrecht, S. 404.

70 Vgl. Begründung zum Entwurf des KStG 1920, 14, zitiert bei Rasenack, Die Theorie der Körperschaftsteuer, S. 89.

71 Vgl. Crezelius, Steuerrecht II, § 13 Rz. 1ff..

72 Vgl. Rasenack, Die Theorie der Körperschaftsteuer, S. 33.

73 Begründung zum Entwurf des KStG 1920, 14, zitiert bei Rasenack, Die Theorie der Körperschaftsteuer, S. 90; vgl. auch Popitz, Handwörterbuch der Staatswissenschaften, Bd. 5, S. 896f..

- Die Kapitalgesellschaften entwickeln eigenständige Aufgaben und Ziele und lösen sich von den Anteilseignern[74].
- Die Möglichkeit der steuerfreien Thesaurierung würde Kapitalgesellschaften gegenüber Personengesellschaften privilegieren.

Neben den in der Gesetzesbegründung genannten Argumenten werden folgende für die Doppelbelastung angegeben[75]:

- der Vorzug der Haftungsbeschränkung,
- die größere Attraktivität für eine qualifizierte Geschäftsführung,
- die Erleichterungen der formwechselnden Umwandlung durch das Umwandlungssteuergesetz,
- der Vorteil der Unabhängigkeit von Erbfällen,
- die Bewährung der Körperschaftsteuer,
- die Beibehaltung klassischer Körperschaftsteuersysteme in anderen modernen Industriestaaten,
- der geringere soziale Nutzen von körperschaftsteuerlichen Erträgen,
- die Körperschaftsteuer als Gebühr für die Verleihung der Rechtsfähigkeit, die beschränkte Haftung und den Bezug öffentlicher Güter,
- die aufgrund der Rechtsfähigkeit vorhandene eigene steuerliche Leistungsfähigkeit und

---

74 Damit wird besonders den Argumenten der Identitätstheorie entgegengetreten. Vgl. dazu auch Kofler, Die körperschaftsteuerlichen Reformvorschläge und ihre Beurteilung in betriebswirtschaftlicher Sicht, S. 113ff.; Schredelseker, FA N.F. 1972/73, 29ff.. Vermutlich halten Köppen und Troeger die Doppelbelastung der AG wegen ihrer im Regelfall größeren Eigenständigkeit im Gegensatz zur GmbH für gerechtfertigt (vgl. Gutachten der Steuerreformkommission, Schriftenreihe des BMF, Heft 17, S. 314 Fn. 37). Vodrazka sieht die Vermeidung der Doppelbelastung trotzdem als konsequent an (vgl. Vodrazka, StuW 1971, 239).

75 Gutachten der Steuerreformkommission, Schriftenreihe des BMF, Heft 17, Rz. IV/65ff.; Schneider, StuW 1975, 100ff. und Grundzüge der Unternehmensbesteuerung, S. 158ff..

- die Beweglichkeit und Liquidität der Kapitalanlage in Gesellschaftsbeteiligungen[76].

Zusätzlich wurden für klassische Körperschaftsteuersysteme Praktikabilitätsgründe angeführt:

- Die "steuertechnische Zweckmäßigkeit"[77] erfordert die Besteuerung der Kapitalgesellschaften, da dort das Einkommen zuverlässiger und einfacher konzentriert zu erfassen ist als bei den Anteilseignern zersplittert[78]. Die Problematik der Doppelbelastung wird zwar erkannt, doch wird sie als unvermeidlich hingenommen, da andernfalls Mißbrauch, d.h. Steuerhinterziehung, befürchtet wird[79].
- Praktikable Wege zur Vermeidung der Doppelbelastung, die nicht mit Nachteilen verbunden sind, werden nicht gesehen[80].
- Die fiskalische Ergiebigkeit spricht gegen die Abschaffung klassischer Körperschaftsteuersysteme[81].

Da nur ausgeschüttete Gewinne der Doppelbelastung unterliegen, hängt die Gesamtsteuerbelastung der Kapitalgesellschaft und der Anteilseigner vom Thesaurierungsverhalten der Kapitalgesellschaft ab.

Die Hauptargumente gegen Körperschaftsteuersysteme ohne Milderung der Doppelbelastung lauten[82]:

---

76 Popitz stellt in dieser Hinsicht Gesellschaftsbeteiligungen mit Obligationen gleich (vgl. Popitz, Handwörterbuch der Staatswissenschaften, Bd. 5, S. 897). Diese werden aber gerade nicht doppelt belastet, und bezogen auf Beweglichkeit und Liquidität kann Popitz wohl kaum GmbH-Anteile gemeint haben.

77 Schäffle, Die Steuern, Besonderer Teil, S. 101.

78 Vgl. Schäffle, Die Steuern, Besonderer Teil, S. 101; Wagner, FA 1891, 670. Die Problematik der "mühsamen und unsicheren Veranlagung" der Anteilseigner wird auch von Dietzel erkannt, der aber trotzdem die Doppelbelastung ablehnt (Dietzel, Die Besteuerung der Actiengesellschaften in Verbindung mit der Gemeinde-Besteuerung, S. 44f.).

79 Vgl. Schäffle, Die Steuern, Besonderer Teil, S. 123.

80 Vgl. Schäffle, Die Steuern, Besonderer Teil, S. 123.

81 Popitz, Handwörterbuch der Staatswissenschaften, Bd. 5, S. 897.

82 Zwar bezogen auf die gemilderte Doppelbelastung, aber genauso für die ungemilderte Doppelbelastung geltend: vgl. BTDrucks

- Klassische Körperschaftsteuersysteme besteuern betriebliche Gewinne unterschiedlich. Die Gewinne von Personengesellschaften werden den Gesellschaftern anteilig zugerechnet und unterliegen nur der Einkommensteuer. Ausgeschüttete Gewinne von Kapitalgesellschaften unterliegen jedoch der Körperschaftsteuer und der Einkommensteuer. Klassische Körperschaftsteuersysteme verstoßen daher gegen die Gleichmäßigkeit und Wettbewerbsneutralität der Besteuerung.
- Klassische Körperschaftsteuersysteme sind nicht rechtsformneutral, da Gewinne von Personengesellschaften nicht der Doppelbelastung unterliegen. Neben handelsrechtlichen und betriebswirtschaftlichen Überlegungen gewinnen auch steuerliche Überlegungen Einfluß auf die Wahl der Rechtsform.
- Die Art der Unternehmensfinanzierung wird durch klassische Körperschaftsteuersysteme beeinflußt. Weil Fremdkapitalzinsen bei der Kapitalgesellschaft als Betriebsausgaben abzugsfähig sind, werden sie im Ergebnis nur einmal beim Fremdkapitalgeber besteuert. Der ausgeschüttete Gewinn unterliegt dagegen einer zwei- oder mehrmaligen Besteuerung, da er bei der Kapitalgesellschaft der Körperschaftsteuer und beim Anteilseigner der Einkommen- bzw. Körperschaftsteuer unterliegt. Dadurch wird die Eigenfinanzierung in der Form der Einlagen- und der Selbstfinanzierung gegenüber der Fremdfinanzierung benachteiligt[83].

7/1470, 326ff.; Greif/Krebs/Münzner, Körperschaftsteuer, S. 11f.; Gutachten der Steuerreformkommission, Schriftenreihe des BMF, Heft 17, Rz. IV/16ff.; Hansmeyer, GmbHR 1970, 29f.; Heintzeler, ZfbF 1971, 556f.; Knobbe-Keuk, Bilanz- und Unternehmenssteuerrecht, S. 514f.; Maenner, Grundfragen des körperschaftsteuerlichen Anrechnungsverfahrens, S. 9ff.; Märkle/Gottstein/Seibold/Stegmüller, Das Anrechnungsverfahren nach dem Körperschaftsteuerreformgesetz 1977, S. 8; Tipke/Lang, Steuerrecht, S. 408; Wöhe, ZfbF 1971, 508f. und Betriebswirtschaftliche Steuerlehre, Bd. I, 5. Aufl., S. 115ff..

83 Unter Einlagenfinanzierung wird die Zuführung von Eigenkapital von außen und unter Selbstfinanzierung die Finanzierung aus

- Zwischen Groß- und Kleinaktionären lassen klassische Körperschaftsteuersysteme einen Interessengegensatz entstehen. Großaktionäre sind i.d.R. an hohen Thesaurierungsquoten interessiert, da bei ihnen Ausschüttungen einer hohen Einkommensteuer unterworfen werden. Sie ziehen die Selbstfinanzierung, d.h. die Rücklagenbildung, der Ausschüttung mit anschließender Wiedereinlage vor. Kleinaktionäre präferieren i.d.R. höhere Ausschüttungen, da sie keiner bzw. nur einer geringen Einkommensteuer unterliegen.
- Die Verringerung der Rendite nach Steuern durch die Doppelbelastung klassischer Körperschaftsteuersysteme vermindert die Attraktivität des Beteiligungssparens und verhindert damit die Beteiligung weiter Bevölkerungskreise am Produktivvermögen[84].
- Klassische Körperschaftsteuersysteme erfordern Sonderregelungen, welche die beabsichtigte zweimalige Besteuerung sicherstellen. Dies sind im Körperschaftsteuerrecht der Bundesrepublik beispielsweise die Regelungen zur verdeckten Gewinnausschüttung, zur Liquidation, zur Umwandlung, zur Fusion und zur Verlegung der Geschäftsleitung ins Ausland gewesen.
- Um wirtschaftlich sinnvolle Vorgänge nicht zu verhindern und um die Unterschiede zwischen der Gewinnbesteuerung von Kapital- und Personengesellschaften nicht zu groß werden zu lassen, enthalten klassische Körperschaftsteuersysteme Sonderregelungen, welche die Doppel- und insbesondere die Drei- und Mehrfachbelastung

---

Gewinnen verstanden (vgl. Wöhe, Einführung in die allgemeine Betriebswirtschaftslehre, S. 675).

84 Dieser Mangel hängt mit dem Interessengegensatz zwischen Groß- und Kleinaktionären und dem Einfluß auf die Unternehmensfinanzierung zusammen. Implizit wird rationales Verhalten unterstellt, so daß Personen mit geringem Steuersatz ausschließlich Fremdfinanzierungstitel und Personen mit hohem Steuersatz nur Beteiligungstitel voll thesaurierender Unternehmen erwerben (vgl. Swoboda, Betriebliche Finanzierung, S. 55ff.).

abschwächen. Dazu gehörten in der Bundesrepublik das Schachtelprivileg und Sonderregelungen für Genossenschaften und personenbezogene Kapitalgesellschaften.

Diese Argumente gewinnen bei hohen Steuersätzen an Gewicht und lassen die Doppelbelastung schwer tragbar erscheinen[85]. Der Vorschlag, den Körperschaftsteuersatz abzusenken, ist nicht durchführbar, da bei einer zu großen Spanne zwischen dem Körperschaftsteuersatz und dem Höchstsatz der Einkommensteuer die Kapitalgesellschaft zu reinen Thesaurierungszwecken mißbraucht wird[86].

Die Kritik an der Doppelbelastung ausgeschütteter Gewinne von Kapitalgesellschaften führt zu Körperschaftsteuersystemen, die diese Doppelbelastung durch unterschiedliche Maßnahmen abschwächen.

II. Körperschaftsteuersysteme mit gemilderter Doppelbelastung

In der Bundesrepublik verstärkte sich die Kritik an der Doppelbelastung mit steigenden Steuersätzen[87]. Die Argumente gegen die Doppelbelastung bleiben zwar auch bei gemilderter Doppelbelastung gültig, aber die Dringlichkeit des Problems vermindert sich.

Das Ausmaß der Verminderung der Doppelbelastung ist von der konkreten Ausgestaltung der Maßnahmen abhängig. Es sind einerseits Maßnahmen denkbar, welche die Doppelbelastung fast vollständig vermeiden, andererseits aber auch solche, welche die Doppelbelastung kaum vermindern. Die grundsätzliche Problematik der Doppelbelastung können diese Körperschaftsteuersysteme nicht beheben.

---

85 Vgl. bereits Popitz, Handwörterbuch der Staatswissenschaften, Bd. 5, S. 897.

86 Vgl. Popitz, Handwörterbuch der Staatswissenschaften, Bd. 3, S. 427f..

87 Vgl. Dötsch in Dötsch/Eversberg/Jost/Witt, Vor § 27 KStG Rz. 3; Knobbe-Keuk, Bilanz- und Unternehmenssteuerrecht, S. 513; Popitz, Handwörterbuch der Staatswissenschaften, Bd. 5, S. 897.

Es bestehen drei unterschiedliche Ansatzpunkte der Körperschaftsteuersysteme zur Milderung der Doppelbelastung[88]:

- Ausschüttungen werden bei der Kapitalgesellschaft ermäßigt durch die Körperschaftsteuer besteuert.
- Ausschüttungen werden beim Anteilseigner nur ermäßigt durch die Körperschaft- oder Einkommensteuer besteuert.
- Von der Kapitalgesellschaft gezahlte Steuern werden teilweise auf die Körperschaft-/Einkommensteuerschuld der Anteilseigner angerechnet.

Die einzelnen Ansatzpunkte können zudem miteinander kombiniert werden.

1. Klassische Systeme mit gespaltenem Körperschaftsteuersatz

Bis zur Einführung des Körperschaftsteuersystems mit Anrechnungsverfahren galt in der Bundesrepublik ein klassisches Körperschaftsteuersystem mit gespaltenem Steuersatz. Nach § 19 Abs. 1 Nr. 1 KStG 1975 betrug der Körperschaftsteuersatz für einbehaltene Gewinne 51% und für ausgeschüttete Gewinne 15%[89]. Da die Steuer auf den ausgeschütteten Gewinn aus dem thesaurierten Gewinn zu zahlen war, betrug der effektive Ausschüttungskörperschaftsteuersatz aufgrund dieser Schattenwirkung 23,44%. Obgleich erheblich abgeschwächt, blieb damit die Doppelbelastung ausgeschütteter Gewinne bestehen. Auch durch dieses Körperschaftsteuersystem wurden ausgeschüttete Gewinne damit mindestens zweifach besteuert. War der Anteilseigner eine Kapitalgesellschaft, wurde der ausgeschüttete Gewinn häufiger

---

88 Vgl. die unterschiedlichen Körperschaftsteuersysteme mit den verschiedenen Ansatzpunkten zur Milderung der Doppelbelastung in Europa und Japan (Dötsch in Dötsch/Eversberg/Jost/Witt, Vor § 27 KStG Rz. 76).

89 Die gleiche Wirkung, d.h. eine Milderung der Doppelbelastung ausgeschütteter Gewinne, ließe sich auch durch eine teilweise Abzugsfähigkeit der Ausschüttungen erreichen.

besteuert, wenn keine Steuerbefreiung, z.B. das Schachtelprivileg, geltend gemacht werden konnte[90].
In der Bundesrepublik hatte die Milderung der Doppelbelastung durch den niedrigeren Ausschüttungssteuersatz pragmatische Gründe, die auf die hohen Einkommen- und Körperschaftsteuersätze zurückzuführen waren[91]. Steuersystematische Aspekte waren nicht der Grund.

2. Körperschaftsteuersysteme mit einer verminderten Besteuerung beim Anteilseigner

Diese Körperschaftsteuersysteme besteuern auf der Ebene der Kapitalgesellschaft den gesamten Gewinn mit einem einheitlichen Körperschaftsteuersatz und mildern die Doppelbelastung ausgeschütteter Gewinne durch eine ermäßigte Besteuerung auf der Ebene der Anteilseigner. Die Steuerermäßigung kann auf zwei Arten erfolgen.
Ausgeschüttete Gewinne werden beim Anteilseigner mit einem geringeren Steuersatz belastet, oder sie gehen vermindert in die Bemessungsgrundlage ein.
Österreich beispielsweise belastet Ausschüttungen beim Anteilseigner nur mit dem halben durchschnittlichen Steuersatz[92].
Im Rahmen der Diskussion um die Doppelbelastung schlug Meilicke vor, Ausschüttungen nur zur Hälfte in die Bemessungsgrundlage für die Einkommen- und Körperschaftsteuer der Anteilseigner einzubeziehen[93]. Kreile entwickelte ein System, durch welches ein mit steigen-

---

90 Dötsch in Dötsch/Eversberg/Jost/Witt, Vor § 27 KStG Rz. 2f..

91 Vgl. BTDrucks 1/4092, 48 und 3/260, 47ff.; Knobbe-Keuk, Bilanz- und Unternehmenssteuerrecht, S. 513f.; Wöhe, Betriebswirtschaftliche Steuerlehre, Bd. I/1, S. 192f..

92 Vgl. Heidinger, StuW 1989, 90; Domann in Mennel, Steuern in Europa, USA, Kanada und Japan, Österreich S. 26. Diese Technik zur Milderung der Doppelbelastung hatte während der Diskussion um das Körperschaftsteuergesetz 1977 auch Flume vorgeschlagen, der diese Methode der gemilderten Doppelbelastung aber auch auf Personengesellschaften ausdehnen wollte (Betriebsteuer) (vgl. Flume, DB 1971, 694).

93 Meilicke, Die Aussprache 1967, 220.

dem Steuersatz geringer werdender Anteil der Ausschüttung steuerfrei bleiben sollte[94].
Diese Vorschläge mildern die Doppelbelastung der Ausschüttungen, bleiben aber grundsätzlich der Kritik ausgesetzt, die auch die ungemilderte Doppelbelastung traf.

3. Körperschaftsteuersysteme mit Teilanrechnungsverfahren

Körperschaftsteuersysteme mit Teilanrechnungsverfahren gibt es mit einheitlichen und gespaltenen Steuersätzen. Systeme mit einheitlichem Körperschaftsteuersatz belasten auf der Ebene der Kapitalgesellschaft den gesamten Gewinn mit einem einheitlichen Körperschaftsteuersatz. Die Doppelbelastung ausgeschütteter Gewinne wird gemildert, indem Teile der von der Kapitalgesellschaft auf den ausgeschütteten Gewinn gezahlten Körperschaftsteuer auf die Steuerschuld der Anteilseigner angerechnet und ggf. erstattet werden. Auf der Ebene der Anteilseigner geht die Ausschüttung, um den Betrag der anrechenbaren Steuern erhöht, in die körperschaft- bzw. einkommensteuerliche Bemessungsgrundlage ein und wird besteuert[95].
Teilanrechnungsverfahren mit gespaltenem Steuersatz differenzieren auf der Ebene der Kapitalgesellschaft zwischen thesaurierten und ausgeschütteten Gewinnen. Dabei können Ausschüttungen sowohl begünstigt als auch zusätzlich belastet werden[96]. Auf der Ebene der Anteilseigner besteuern Systeme mit gespaltenem Körperschaftsteuersatz Ausschüttungen ebenso wie Systeme mit einheitlichem Steuersatz.
Diese Körperschaftsteuersysteme mildern die Doppelbelastung nur mehr oder weniger vollständig, je nachdem in welchem Ausmaß die von der Kapitalgesellschaft

---

94 Kreile, BB 1970, 895f..

95 Ein solches System praktiziert z.B. Großbritannien (vgl. Dötsch in Dötsch/Eversberg/Jost/Witt, Vor § 27 KStG Rz. 76).

96 Ein System mit einer Begünstigung der ausgeschütteten Gewinne wird in Japan angewandt. (Vgl. Dötsch in Dötsch/Eversberg/Jost/Witt, Vor § 27 KStG Rz. 76).

gezahlte Körperschaftsteuer auf die Steuerschuld der Anteilseigner angerechnet wird. Sie werden daher mit den bereits bei der ungemilderten Doppelbelastung genannten Argumenten kritisiert.
Die Kritik an der Doppelbelastung ausgeschütteter Gewinne, die auch für Körperschaftsteuersysteme mit gemilderter Doppelbelastung gilt, legt es nahe, Körperschaftsteuersysteme zu entwickeln, welche die Doppelbelastung ausgeschütteter Gewinne vermeiden.

III. Körperschaftsteuersysteme mit Beseitigung der Doppelbelastung

Vom steuersystematischen Gesichtspunkt aus sind Körperschaftsteuersysteme mit gemilderter Doppelbelastung weder mit der Identitätstheorie[97] noch mit dem Trennungsprinzip in Einklang zu bringen. Körperschaftsteuersysteme, welche die Doppelbelastung beseitigen, haben ihren Ursprung in der Identitätstheorie und setzen sich über die rechtliche Selbständigkeit der juristischen Personen und damit das Trennungsprinzip hinweg[98].
Hinter Körperschaftsteuersystemen ohne Doppelbelastung verbergen sich unterschiedliche Konzeptionen, die in ihren wirtschaftlichen Auswirkungen erheblich differieren und welche die Entlastung unterschiedlich erreichen. Folgende Methoden zur Vermeidung der Doppelbelastung ausgeschütteter Gewinne sind denkbar[99]:
- ersatzlose Abschaffung der Körperschaftsteuer,
- Freistellung der Ausschüttungen von der Einkommensteuer,
- Abzug der Ausschüttungen von der Bemessungsgrundlage der Körperschaftsteuer,
- Teilhabersteuer und
- Körperschaftsteuersysteme mit Vollanrechnungsverfahren.

---

97 Vgl. Rasenack, Die Theorie der Körperschaftsteuer, S. 33.
98 Vgl. Crezelius, Steuerrecht II, § 13 Rz. 5.
99 Vgl. BTDrucks 7/1470, 328ff.; Gutachten der Steuerreformkommission, Schriftenreihe des BMF, Heft 17, Rz. IV/100ff..

Diese Systeme werden in diesem Abschnitt vorgestellt. Körperschaftsteuersysteme mit Vollanrechnungsverfahren wurden bereits am Beispiel der Bundesrepublik dargestellt. Sie werden nur der Vollständigkeit halber kurz erörtert.

1. Ersatzlose Abschaffung der Körperschaftsteuer

Oberflächlich betrachtet ist die Abschaffung der Körperschaftsteuer der einfachste Weg, die Doppelbelastung ausgeschütteter Gewinne zu beseitigen[100].
Auf die Gesamtlebensdauer der Kapitalgesellschaft gesehen, unterliegen die von der Körperschaft erzielten Gewinne dann nur der Einkommensteuer der Anteilseigner. Gegen die ersatzlose Abschaffung der Körperschaftsteuer spricht, daß die zwischenzeitliche Steuerfreiheit thesaurierter Gewinne einen Verstoß gegen die Wettbewerbsneutralität darstellt, da für Personengesellschaften eine steuerfreie Thesaurierung nicht möglich ist[101]. Da Kapital- und Personengesellschaften in unmittelbarem Wettbewerb miteinander stehen, hat dies unvertretbare Wettbewerbsverzerrungen zur Folge.

2. Freistellung der Ausschüttungen von der Einkommensteuer

Eine weitere Möglichkeit, die Doppelbelastung ausgeschütteter Gewinne zu beseitigen, ist die Freistellung der Ausschüttungen von der Einkommensteuer[102]. Der Gewinn der Kapitalgesellschaft wird durch die Körperschaftsteuer besteuert, unterliegt im Ausschüttungsfall aber keiner weiteren Besteuerung beim Anteilseigner.

---

100 So z.B. noch Wagner, Finanzwissenschaft, 2. Theil, S. 324f..

101 Vgl. BTDrucks 7/1470, 326; Lampe, FA N.F. 1934, 249; Pfleiderer, FA N.F. 1934, 432; Pfleiderer schlägt vor, die Abschaffung der Körperschaftsteuer durch eine Steuerfreistellung thesaurierter Gewinne von Personengesellschaften zu ermöglichen (Pfleiderer, FA N.F. 1934, 436ff.); Schneider, StuW 1975, 107; Wöhe, DBW 1977, 28.

102 Vgl. BTDrucks 7/1470, 329.

Auch dieses einfach zu handhabende Konzept zur Vermeidung der Doppelbelastung weist schwerwiegende Nachteile auf[103].
Die Steuerfreistellung beim Anteilseigner bietet infolge des progressiven Steuertarifs für verschiedene Einkommensgruppen unterschiedliche Vorteile und steht damit im Gegensatz zum synthetischen Charakter der Einkommensteuer, die sich an der gesamten Leistungsfähigkeit der Steuerpflichtigen orientiert[104]. Bezieher hoher Einkommen profitieren stark von der Steuerfreistellung, Geringverdienende dagegen nur wenig. Beteiligungskapital würde sich daher ausschließlich in den Händen derjenigen sammeln, die einer hohen Progression unterliegen[105].
Da Ausschüttungen nicht mehr der Einkommensteuer unterliegen, entfällt die Berechtigung für die Erhebung einer Kapitalertragsteuer. Für inländische Anteilseigner ist dies folgerichtig. Die Bundesrepublik verzichtet damit jedoch auf eine Quellenbesteuerung der an ausländische Anteilseigner gezahlten Ausschüttungen. Dies Recht steht ihr nach internationalen Besteuerungsregeln zu.

---

103 Vgl. BTDrucks 7/1470, 329; Lampe, FA N.F. 1934, 250f.; Popitz, Handwörterbuch der Staatswissenschaften, Bd. 5, S. 897 und Bd. 3, S. 428f.; Schneider, StuW 1975, 108. Bereits Blum führt an, daß der Charakter der Einkommensteuer (synthetische Gesamteinkommensteuer) mit der Freistellung der Ausschüttungen nicht zusammenpaßt, will diesen Mangel aber durch einen Progressionsvorbehalt heilen (Blum, Die steuerliche Ausnutzung der Aktiengesellschaften in Deutschland, S. 102ff.). Dietzel sieht die Freistellung von der Besteuerung beim Anteilseigner als eine Möglichkeit an, allerdings in einem mit dem heutigen kaum vergleichbaren Steuersystem (Dietzel, Die Besteuerung der Actiengesellschaften in Verbindung mit der Gemeinde-Besteuerung, S. 77); so auch Wagner, allerdings weist dieser auf das Erfordernis eines für alle Anteilseigner gleichen Steuersatzes bzw. eines Steuererstattungsverfahrens hin (Wagner, Finanzwissenschaft, 2. Theil, S. 325).

104 Tipke/Lang, Steuerrecht, S. 191.

105 Vgl. die ähnliche Vorgehensweise in Swoboda, Betriebliche Finanzierung, S. 53ff..

3. Abzug der Ausschüttungen von der Bemessungsgrundlage der Körperschaftsteuer

Dieses einfach zu handhabende Konzept stellt Ausschüttungen von der Körperschaftsteuer frei[106]. Dies wird erreicht, indem Ausschüttungen von der Bemessungsgrundlage der Körperschaftsteuer abgezogen werden, also als Betriebsausgaben behandelt werden. Thesaurierte Gewinne unterliegen weiterhin der Körperschaftsteuer. Beim Anteilseigner sind Ausschüttungen normal zu versteuern.
Die vollständige Beseitigung der Doppelbelastung ausgeschütteter Gewinne ist im Abzugssystem nur sichergestellt, wenn bei der Ausschüttung thesaurierter Gewinne die auf diesen Rücklagen lastende Körperschaftsteuer erstattet wird. Dadurch wird die gesamte Körperschaftsteuer zurückerstattet[107], die während des Bestehens der Kapitalgesellschaft gezahlt wurde, wenn bei der Auflösung der Kapitalgesellschaft thesaurierte Gewinne ausgeschüttet werden. Die gesamten Gewinne unterliegen damit nur der Einkommensteuer der Anteilseigner.

---

106 Vgl. Gutachten der Steuerreformkommission, Schriftenreihe des BMF, Heft 17, Rz. IV/122ff.; Schmölders, Organische Steuerreform, Grundlagen, Vorarbeiten, Gesetzentwürfe, S. 134; Schöne, Die Besteuerung der Kapitalgesellschaften, S. 81f.. Das Konzept schlägt bereits Blum vor, um zwischenstaatliche Besteuerungsansprüche abzugrenzen (Blum, Die steuerliche Ausnutzung der Aktiengesellschaften in Deutschland, S. 110). Haller akzeptiert ein solches Abzugssystem hilfsweise statt der später dargestellten Teilhabersteuer (Haller, Die Steuern, S. 338f.). Popitz führt dieses Konzept zur Vermeidung der Doppelbelastung an, lehnt es aber wegen der größeren Kreditfähigkeit der Kapitalgesellschaft, der Liquidität und Beweglichkeit der Anteile an der Kapitalgesellschaft, der leichteren Erfaßbarkeit des Gewinns bei der Kapitalgesellschaft und der fiskalischen Ergiebigkeit der Körperschaftsteuer ab (Popitz, Handwörterbuch der Staatswissenschaften, Bd. 5, S. 897). Ablehnend Schäffle, da das Einkommen bei der Gesellschaft sicherer als beim Anteilseigner zu erfassen ist (Schäffle, Die Steuern, Besonderer Teil, S. 101).

107 Vgl. Wöhe, Betriebswirtschaftliche Steuerlehre, Bd. I, 5. Aufl., S. 171f..

Damit wird die Doppelbelastung vermieden und trotzdem ist sichergestellt, daß Gewinne während der Thesaurierungsdauer mit Steuern belastet sind, so daß keine Wettbewerbsverzerrungen gegenüber Personengesellschaften entstehen.
Gegen ein solches Abzugssystem spricht ein Mangel, der auch beim Körperschaftsteuersystem mit gespaltenem Steuersatz auftritt, dort jedoch aufgrund der geringeren Differenz zwischen dem Steuersatz für ausgeschüttete und thesaurierte Gewinne nicht so gravierend wirkt[108]. Die Problematik wird am Beispiel des Steuerrechts der Bundesrepublik dargestellt. Die Entlastung von der Körperschaftsteuer kommt allen Anteilseignern zugute, auch denjenigen, deren inländische Steuerpflicht nach den §§ 50 Abs. 5 Satz 1 EStG und 50 Abs. 1 KStG mit der Kapitalertragsteuer abgegolten ist. Dies sind Körperschaften des öffentlichen Rechts i.S. § 2 Nr. 2 KStG, steuerbefreite Körperschaften nach § 5 KStG und ausländische Anteilseigner i.S. § 1 Abs. 4 EStG und § 2 Nr. 1 KStG.
Ausländischer Streubesitz unterliegt im Heimatstaat einer weiteren Besteuerung[109].
Fließen ausländischen Muttergesellschaften Ausschüttungen zu, sind diese im Staat des Sitzes der Muttergesellschaft i.d.R. aufgrund der DBA oder aufgrund innerstaatlichen Rechts von einer weiteren Besteuerung freigestellt[110]. Als Muttergesellschaften gelten nach Art. 10 Abs. 2 OECD-Muster-DBA Gesellschaften, die über eine unmittelbare Beteiligung i.H.v. mindestens 25% verfügen[111]. Personengesellschaften gelten nicht als Muttergesellschaften i.S. Art. 10 Abs. 2 OECD-Muster-DBA.

---

108 Vgl. Gutachten der Steuerreformkommission, Schriftenreihe des BMF, Heft 17, Rz. IV/157; Wöhe, DStR 1971, 273f..

109 Crezelius, Steuerrecht II, § 13 Rz. 16.

110 Fischer/Warneke, Internationale betriebswirtschaftliche Steuerlehre, S. 172; vgl. Wöhe, Betriebswirtschaftliche Steuerlehre, Bd. I/1, S. 170.

111 Das innerstaatliche Recht kann von der 25% Grenze abweichen. In der Bundesrepublik sind entsprechende Ausschüttungen ausländischer Tochtergesellschaften nach § 26 Abs. 7 KStG bereits ab 10% von der Besteuerung freigestellt.

Sind die Körperschaften des öffentlichen Rechts, die steuerbefreiten Körperschaften oder die ausländischen Muttergesellschaften bereit, nur mit Kapitalertragsteuer belastete Ausschüttungen zu reinvestieren, entstehen Wettbewerbsverzerrungen zulasten anderer Kapital- und Personengesellschaften, an denen nicht solche beschränkt steuerpflichtigen Anteilseigner beteiligt sind.

4. Teilhabersteuer

Ihrer Wirkung nach ist die Teilhabersteuer keine Körperschaftsteuer. Sie wird hier unter die Körperschaftsteuersysteme gefaßt, da sie die Besteuerung der juristischen Personen regelt.
Teilhabersteuersysteme lösen sich am konsequentesten von der zivilrechtlichen Selbständigkeit der juristischen Person[112]. Das Einkommen der Kapitalgesellschaft wird einer proportionalen Quellensteuer unterworfen[113], die wirtschaftlich eine Steuervorauszahlung auf die Einkommensteuer der Anteilseigner darstellt[114]. Unabhängig davon, ob Gewinne ausgeschüttet werden, werden die gesamten Gewinne anteilig den Anteilseignern zugerechnet. Die Anteilseigner erhalten zusätzlich eine Steuergutschrift i.H. der auf ihrem Ertragsanteil lastenden, von der Gesellschaft gezahlten Teilhabersteuer. Der gesamte ihnen anteilig zugerechnete Gewinn

---

112 Vgl. Knobbe-Keuk, Bilanz- und Unternehmenssteuerrecht, S. 515f..

113 Gutachten der Steuerreformkommission, Schriftenreihe des BMF, Heft 17, Rz. IV/104ff.; Knobbe-Keuk, Bilanz- und Unternehmenssteuerrecht, S. 516; vgl. Engels/Stützel, Teilhabersteuer, S. 7; Wöhe, Betriebswirtschaftliche Steuerlehre, Bd. I, 5. Aufl., S. 163ff..

114 Wöhe, Betriebswirtschaftliche Steuerlehre, Bd. I, 5. Aufl., S. 164. Damit ist Kritik gegenstandslos, die darauf abstellt, daß Anteilseigner wegen Steuerzahlungen auf ihnen zugerechnete Gewinnanteile bei vollständiger Thesaurierung zu Anteilsverkäufen gezwungen seien. (Vgl. zu dieser Kritik Becker, Verhandlungen des 33. Deutschen Juristentags 1924, S. 453; Jacobs, Unternehmensbesteuerung und Rechtsform, S. 85).

zuzüglich der darauf lastenden Teilhabersteuer ist von den Anteilseignern zu versteuern. Auf die Steuerschuld der Anteilseigner wird die Steuergutschrift angerechnet und ggf. ganz bzw. teilweise erstattet.
Der gesamte Gewinn der Kapitalgesellschaft wird damit nach dem persönlichen Steuersatz der Anteilseigner besteuert. Die Doppelbelastung des Gewinns wird beseitigt.
Das Konzept der Teilhaberbesteuerung stützt sich stark auf das Identitätsprinzip und ist schon frühzeitig gefordert und entwickelt worden[115], um gleiche wirtschaftliche Sachverhalte unabhängig von der Rechtsform gleich zu behandeln.
Teilhabersteuersysteme sind umstritten und die praktische Durchführbarkeit wird vielfach in Frage ge-

---

115 Vgl. Dietzel, Die Besteuerung der Actiengesellschaften in Verbindung mit der Gemeinde-Besteuerung, S. 43; Engels, Die Aussprache 1967, 9ff.; Fischer, ZfB 1970, 313ff.; Friauf, FR 1969, 27ff.; mit Hinweis auf die erheblichen technischen Probleme Haller, Die Steuern, S. 338; ein in Einzelheiten ausgearbeitetes Konzept wurde z.B. von Ketzel vorgestellt (Ketzel, Teilhabersteuer); Lampe, FA N.F. 1934, 251ff.; Nell-Breuning, DER VOLKSWIRT 1970, Nr. 39, 61ff.; Popitz weist darauf hin, daß bis 1906 der Gewinn von GmbHs in Preußen den Anteilseignern direkt zugerechnet wurde. Dies Verfahren wurde wegen der Unternehmen mit erheblicher Mitgliederzahl aufgegeben (Popitz, Handwörterbuch der Staatswissenschaften, Bd. 3, S. 428f.); Rädler, FR 1967, 167ff.; Schneider, Grundzüge der Unternehmensbesteuerung, S. 161ff.; Stützel, Die Aussprache 1966, 135ff.; Weyhenmeyer, Die Aussprache 1969, 217ff.; ablehnend Wehner, DER VOLKSWIRT 1970, Nr. 17, 96ff.. Für eine Behandlung der GmbHs wie Personengesellschaften, also eine Anwendung der einheitlichen Gewinnfeststellung und der Zurechnung des Gewinns an die Anteilseigner, hat sich Wöhe ausgesprochen (Wöhe, GmbHR 1971, 248); ebenso Troeger, Denkschrift zur Verbesserung der Einkommensbesteuerung 1957, S. 12. Für ein Veranlagungswahlrecht personenbezogener GmbHs hat sich Walz ausgesprochen (Walz, Gutachten F für den 53. Deutschen Juristentag 1980, S. F109f.), Becker für ein allgemeines Wahlrecht, die Art der Besteuerung zu wählen, ohne Rücksicht auf die Rechtsform (Becker, Verhandlungen des 33. Deutschen Juristentags 1924, S. 461f.).

stellt[116]. So befürchtete Blum technische Probleme, die zersplitterten Erträge beim Anteilseigner zu erfassen, und erwartete Steuerhinterziehung in erheblichem Umfang[117]. Pfleiderer wies auf die Problematik hin, thesaurierte Gewinne beim Anteilseigner als Einkommen zu besteuern, die nie in die Verfügungsmacht der Anteilseigner gelangt waren[118]. Weitere mit Teilhabersteuersystemen verbundene Nachteile werden im folgenden aufgeführt[119]:

Es ist umstritten, ob auch Verluste der Kapitalgesellschaft den Anteilseignern in Form von Teilhaberverlusten steuerlich zugerechnet werden sollen[120] oder ob den Kapitalgesellschaften ein eigener Verlustvortrag zum Zwecke der späteren Verlustverrechnung ermöglicht werden soll[121].

Kritisiert wird der Verstoß gegen die Einheitlichkeit der Rechtsordnung durch die unterschiedliche zivil- und steuerrechtliche Beurteilung der Selbständigkeit der juristischen Person gegenüber den Anteilseignern[122].

Weiterhin ist unklar, wie bei Teilhabersteuersystemen ausländische Anteilseigner besteuert werden[123]. Die Problematik wird beispielhaft am Steuerrecht der Bundesrepublik erläutert.

Interpretiert man die Teilhabererträge als Folge der Mißachtung des Trennungsprinzips als Einkünfte aus

---

116 Vgl. Becker, Verhandlungen des 33. Deutschen Juristentags 1924, S. 452; Gutachten der Steuerreformkommission, Schriftenreihe des BMF, Heft 17, Rz. IV/163; Jacobs, Unternehmensbesteuerung und Rechtsform, S. 85; Wissenschaftlicher Beirat beim BMF, Schriftenreihe des BMF, Heft 9, S. 50; Wöhe, DStR 1971, 267ff.; a.A. Schneider, StuW 1975, 110.

117 Vgl. Blum, Die steuerliche Ausnutzung der Aktiengesellschaften in Deutschland, S. 102f..

118 Pfleiderer, FA N.F. 1934, 433.

119 Vgl. Gutachten der Steuerreformkommission, Schriftenreihe des BMF, Heft 17, Rz. IV/135ff..

120 Engels/Stützel, Teilhabersteuer, S. 13; Schneider, Grundzüge der Unternehmensbesteuerung, S. 162.

121 Vgl. Wöhe, Betriebswirtschaftliche Steuerlehre, Bd. I, 5. Aufl., S. 167f..

122 Vgl. Jacobs, Unternehmensbesteuerung und Rechtsform, S. 85.

123 Vgl. Wöhe, DStR 1971, 269f..

Gewerbebetrieb, ist eine gesonderte Veranlagung ausländischer Anteilseigner mit einem entsprechenden Verwaltungsaufwand erforderlich.
Sieht man die Teilhabererträge als Ausschüttungen und damit als Dividenden i.S. Art. 10 OECD-Muster-DBA an, ergibt sich eine Wettbewerbsverzerrung durch die juristischen Personen des öffentlichen Rechts i.S. § 2 Nr. 2 KStG, die nach § 5 KStG steuerbefreiten Körperschaften und die ausländischen Muttergesellschaften. Die inländische Steuerpflicht dieser Anteilseigner ist mit der Kapitalertragsteuer abgegolten. Sind diese Anteilseigner bereit, die zugerechneten Gewinne und die Steuergutschrift voll in der Kapitalgesellschaft zu belassen bzw. zu reinvestieren, besitzen Kapitalgesellschaften mit solchen Anteilseignern Wettbewerbsvorteile gegenüber Unternehmen ohne entsprechende Anteilseigner. Grundsätzlich könnte dieser Mangel durch eine entsprechend hohe Kapitalertragsteuer ausgeglichen werden. Dies gilt aber nicht für beschränkt steuerpflichtige ausländische Muttergesellschaften, da sie im Staat des Sitzes i.d.R. keiner weiteren Steuer unterliegen[124] und nach Art. 10 Abs. 2 OECD-Muster-DBA die Kapitalertragsteuer max. 5% betragen darf.
Als arbeitsaufwendig und problematisch wird die zeitliche Abgrenzung und Zuordnung der Teilhabererträge an die Anteilseigner gesehen[125].
Problematisch ist auch die Behandlung von Mehr- oder Minderergebnissen, die anläßlich einer Betriebsprüfung oder aus anderen Gründen entstehen[126]. Diese Änderungen sind dem Grundgedanken der Teilhabersteuer entsprechend eigentlich den Anteilseignern periodengerecht zuzurechnen. Für Kapitalgesellschaften mit vielen Anteilseignern ist dies nicht praktikabel. Daher werden folgende zwei Varianten vorgeschlagen: Entweder werden die Mehr- oder Minderergebnisse den Anteilseignern zusam-

---

124 Fischer/Warneke, Internationale betriebswirtschaftliche Steuerlehre, S. 172; Wöhe, Betriebswirtschaftliche Steuerlehre, Bd. I, 5. Aufl., S. 170.

125 Vgl. Gutachten der Steuerreformkommission, Schriftenreihe des BMF, Heft 17, Rz. IV/136ff.; Wöhe, DStR 1971, 267f..

126 Gutachten der Steuerreformkommission, Schriftenreihe des BMF, Heft 17, Rz. IV/141ff.; Schneider, StuW 1975, 108f..

mengefaßt in einem Jahr zugerechnet, oder sie werden bei den Anteilseignern überhaupt nicht berücksichtigt. Beide Varianten sind mit dem Grundprinzip der Teilhabersteuer nicht vereinbar[127].

5. Körperschaftsteuersysteme mit Vollanrechnungsverfahren

Ein Körperschaftsteuersystem mit Vollanrechnungsverfahren wurde bereits am Beispiel des Steuersystems der Bundesrepublik erörtert.
Charakteristisch für diese Körperschaftsteuersysteme ist, daß Ausschüttungen mit einem Steuerguthaben i.H. der auf der Ausschüttung lastenden Körperschaftsteuer verbunden sind. Die Steuergutschrift geht in die steuerliche Bemessungsgrundlage für die Einkommen- bzw. Körperschaftsteuer der Anteilseigner mit ein. Der Anteilseigner kann die Steuergutschrift auf seine Steuerschuld anrechnen und bekommt ggf. den Teil der Steuergutschrift erstattet, der die Steuerschuld übersteigt[128].

C. Betriebsteuersysteme

Betriebsteuern stellen eine Form der Unternehmensbesteuerung dar, die unabhängig von der Rechtsform der Betriebe die Betriebsgewinne besteuern[129] und so den Einfluß der Besteuerung auf die Rechtsformwahl ausschalten[130]. Seit 1924 wurden vielfältige Varianten der Betriebsteuer oder ähnlicher Konzepte gefordert und

---

127 Vgl. Engels/Stützel, Teilhabersteuer, S. 12; Gutachten der Steuerreformkommission, Schriftenreihe des BMF, Heft 17, Rz. IV/141ff..

128 Gutachten der Steuerreformkommission, Schriftenreihe des BMF, Heft 17, Rz. IV/111f..

129 Vgl. Betriebsteuerausschuß der Verwaltung für Finanzen, StuW 1949, Sp. 929ff.; BTDrucks 7/1470, 328; Gutachten der Steuerreformkommission, Schriftenreihe des BMF, Heft 17, Rz. IV/94ff.; Terhalle, FA N.F. 1943, 194ff..

130 Vgl. Ascher, BFuP 1949, 143f.; Schmölders, FA N.F. 1940, 217f..

diskutiert[131]. Gewinne von Kapital- und Personengesellschaften würden nach denselben Vorschriften besteuert. Auch die Betriebsteuer ist grundsätzlich mit Doppelbelastung, mit gemilderter Doppelbelastung und ohne Doppelbelastung denkbar[132]. Die Unternehmensbesteuerung ist in der Bundesrepublik nicht nach einem Betriebsteuerkonzept ausgestaltet. Die Möglichkeiten von Betriebsteuersystemen sind jedoch in den Jahren 1948/49 von einem Betriebsteuerausschuß eruiert worden, der drei Modelle entwickelte[133].
Ein Modell sieht vor, die Doppelbelastung der ausgeschütteten Gewinne auf alle Unternehmensformen auszudehnen. Damit entfällt ein Argument gegen Körperschaftsteuersysteme mit Doppelbelastung: Kritisiert wurde die unterschiedliche Besteuerung von Kapital- und Personengesellschaften. Da Betriebsteuersysteme unabhängig von der Rechtsform betriebliche Gewinne gleich

---

131 Vgl. Becker, Verhandlungen des 33. Deutschen Juristentags 1924, S. 429ff.; Betriebsteuerausschuß der Verwaltung für Finanzen, StuW 1949, Sp. 929ff.; Boettcher, StuW 1947, Sp. 67ff.; Classen, Umbau der Betriebsbesteuerung; Elschen, StuW 1983, 318ff.; Findeisen, Die Unternehmungsform als Rentabilitätsfaktor, S. 45f.; Fischer, StuW 1942, Sp. 622ff. und ZfhF 1950, 53ff.; Flume, DB 1971, 694ff.; Heidinger, StuW 1982, 268ff.; Knobbe-Keuk, DB 1989, 1305ff.; Kopp, Rechtsformabhängige Belastungsdifferenzen als Ansatzpunkt einer Reform der Unternehmensbesteuerung; Lang, StuW 1989, 10ff. und StuW 1990, 118ff.; Pfleiderer, FA N.F. 1934, 435ff.; Rhein, Betriebswirtschaftliche Probleme bei der Reform der Gewinnbesteuerung; Schipporeit, Grundsätze und Möglichkeiten einer Unternehmungsteuer und StuW 1980, 190ff.; Schmidt, FA N.F. 1962/63, 49ff.; Schmölders, FA N.F. 1943, 263ff.; Schreiber, Rechtsformabhängige Unternehmensbesteuerung?; Schulte, Der Vorschlag einer "Betriebsteuer" und das geltende deutsche Steuersystem; Seidl, StuW 1989, 350ff.; Terhalle, FA N.F. 1943, 604ff.; Walz, Gutachten F für den 53. Deutschen Juristentag 1980.

132 Vgl. Steiner, der den schrittweisen Abbau der Doppelbelastung vorschlägt (Steiner, StuW 1950, Sp. 663).

133 Vgl. Boettcher, StuW 1949, Sp. 1011ff.; Gutachten der Steuerreformkommission, Schriftenreihe des BMF, Heft 17, Rz. IV/94ff..

besteuern, ist damit die Unternehmensbesteuerung rechtsformneutral. Die restlichen Argumente gegen die Doppelbelastung der ausgeschütteten Gewinne bleiben jedoch gültig.
Der Betriebsteuerausschuß hatte zwei Konzepte entwikkelt, welche die Doppelbelastung vermeiden.
Eines dieser Konzepte entspricht einem Anrechnungsverfahren, da die auf den Ausschüttungen lastende proportionale Betriebsteuer auf die progressiv ausgestaltete Einkommensteuer der Anteilseigner angerechnet wird.
Das andere Konzept zerlegt die einheitliche Einkommensteuer in einen proportionalen Tarif für den Betriebsgewinn und eine progressive Besteuerung des ausgeschütteten Teils.
Bei dieser letzten Form wird die Nähe der Betriebsteuer zur analytischen Schedulensteuer besonders deutlich, die im Widerspruch zum synthetischen Charakter der Einkommensteuer[134] steht und als rückständig angesehen wird[135]. Die rechtsformneutrale Behandlung der Unternehmensgewinne durch die Betriebsteuer verursacht neue Ungleichheiten, indem zwischen unternehmerischen Einkünften und anderen Einkünften differenziert wird[136]. Eine solche Vorgehensweise ist nur mit einer Schedulensteuer vereinbar, nicht mit einer synthetischen Gesamteinkommensteuer[137]. Eine daraus resultierende Befürch-

---

134 Vgl. Tipke/Lang, Steuerrecht, S. 191.

135 Vgl. BTDrucks 7/1470, 328; Gutachten der Steuerreformkommission, Schriftenreihe des BMF, Heft 17, Rz. IV/98; Tipke/Lang, Steuerrecht, S. 191.

136 Vgl. Bühler, DB 1949, 582; Jacobs, Unternehmensbesteuerung und Rechtsform, S. 83; Tipke, NJW 1980, 1079ff.; Walz, Gutachten F für den 53. Deutschen Juristentag 1980, S. F62.
Lang will diesen Mangel beheben, indem alle investierten Einkommen unabhängig von der Einkommensart durch die niedrigere proportionale Betriebsteuer besteuert werden (Lang, StuW 1989, 10ff.).

137 Vgl. Becker, Verhandlungen des 33. Deutschen Juristentags 1924, S. 455; Veiel, StuW 1943, Sp. 517ff.; Wettstein, Die Unternehmen- oder Betriebsteuer, S. 152ff.; a.A. Knobbe-Keuk, Verhandlungen des 53. Deutschen Juristentages 1980, S. O13ff.. Der Vorwurf der Unvereinbarkeit mit einer synthetischen Gesamteinkommensbesteuerung trifft (vgl. Gutachten der

tung ist, daß eine Begünstigung der nicht entnommenen Gewinne z.B. durch einen niedrigeren Betriebsteuersatz möglicherweise investitionslenkende Eingriffe des Staates nach sich zieht[138].
Ein weiterer Kritikpunkt ist, daß die Betriebsteuer eine künstliche Trennung zwischen Unternehmer und Personengesellschaft herbeiführt[139].
Um die Gleichmäßigkeit der Besteuerung zu wahren, müssen die Abzugsfähigkeit von Unternehmergehältern[140], Kreditbeziehungen zu den Gesellschaftern, verdeckte Gewinnausschüttungen und Entnahmen bzw. Einlagen bei Personen- und Kapitalgesellschaften einheitlich geregelt werden[141]. Schwierig ist die erforderliche Angemessenheitsprüfung der Vertragsbeziehungen zwischen Unternehmer und Unternehmen[142].
Die unterschiedliche zivil- und steuerrechtliche Beurteilung der Vertragsbeziehungen zwischen Unternehmer und Unternehmen stellt einen Verstoß gegen die Einheitlichkeit der Rechtsordnung dar[143].
Die notwendigen Angaben für die Betriebsteuer machen eine Ausdehnung der Buchführungspflicht oder eine Ein-

---

Kommission zur Verbesserung der steuerlichen Bedingungen für Investitionen und Arbeitsplätze, Rz. 391) auch einen Vorschlag Ritters für eine integrierte Unternehmensbesteuerung (Ritter, StuW 1989, 322ff. und BB 1990, 2200f.).

138 Vgl. Sachverständigenrat zur Begutachtung der gesamtwirtschaftlichen Entwicklung, Jahresgutachten 1989/90, Rz. 339; Uelner, Verhandlungen des 57. Deutschen Juristentages 1988, S. N21f..

139 Vgl. Bühler, DB 1949, 582; Jacobs, Unternehmensbesteuerung und Rechtsform, S. 84.

140 Vgl. Becker, Verhandlungen des 33. Deutschen Juristentags 1924, S. 453f.; Boettcher, StuW (1948), Sp. 501ff.; BTDrucks 7/1470, 328; Gutachten der Steuerreformkommission, Schriftenreihe des BMF, Heft 17, Rz. IV/98. Diese Problematik besteht nicht bzw. stark abgeschwächt bei Betriebsteuersystemen ohne Doppelbelastung (Boettcher, StuW 1951, Sp. 429).

141 Vgl. Bühler, DB 1949, 582.

142 Jacobs, Unternehmensbesteuerung und Rechtsform, S. 84.

143 Vgl. Jacobs, Unternehmensbesteuerung und Rechtsform, S. 83f..

schränkung des Geltungsbereichs der Betriebsteuer erforderlich[144].
Um die Steuersubjekte abzugrenzen, ist die Definition eines Unternehmensbegriffs erforderlich. Damit werden neue willkürliche Abgrenzungen geschaffen[145].
Der Betriebsteuer wird zusätzlich vorgeworfen, keine Gleichbehandlung zu gewährleisten, sondern Ungleiches gleich zu behandeln, indem sie anonyme, verselbständigte Großunternehmen und personenbezogene Unternehmen gleich behandelt[146].
Diese Nachteile werden als zu schwerwiegend angesehen, so daß Betriebsteuersysteme in der Bundesrepublik nicht verwirklicht worden sind.

---

144 Vgl. BTDrucks 7/1470, 328; Gutachten der Steuerreformkommission, Schriftenreihe des BMF, Heft 17, Rz. IV/98.
145 Vgl. Wettstein, Die Unternehmen- oder Betriebsteuer, S. 143f..
146 Vgl. Becker, Verhandlungen des 33. Deutschen Juristentags 1924, S. 459f.; Wettstein, Die Unternehmen- oder Betriebsteuer, S. 145ff..

§3. MAẞNAHMEN ZUR VERMEIDUNG BZW. MILDERUNG DER DOPPELBESTEUERUNG IM INTERNATIONALEN STEUERRECHT DER BUNDESREPUBLIK

A. Begriff der Doppelbesteuerung

Der Begriff der Doppelbesteuerung ist vom Begriff der Doppelbelastung, die ein innerstaatliches Problem darstellt, zu trennen[1]. Eine Doppelbelastung liegt vor, wenn dasselbe Steuerobjekt durch dieselbe Steuerhoheit zwei- oder mehrfach besteuert wird[2].
Die Doppelbesteuerung ist ein internationales Problem.
Die Doppelbesteuerung wird in eine juristische und eine wirtschaftliche Doppelbesteuerung unterteilt[3].
In dieser Untersuchung ist die juristische Doppelbesteuerung durch folgende Merkmale gekennzeichnet[4]:

---

1 Lüdicke, Steuerermäßigung bei ausländischen Einkünften, S. 6; Spitaler, Das Doppelbesteuerungsproblem bei den direkten Steuern, S. 92; Wöhe, Betriebswirtschaftliche Steuerlehre, Bd. II/2, S. 245.

2 Commandeur, Berücksichtigung ausländischer Steuern im deutschen Einkommen- und Körperschaftsteuerrecht, S. 6; Haberstock, Die Steuerplanung der internationalen Unternehmung, S. 21; Spitaler, Das Doppelbesteuerungsproblem bei den direkten Steuern, S. 74.

3 Vgl. Fischer/Warneke, Internationale betriebswirtschaftliche Steuerlehre, S. 24; Wöhe, Betriebswirtschaftliche Steuerlehre, Bd. II/2, S. 244f..

4 So die heute vorherrschende Definition. Vgl. dazu Bühler, Prinzipien des internationalen Steuerrechts, S. 32; so bereits Dorn, Verhandlungen des 33. Deutschen Juristentags 1924, S. 495; Ebling, Unilaterale Maßnahmen gegen die internationale Doppelbesteuerung bei den Steuern vom Ertrag, S. 19ff. und DStR 1976, 334; Fischer/Warneke, Internationale betriebswirtschaftliche Steuerlehre, S. 23f.; Grützner, DBA, Rz. 7; Haberstock, Die Steuerplanung der internationalen Unternehmung, S. 19; Jacobs, Internationale Unternehmensbesteuerung, S. 7; Mössner, DStJG 1985, 139f.; Pfitzer, Zum Einfluß der Besteuerung auf die Finanzierung der zweistufigen internationalen deutschen Unternehmung, S. 51; Prang, RIW 1983, 355; Rädler/Raupach, Deutsche Steuern bei Auslandsbeziehungen, S. 372; Rieger, Prinzipien des internationalen Steuerrechts als Problem der Steuerplanung in der multinationalen Unternehmung,

- Identität des Steuersubjektes,
- Identität des Steuerobjektes,
- Besteuerung durch verschiedene Steuerhoheiten,
- Identität der Besteuerungsperiode (Dieses Merkmal ist umstritten, da nicht einsichtig ist, daß durch Bestimmungen über den Zufluß bzw. die Gewinnrealisierung mit einer daraus resultierenden Periodenverschiebung möglicherweise diese Bedingung nicht mehr erfüllt wird[5].) und
- Gleichartigkeit der Steuern[6].

Von der juristischen Doppelbesteuerung zu unterscheiden ist die wirtschaftliche Doppelbesteuerung, die den Begriff erweitert, da auf das Merkmal der Subjektidentität verzichtet wird. Damit unterliegt z.B. der von einer ausländischen Tochtergesellschaft ausgeschüttete, mit Körperschaftsteuer belastete Gewinn einer wirtschaftlichen Doppelbesteuerung, sofern er bei der Muttergesellschaft, auf denselben Besteuerungszeitraum bezogen, einer weiteren gleichartigen Besteuerung im Inland unterliegt[7].

Die bisher dargestellte Doppelbesteuerung verletzt die Neutralität der internationalen Besteuerung nur, wenn die Höhe der Steuerbelastung das Belastungsniveau des Staates mit dem höheren Steuerniveau übersteigt[8]. Dies

---

S. 93; Rose, Betrieb und Steuer, Grundzüge des internationalen Steuerrechts, S. 51; Teichner, Internationales Steuerrecht, S. 18; Telkamp, Betriebstätte oder Tochtergesellschaft im Ausland, S. 42; Vogel, DBA, Einl. Rz. 2; Wilke, Lehrbuch des internationalen Steuerrechts, Rz. 22ff.; Wöhe, Betriebswirtschaftliche Steuerlehre, Bd. II/2, S. 245.

5 Vgl. Baranowski, Besteuerung von Auslandsbeziehungen, S. 59; Mössner, DStJG 1985, 139.

6 Zur Problematik der Gleichartigkeit der Steuern Tipke/Lang, Steuerrecht, S. 137.

7 Vgl. Bühler, Prinzipien des internationalen Steuerrechts, S. 32; Haberstock, Die Steuerplanung der internationalen Unternehmung, S. 19f.; Pfitzer, Zum Einfluß der Besteuerung auf die Finanzierung der zweistufigen internationalen deutschen Unternehmung, S. 51; Wöhe, Betriebswirtschaftliche Steuerlehre, Bd. II/2, S. 245.

8 Fischer/Warneke, Internationale betriebswirtschaftliche Steuerlehre, S. 24.

wird im folgenden unterstellt. Unter Neutralität der internationalen Besteuerung wird verstanden, daß die Steuerbelastung eines grenzüberschreitenden Sachverhalts die Steuerbelastung des entsprechenden inländischen Sachverhalts in dem Staat mit dem höheren Steuerniveau nicht übersteigt und die Steuerbelastung des entsprechenden inländischen Sachverhalts in dem Staat mit dem niedrigeren Steuerniveau nicht unterschreitet[9].
Die Maßnahmen zur Vermeidung bzw. Milderung der Doppelbesteuerung richten sich teilweise nur gegen die juristische, teilweise aber auch gegen die wirtschaftliche Doppelbesteuerung.
Die Doppelbesteuerung beeinflußt die internationalen wirtschaftlichen Aktivitäten negativ, indem sie Investitionen und Tätigkeiten von Ausländern im Inland bzw. Inländern im Ausland diskriminiert.
Zurückzuführen ist das Doppelbesteuerungsproblem auf die Besteuerungsprinzipien, welche die Staaten anwenden, um den Umfang der Steuerpflicht zu bestimmen.

B. Entstehungsursachen der Doppelbesteuerung

Zwei Besteuerungsprinzipien können in diesem Zusammenhang unterschieden werden, nämlich das Welteinkommens- und das Territorialprinzip. Das Welteinkommensprinzip[10] (auch Totalitäts- oder Universalprinzip) führt dazu, daß ein Staat das gesamte Welteinkommen der Steuerpflichtigen besteuert. In der Bundesrepublik gilt dies für unbeschränkt Steuerpflichtige. Entscheidend für die

---

9 Mössner, DStJG 1985, 138ff..
Pfitzer nennt drei mögliche Grenzen: Doppelbesteuerung liegt vor, sofern die Gesamtsteuerbelastung die Steuerbelastung des Quellenstaates/des Wohnsitzstaates/die jeweils höhere Belastung der beiden Staaten übersteigt (Pfitzer, Zum Einfluß der Besteuerung auf die Finanzierung der zweistufigen internationalen deutschen Unternehmung, S. 51f.).

10 Vgl. Bühler, Prinzipien des internationalen Steuerrechts, S. 165f.; Crezelius, Steuerrecht II, § 5 Rz. 10; Fischer/Warneke, Internationale betriebswirtschaftliche Steuerlehre, S. 40; Wöhe, Betriebswirtschaftliche Steuerlehre, Bd. II/2, S. 247f..

unbeschränkte Steuerpflicht in der Bundesrepublik ist grundsätzlich nach § 1 Abs. 1 EStG der Wohnsitz bzw. der gewöhnliche Aufenthalt und nach § 1 KStG die Geschäftsleitung oder der Sitz. Damit wendet die Bundesrepublik bei der unbeschränkten Steuerpflicht das Welteinkommensprinzip i.V.m. dem Wohnsitzprinzip an[11]. Die Besteuerung des gesamten Welteinkommens in der Bundesrepublik entspricht der am Leistungsfähigkeitsprinzip orientierten synthetischen Gesamteinkommensteuer, da die Leistungsfähigkeit des Steuersubjektes unabhängig von der Herkunft der Einkünfte gegeben ist[12].
Im Gegensatz dazu werden im Rahmen der beschränkten Steuerpflicht inlandsradizierte Einkünfte nach dem Territorialprinzip[13] besteuert. Das Territorialprinzip bedeutet, daß im Inland erzielte Einkünfte einer inländischen Besteuerung unterliegen, unabhängig von der Beziehung des Steuersubjektes, welches der beschränkten Steuerpflicht unterliegt, zum Inland[14].
Besteuert ein Staat nach dem Welteinkommens- und ein anderer nach dem Territorialprinzip oder werden beide

---

11 Vgl. Fischer/Warneke, Internationale betriebswirtschaftliche Steuerlehre, S. 37; Haberstock, Die Steuerplanung der internationalen Unternehmung, S. 14; Menck, Münchener Schriften zum Internationalen Steuerrecht, Heft 7, S. 29; Vogel, DBA, Einl. Rz. 2.

12 Vgl. Tipke/Lang, Steuerrecht, S. 191; kritisch dazu Flick, Münchener Schriften zum Internationalen Steuerrecht, Heft 7, S. 97f..

13 Crezelius, Steuerrecht II, § 5 Rz. 16f.; Fischer/Warneke, Internationale betriebswirtschaftliche Steuerlehre, S. 40; Menck, Münchener Schriften zum Internationalen Steuerrecht, Heft 7, S. 29f.; Wöhe, Betriebswirtschaftliche Steuerlehre, Bd. II/2, S. 248f..

14 Während beim Welteinkommensprinzip die Beziehung des Steuersubjektes zum Inland für die unbeschränkte Steuerpflicht entscheidend ist, ist beim Territorialprinzip die Beziehung des Steuerobjektes zum Inland maßgebend. Im Rahmen der beschränkten Steuerpflicht sind dem Territorialprinzip entsprechend nur Einkünfte i.S. § 49 EStG zu versteuern.

Prinzipien von einem Staat gleichzeitig angewandt[15], kommt es zu Doppelbesteuerungen. Die Anwendung des Welteinkommens- und des Territorialprinzips führt zu drei theoretisch möglichen Doppelbesteuerungsfällen[16]:

- Zusammentreffen von Welteinkommensprinzip in einem und Territorialprinzip im anderen Staat. Beispiel: Der im Staat W wohnende steuerpflichtige A bezieht Einkünfte aus dem Staat Q. A unterliegt in W nach dem Welteinkommensprinzip und in Q nach dem Territorialprinzip der Besteuerung.
- Welteinkommensbesteuerung in zwei Staaten. Beispiel: A unterliegt in den Staaten W und X der Besteuerung nach dem Welteinkommensprinzip[17].
- Besteuerung nach dem Territorialprinzip in zwei Staaten. Beispiel: Der im Staat W wohnhafte A bezieht für sein im Staat R registriertes Patent aus dem Staat Q Einkünfte. A wird in R und Q nach dem Territorialprinzip besteuert.

Zur Vermeidung bzw. Milderung der Doppelbesteuerung werden Maßnahmen ergriffen, die im folgenden Abschnitt erörtert werden.

---

15 Dies ist z.B. in der Bundesrepublik der Fall, die das Welteinkommensprinzip bei der unbeschränkten und das Territorialprinzip bei der beschränkten Steuerpflicht anwendet.

16 Baranowski, Besteuerung von Auslandsbeziehungen, S. 57f.; Debatin, RIW 1962, 61; Ebling, DStR 1976, 335; Flick, FA N.F. 1961, 88f.; Haberstock, Die Steuerplanung der internationalen Unternehmung, S. 22ff.; Wöhe, Betriebswirtschaftliche Steuerlehre, Bd. II/2, S. 251.

17 Dieser Fall kann im Verhältnis zu den USA auftreten, da grundsätzlich alle amerikanischen Staatsbürger mit ihrem Welteinkommen der Steuerpflicht in den USA unterliegen. Dies gilt auch, wenn sie ihren Wohnsitz nicht in den USA haben und sie daher möglicherweise im Wohnsitzstaat erneut der Steuerpflicht nach dem Welteinkommensprinzip unterliegen. (Vgl. Fischer/Warneke, Internationale betriebswirtschaftliche Steuerlehre, S. 40).

C. Maßnahmen zur Vermeidung bzw. Milderung der Doppelbesteuerung

Ziel der Maßnahmen zur Vermeidung bzw. Milderung der Doppelbesteuerung muß es sein, der Neutralität der internationalen Besteuerung näherzukommen, da die Doppelbesteuerung Investitionen und Tätigkeiten von Ausländern im Inland und umgekehrt behindert.
Die Doppelbesteuerung kann auf unterschiedliche Weise gemildert oder vermieden werden. Es können Maßnahmen unilateral ergriffen werden, durch die der jeweilige Staat auf bestimmte Besteuerungsrechte ganz oder teilweise verzichtet. Unilaterale Maßnahmen können aber nur in einem der besteuernden Staaten ansetzen und müssen die steuerliche Belastung durch den anderen Staat als gegeben hinnehmen. Aus diesem Grund ist durch unilaterale Maßnahmen oft keine angemessene Steuerverteilung zwischen den Staaten erreichbar. Zusätzlich verbleibt oft eine Doppelbesteuerung, welche Auslands- gegenüber Inlandsaktivitäten benachteiligt[18].
Die Steueransprüche können auch in bilateralen Abkommen, den DBA, in denen die Staaten auf bestimmte Steueransprüche verzichten, aufeinander abgestimmt werden. Auf diese Weise wird zwischen den Staaten im Regelfall ein Interessenausgleich in Form einer angemessenen Steuerverteilung erreicht, und es wird zu beiderseitigen Steuerverzichten kommen. So legen DBA z.B. nicht nur fest, welche Methoden zur Vermeidung der Doppelbesteuerung angewandt werden, sondern auch ob und wieweit der Quellenstaat, das ist der Staat, aus dem die Einkünfte stammen, eine Quellenbesteuerung vornehmen darf[19]. Dabei ist zu beachten, daß DBA keine Steuerpflicht begründen, sondern diese nur durch innerstaatliches Recht geschaffen werden kann. Diesem innerstaatlichen Recht können DBA aber Schranken auferlegen[20], da nach § 2 AO DBA den Steuergesetzen vorgehen.

---

18 Debatin, FR 1970, 5.

19 Vgl. Debatin, FR 1970, 11; Menck in Mössner u.a., Steuerrecht international tätiger Unternehmen, Rz. A 26; Ritter, DStZ 1979, 427.

20 Debatin, DB Beilage 23/1985, 2.

Insgesamt sind vier grundsätzliche Möglichkeiten zu unterscheiden, mit denen die Doppelbesteuerung gemildert bzw. vermieden wird[21]:

- Freistellung ausländischer Einkünfte von der inländischen Besteuerung,
- Anrechnung ausländischer Steuern,
- Abzug ausländischer Steuern bei der Einkommensermittlung und
- Ermäßigung der inländischen Steuer auf ausländische Einkünfte.

Die Staaten wenden jeweils verschiedene Methoden zur Vermeidung bzw. Milderung der Doppelbesteuerung an[22]. Die konkrete Ausgestaltung der Methoden unterscheidet sich in den einzelnen Staaten, die grundsätzliche Vorgehensweise ist aber jeweils auf eine der vier Möglichkeiten zurückzuführen. Im folgenden Abschnitt werden in der Bundesrepublik unilateral oder durch DBA bilateral eingeführte Maßnahmen zur Vermeidung oder Milderung der Doppelbesteuerung dargestellt:

- Freistellung,
- Anrechnung,
- Steuerabzug,
- Pauschalierung,
- internationales Schachtelprivileg und
- Anrechnung und Erstattung des avoir fiscal aus Frankreich in der Bundesrepublik.

Nicht eingegangen wird auf die Möglichkeit, daß die Staaten ihre Besteuerungsansprüche einheitlich soweit beschränken, daß Doppelbesteuerungen nicht entstehen. Ein solches einheitliches Steuerrecht in allen Staaten erscheint auf absehbare Zeit nicht durchführbar. Möglich wäre z.B., daß alle Staaten ihre Besteuerung nur nach dem Welteinkommensprinzip durchführen und zusätzlich aufeinander abgestimmte Abgrenzungskriterien verwenden. Genauso ist es möglich, daß alle Staaten ihre Besteuerung nach dem Territorialprinzip durchführen und

---

21 Mennel, RIW 1977, 471.

22 Vgl. zu den Maßnahmen der verschiedenen Staaten zur Vermeidung bzw. Milderung der Doppelbesteuerung: Hundt, DB Beilage 17/1980, 4ff.; Mennel, RIW 1977, 472ff..

zusätzlich aufeinander abgestimmte Abgrenzungskriterien verwenden[23].

I. Freistellung

Bei der Freistellung verzichtet entweder der Quellen- oder der Wohnsitzstaat auf die Besteuerung der Einkünfte und überläßt dies dem anderen Staat[24]. Die Freistellung wird selten auf unilateraler Basis eingeführt, ist aber eines der in den DBA üblichen Verfahren[25].
Verzichtet der Quellenstaat auf die Besteuerung und besteuert der Wohnsitzstaat den Steuergegenstand, erfolgt die Besteuerung, als ob sämtliche Einkünfte im Inland erzielt werden.
Besonderheiten treten auf, wenn der Wohnsitzstaat die Einkünfte von seiner Besteuerung freistellt, also auf die Besteuerung verzichtet, und der Quellenstaat den Steuergegenstand besteuert.
Die Freistellung ist ohne und mit Progressionsvorbehalt möglich. Sie wird im Einkommen- und Körperschaftsteuerrecht angewandt.

1. Freistellung ohne Progressionsvorbehalt

Für den Steuerpflichtigen können sich bei der Freistellung durch den Wohnsitzstaat Steuervor- und -nachteile dadurch ergeben, daß das Steuerniveau im Wohnsitzstaat höher oder niedriger als im Quellenstaat ist, da die Steuerbelastung sich nach dem Recht des Quellenstaates

---

23 Vgl. Flick, der eine Ausgestaltung der Steuerpflicht nach dem Territorialprinzip fordert (Flick, FA N.F. 1961, 101ff. und 116 sowie Münchener Schriften zum Internationalen Steuerrecht, Heft 7, S. 96f.; ebenso Schulze-Brachmann, StuW 1964, Sp. 589ff.).

24 Biergans, Einkommensteuer und Steuerbilanz, S. 37; Crezelius, Steuerrecht II, § 5 Rz. 12; Fischer/Warneke, Internationale betriebswirtschaftliche Steuerlehre, S. 128; Pfitzer, Zum Einfluß der Besteuerung auf die Finanzierung der zweistufigen internationalen deutschen Unternehmung, S. 63.

25 Mössner, DStJG 1985, 146.

richtet[26]. Bei einer niedrigeren Besteuerung im Quellenstaat entsteht so ein Anreiz, Einkünfte in Niedrigsteuerländer zu verlagern[27]. Daher ist die Freistellung um so weniger mit der Gleichmäßigkeit der Besteuerung und dem Leistungsfähigkeitsprinzip vereinbar, je größer die Differenz zwischen dem höheren Steuerniveau im Inland und dem niedrigeren im Ausland ist[28].
Unabhängig vom Steuerniveau im Quellenstaat können durch die Freistellung ohne Progressionsvorbehalt für den Steuerpflichtigen Vorteile bei einem progressiven Tarifverlauf entstehen, da sich das Gesamteinkommen auf mehrere Bemessungsgrundlagen verteilt und deshalb niedrigere Steuersätze zur Anwendung kommen[29]. Dieser Vorteil wird erst kompensiert, wenn die ausländische Steuer nicht nur in gleicher Höhe wie im Inland erhoben wird, sondern zusätzlich den Progressionsvorteil der getrennten Besteuerung der inländischen und ausländischen Einkünfte ausgleicht[30]. Vorteile durch einen progressiven Tarifverlauf entstehen nicht bei der Körperschaftsteuer, da der Körperschaftsteuertarif keine Progression aufweist.
Die Freistellung ohne Progressionsvorbehalt verwirklicht die Kapitalimportneutralität, da die Aktivitäten im Quellenstaat unabhängig von der Kapitalherkunft gleich besteuert werden. Auf diese Weise ist sichergestellt, daß deutsche Unternehmen mit Auslandsaktivi-

---

26 Fischer/Warneke, Internationale betriebswirtschaftliche Steuerlehre, S. 128; Wöhe, Betriebswirtschaftliche Steuerlehre, Bd. II/2, S. 256.

27 Biergans, Einkommensteuer und Steuerbilanz, S. 37; Commandeur, Berücksichtigung ausländischer Steuern im deutschen Einkommen- und Körperschaftsteuerrecht, S. 283; Gutachten der Steuerreformkommission, Schriftenreihe des BMF, Heft 17, Rz. VI/16.

28 Wöhe, Betriebswirtschaftliche Steuerlehre, Bd. II/2, S. 256.

29 Jacobs, Internationale Unternehmensbesteuerung, S. 33; Pfitzer, Zum Einfluß der Besteuerung auf die Finanzierung der zweistufigen internationalen deutschen Unternehmung, S. 64f.; Rose, Betrieb und Steuer, Grundzüge des internationalen Steuerrechts, S. 62; Wöhe, Betriebswirtschaftliche Steuerlehre, Bd. II/2, S. 256.

30 Flick, FA N.F. 1961, 107.

täten genauso wie ausländische Konkurrenzunternehmen behandelt werden und steuerliche Wettbewerbsneutralität auf dem ausländischen Markt, auf dem sich die Geschäftstätigkeit vollzieht, herrscht[31].
In den DBA der Bundesrepublik wird die Freistellung mit Progressionsvorbehalt vereinbart.

2. Freistellung mit Progressionsvorbehalt[32]

Der Progressionsvorbehalt soll verhindern, daß Steuerpflichtige einen Progressionsvorteil erlangen, indem sie mit einem niedrigeren Steuersatz besteuert werden, weil sich ihr Gesamteinkommen auf mehrere Bemessungsgrundlagen aufsplittet. Damit sollen die Grundsätze der Besteuerung nach der Leistungsfähigkeit und der Gleichmäßigkeit der Besteuerung stärker beachtet werden[33]. Jedoch kann auch der Progressionsvorbehalt den Progressionsvorteil nicht restlos beseitigen, da der Quellen-

---

31 Fischer/Warneke, Internationale betriebswirtschaftliche Steuerlehre, S. 245; Gaddum, Münchener Schriften zum Internationalen Steuerrecht, Heft 9, S. 7; Gandenberger, DStJG 1985, 42; Haberstock, Die Steuerplanung der internationalen Unternehmung, S. 48; Widdau, Die Quantifizierung der Steuerbelastung im internationalen Bereich, S. 136. Da damit die Kapitalexportneutralität nicht gegeben ist, beseitigt die Freistellung ohne Progressionsvorbehalt allerdings die steuerliche Entscheidungsneutralität im Wohnsitzstaat (Gandenberger, DStJG 1985, 42f.). Andere verwenden Formulierungen, die erkennen lassen, daß ihrer Meinung nach auch die Freistellung mit Progressionsvorbehalt die Kapitalimportneutralität verwirklicht (vgl. Jacobs, Internationale Unternehmensbesteuerung, S. 42; Vogel, DBA, Art. 23 Rz. 40).

32 Flick charakterisiert die Freistellung mit Progressionsvorbehalt als Variante der Anrechnung (Flick, FA N.F. 1961, 116).

33 Vgl. Bühler, FA N.F. 1959/60, 157; Crezelius, Steuerrecht II, § 5 Rz. 13; Debatin, RIW 1962, 65f. und RIW 1965, 41ff.; Ebling, Unilaterale Maßnahmen gegen die internationale Doppelbesteuerung bei den Steuern vom Ertrag, S. 110; Fischer/ Warneke, Internationale betriebswirtschaftliche Steuerlehre, S. 132; Flick, FA N.F. 1961, 115; Rädler/Raupach, Deutsche Steuern bei Auslandsbeziehungen, S. 384.

staat das von ihm besteuerte Einkommen nicht mit dem Steuersatz des Gesamteinkommens besteuert[34].
Bei Anwendung des Progressionsvorbehalts wird auf das zu versteuernde Einkommen der Steuersatz angewandt, der sich nach § 32b EStG als durchschnittlicher Steuersatz ergibt, wenn der Tarif auf das Gesamteinkommen angewandt wird[35]. Bei positiven ausländischen Einkünften und progressivem Tarifverlauf führt der Progressionsvorbehalt zu einer höheren inländischen Steuerbelastung als die Freistellung ohne Progressionsvorbehalt[36].
Da der Körperschaftsteuertarif nicht progressiv verläuft, ist der Progressionsvorbehalt auf die Körperschaftsteuer nicht anwendbar[37].

II. Anrechnung

Die Anrechnung ausländischer Steuern gehört zu den uni- und bilateralen Maßnahmen, um die Doppelbesteuerung zu beseitigen bzw. zu mildern.
Bei der Anrechnung ermittelt die Bundesrepublik nach dem Welteinkommensprinzip das Welteinkommen und die Steuerschuld unter Einschluß der ausländischen Einkünf-

---

34 Crezelius, Steuerrecht II, § 5 Rz. 13; Mössner, DStJG 1985, 154f.; Rose, Betrieb und Steuer, Grundzüge des internationalen Steuerrechts, S. 63.

35 Vgl. Biergans, Einkommensteuer und Steuerbilanz, S. 38; Fischer/Warneke, Internationale betriebswirtschaftliche Steuerlehre, S. 132; Haberstock, Die Steuerplanung der internationalen Unternehmung, S. 49; Wöhe, Betriebswirtschaftliche Steuerlehre, Bd. II/2, S. 259.

36 Fischer/Warneke, Internationale betriebswirtschaftliche Steuerlehre, S. 132; Flick, FA N.F. 1961, 114. Bei negativen ausländischen Einkünften führt der Progressionsvorbehalt zu einer geringeren inländischen Steuer und der Steuersatz kann bis auf 0% sinken (Becker, RIW 1969, 411ff.).

37 Debatin, RIW 1965, 46ff.; Haas/Bacher/Scheuer, Steuerliche Gestaltung internationaler Geschäftsbeziehungen, S. 171; Mössner, DStJG 1985, 156; Vogel, DBA, Art. 23 Rz. 216; a.A. Herzig, RIW 1979, 545ff..

te[38]. Der Quellenstaat ermittelt nach dem Territorialprinzip die ausländischen Einkünfte und die sich daraus ergebende Steuerschuld. Die daraus resultierende Doppelbesteuerung wird nicht durch Korrekturen der Bemessungsgrundlage beseitigt oder gemildert wie bei der Freistellung, sondern indem die inländische Steuerschuld um die gezahlte ausländische Steuer vermindert wird[39].

Die Anrechnung der ausländischen Steuer beruht auf dem Gedanken, daß die ausländische Besteuerung der deutschen grundsätzlich gleichwertig ist[40] und die Doppelbesteuerung beseitigt wird, "wenn beim Zusammentreffen zweier Steuerbeträge der eine von dem anderen abgezogen wird"[41]. Das deutsche Steuerrecht kennt drei Arten der Steueranrechnung[42]:

- die direkte,
- die indirekte und
- die fiktive Anrechnung.

Die drei Arten werden nachfolgend vorgestellt.

---

38 Auch die ausländischen Einkünfte werden dabei nach deutschem Steuerrecht ermittelt (Fischer/Warneke, Internationale betriebswirtschaftliche Steuerlehre, S. 133; Mössner, DStJG 1985, 161).

39 Vgl. Mössner, DStJG 1985, 159; Wöhe, Betriebswirtschaftliche Steuerlehre, Bd. II/2, S. 263.

40 Mössner, DStJG 1985, 159; Pfitzer, Zum Einfluß der Besteuerung auf die Finanzierung der zweistufigen internationalen deutschen Unternehmung, S. 68.

41 Spitaler, Das Doppelbesteuerungsproblem bei den direkten Steuern, S. 328.

42 Auf die unbeschränkte Anrechnung wird hier nicht eingegangen, da sie für des Steuerrecht der Bundesrepublik keine Bedeutung hat. Ist die ausländische Steuer höher als die inländische Steuer auf die ausländischen Einkünfte, erstattet der inländische Fiskus bei der unbeschränkten Anrechnung im Ausland gezahlte Steuern. (Vgl. Haberstock, Die Steuerplanung der internationalen Unternehmung, S. 30f.; Jacobs, Internationale Unternehmensbesteuerung, S. 31; Rose, Betrieb und Steuer, Grundzüge des internationalen Steuerrechts, S. 64; Spitaler, Das Doppelbesteuerungsproblem bei den direkten Steuern, S. 332ff.; Wöhe, Betriebswirtschaftliche Steuerlehre, Bd. II/2, S. 263).

1. Direkte Anrechnung

Die Anrechnung wird nach den §§ 34c Abs. 1 EStG und 26 Abs. 1 KStG unbeschränkt Einkommen- und Körperschaftsteuerpflichtigen gewährt[43]. Erforderlich ist, daß die Steuern nach § 34c Abs. 1 Satz 1 EStG in dem Staat erhoben werden, aus dem die Einkünfte stammen. Möglich ist nur die Anrechnung von ausländischen Steuern, die der Steuerpflichtige selbst auf die ausländischen Einkünfte gezahlt hat[44]. Angerechnet werden können nur Steuern, die nach § 34c Abs. 1 Satz 1 EStG der deutschen Einkommensteuer bzw. nach § 26 Abs. 1 KStG der Körperschaftsteuer entsprechen[45]. Die Gleichartigkeit der Steuern wird in Anlage 10 zu Abschn. 212a EStR beantwortet. Da die Auflistung nicht abschließend ist, entscheidet das BMF in Zweifelsfällen[46]. Zulässig ist die Anrechnung nur, wenn die Steuern bei demselben Steuersubjekt[47], für dasselbe Steuerobjekt und für denselben Besteuerungszeitraum erhoben wurden[48].

Zulässig ist nicht die unbeschränkte Anrechnung der ausländischen Steuern, sondern es ist nur die ausländische Steuer auf die deutsche Einkommen- oder Körperschaftsteuer anzurechnen, die auf die Einkünfte aus diesem Staat entfällt. Dieser Höchstbetrag der Anrechnung entspricht der deutschen Einkommen- oder Körperschaftsteuer, die anteilig auf die ausländischen

---

43 In bestimmten Fällen und unter weiteren Einschränkungen können nach § 50 Abs. 6 EStG beschränkt Steuerpflichtige die direkte Steueranrechnung in Anspruch nehmen.

44 Dötsch/Gottstein/Stegmüller/Zenthöfer, Körperschaftsteuer, Rz. 837; Fischer/Warneke, Internationale betriebswirtschaftliche Steuerlehre, S. 134; Grützner, DBA, Rz. 150; Rädler/Raupach, Deutsche Steuern bei Auslandsbeziehungen, S. 356f.; Rose, Betrieb und Steuer, Grundzüge des internationalen Steuerrechts, S. 64.

45 Vgl. Herrmann/Heuer/Raupach, § 34c EStG Anm. 18.

46 So z.B. BMF v. 26.1.1989, BStBl I 1989, 66.

47 Die direkte Anrechnung richtet sich damit gegen die juristischen Doppelbesteuerung (Rose, Betrieb und Steuer, Grundzüge des internationalen Steuerrechts, S. 64).

48 Fischer/Warneke, Internationale betriebswirtschaftliche Steuerlehre, S. 134.

Einkünfte entfällt. Die auf die ausländischen Einkünfte entfallende deutsche Steuer ist zu ermitteln, indem die sich aus dem zu versteuernden Einkommen einschließlich der Auslandseinkünfte ergebende deutsche Steuer im Verhältnis der ausländischen Einkünfte zur Summe der Einkünfte aufgeteilt wird[49]:

$$\text{Anrechnungshöchstbetrag} = \frac{\text{deutsche Steuer X ausländische Einkünfte}}{\text{Summe der Einkünfte}}$$

Anrechenbar sind die Steuern damit bis zur Höhe des Durchschnittssteuersatzes, bezogen auf die Summe der Einkünfte[50]. Über den Anrechnungshöchstbetrag hinausgehende Steuern werden nicht weiter berücksichtigt.
Bei Mitunternehmerschaften ist für jeden Mitunternehmer der Anrechnungshöchstbetrag individuell zu berechnen[51].

---

49 Durch das Steueränderungsgesetz 1992 (BTDrucks 12/1506) geändert von Gesamtbetrag der Einkünfte auf Summe der Einkünfte. Durch diese Änderung wird das Anrechnungsvolumen vermindert. Ursprünglich waren die Begriffe Summe der Einkünfte und Gesamtbetrag der Einkünfte inhaltlich nahezu deckungsgleich. Im Laufe der Zeit entwickelten sich beide Begriffe jedoch zunehmend auseinander, so daß der Gesamtbetrag der Einkünfte als Vergleichsgröße zu den ausländischen Einkünften heute nicht mehr geeignet erschien. (Vgl. BTDrucks 12/1108, 60; Ritter, BB 1992, 365; Scheffler, DB 1993, 845f.).
Vgl. zur alten Rechtslage: Brezing/Krabbe/Lempenau/Mössner/Runge, Außensteuerrecht, § 34c EStG Rz. 31ff.; Grützner, DBA, Rz. 153; Herrmann/Heuer/Raupach, § 34c EStG Anm. 23a; Kießling/Pelikan, Körperschaftsteuer, S. 255.

50 Grundsätzlich ist auch eine Marginalbetrachtung möglich. Ausländische Steuern können dann bis zur Höhe der inländischen Steuer angerechnet werden, die auf die ausländischen Einkünfte entfällt, wenn entweder die ausländischen Einkünfte oder die inländischen Einkünfte die Einkommensspitze im Steuertarif darstellen. (Vgl. BFH v. 7.12.1962, BStBl III 1963, 123, 124; Haberstock, Die Steuerplanung der internationalen Unternehmung, S. 32; Mössner, DStJG 1985, 160f.; Pfitzer, Zum Einfluß der Besteuerung auf die Finanzierung der zweistufigen internationalen deutschen Unternehmung, S. 72).

51 Herrmann/Heuer/Raupach, § 34c EStG Anm. 23; Rädler/Raupach, Deutsche Steuern bei Auslandsbeziehungen, S. 359.

Da bei der Körperschaftsteuer kein progressiver Tarif vorliegt, kann zur Ermittlung des Anrechnungshöchstbetrags i.d.R. vom Körperschaftsteuersatz i.H.v. 50% ausgegangen werden[52].
Die ausländischen Einkünfte, die abschließend in § 34d EStG aufgezählt sind, werden nach deutschem Recht ermittelt[53].
Die Anrechnungshöchstbeträge sind nach § 68a EStDV für jeden Staat gesondert zu berechnen (per-country-limitation). Ein Nachteil der per-country-limitation ist, daß Anrechnungsüberhänge bei den Steuern einzelner Staaten für nicht ausgenutzte Anrechnungshöchstbeträge anderer Staaten nicht genutzt werden können[54]. Eine Folge dieser Regelung ist, daß die Vorteile einer niedrigen ausländischen Besteuerung dem Staat zugute kommen, die Nachteile einer hohen ausländischen Besteuerung aber beim Steuerpflichtigen verbleiben.
Im Gegensatz dazu wird bei der overall-limitation der Anrechnungshöchstbetrag für die Gesamtheit der Auslandseinkünfte berechnet, so daß sich Anrechnungsüberhänge und nicht ausgeschöpfte Anrechnungshöchstbeträge kompensieren können. Sind die Einkünfte aus jedem Land positiv, erhöhen sich u.U. die anrechenbaren ausländischen Steuern. Ergeben sich allerdings in einzelnen ausländischen Staaten Verluste, ist die Berechnung des Anrechnungshöchstbetrags für die Gesamtheit der Auslandseinkünfte möglicherweise nachteilig. Die Ursache liegt darin, daß sich Staaten mit positiven und Staaten mit negativen Einkünften bei der overall-limitation kompensieren können und sich der Anrechnungshöchstbetrag daher gegenüber der per-country-limitation ver-

---

52 Wilke, Lehrbuch des internationalen Steuerrechts, Rz. 122.

53 Fischer/Warneke, Internationale betriebswirtschaftliche Steuerlehre, S. 133; Hellwig, DB 1984, 2264.

54 Hundt, DB Beilage 17/1980, 16; Kluge, Das deutsche internationale Steuerrecht, S. 80; Krabbe, BB 1980, 1147; Manke, DStZ 1980, 324; Schieber, DStR 1976, 151. Unter diesen Gesichtspunkten wird kritisiert, daß die per-country-limitation nicht mit dem Leistungsfähigkeitsprinzip vereinbar sei, da einerseits ausländische Steuern auf das inländische Niveau hochgeschleust, andererseits höhere ausländische Steuern nicht berücksichtigt werden (Roer, DB 1976, 697).

ringern kann. Bei der per-country-limitation bleiben Staaten mit Verlusten bei der Berechnung des Anrechnungshöchstbetrags unberücksichtigt[55].
Die direkte Anrechnung nach den §§ 34c Abs. 1 EStG, 26 Abs. 1 KStG hat zur Folge, daß der Steuerpflichtige jeweils die höhere der beiden Steuerbelastungen des Wohnsitz- bzw. Quellenstaates trägt[56].
Der staatliche Steuerverzicht entspricht maximal demjenigen bei Steuerfreistellung mit Progressionsvorbehalt[57]. Dieser Fall tritt ein, wenn die anrechenbare ausländische Steuer mindestens dem Anrechnungshöchstbetrag entspricht.
Die Anrechnung verwirklicht die Kapitalexportneutralität, sofern keine Anrechnungsüberhänge entstehen[58]. Das bedeutet, daß inländische und ausländische Erträge im Wohnsitzstaat gleich besteuert werden[59]. Der Steuerpflichtige wird so gestellt, als habe er im Inland den gleichen Steuertatbestand verwirklicht[60].

---

55 Haberstock, Die Steuerplanung der internationalen Unternehmung, S. 35f.; Hundt, DB Beilage 17/1980, 16; Institut Finanzen und Steuern, Nr. 164, S. 35f.; Krabbe, BB 1980, 1147; Manke, DStZ 1980, 324.

56 Biergans, Einkommensteuer und Steuerbilanz, S. 36f.; Brezing/ Krabbe/Lempenau/Mössner/Runge, Außensteuerrecht, § 34c EStG Rz. 13; Haberstock, Die Steuerplanung der internationalen Unternehmung, S. 37; Wöhe, Betriebswirtschaftliche Steuerlehre, Bd. II/2, S. 263.

57 Vogel, DBA, Art. 23 Rz. 162.

58 Die direkte Anrechnung verwirklicht bei Anrechnungsüberhängen die Kapitalimportneutralität (Mössner, DStJG 1985, 160).

59 Gaddum, Münchener Schriften zum Internationalen Steuerrecht, Heft 9, S. 7; Gandenberger, DStJG 1985, 42; Jacobs, Internationale Unternehmensbesteuerung, S. 25; Widmer, RIW 1976, 569.
Damit ist andererseits die Neutralität der Besteuerung im Quellenstaat gestört (Gandenberger, DStJG 1985, 42).

60 Debatin, RIW 1962, 66; Institut Finanzen und Steuern, Nr. 164, S. 10.

2. Indirekte Anrechnung

Die indirekte Anrechnung ist eine unilaterale Maßnahme zur Vermeidung bzw. Milderung der Doppelbesteuerung. Diese Methode wird nur angewandt, wenn entweder kein DBA besteht oder bei Bestehen eines DBA nur, sofern die Einkünfte nicht schon nach dem DBA von der deutschen Besteuerung freigestellt werden[61]. Die indirekte Anrechnung verzichtet im Gegensatz zur direkten Anrechnung auf die Voraussetzung der Subjektidentität und richtet sich damit gegen die wirtschaftliche Doppelbesteuerung. Die indirekte Anrechnung ist nur im Körperschaftsteuerrecht möglich[62].
Die besonderen Voraussetzungen der indirekten Anrechnung sind in § 26 Abs. 2 KStG geregelt, der in Satz 7 auf die direkte Anrechnung verweist, deren Bedingungen bis auf die Subjektidentität ebenfalls erfüllt sein müssen[63].

---

61 Abschn. 76 Abs. 3 KStR; BMF v. 20.2.1975, BStBl I 1975, 262, 264; Brezing/Krabbe/Lempenau/Mössner/Runge, Außensteuerrecht, § 26 KStG Rz. 32f.; Einig, Steuerermäßigungen im Körperschaftsteuerrecht bei Kapitalgesellschaften, S. 66; Institut Finanzen und Steuern, Nr. 182, S. 2; Krabbe, BB Beilage 3/1975, 4; Moebus, Schachtelbeteiligung bei der Körperschaftsteuer, Vermögensteuer und Gewerbesteuer, S. 56f.; a.A. Müller-Dott in Flick/Wassermeyer/Becker, § 26 KStG Rz. 294f., der im Fall, daß das DBA ein Schachtelprivileg vorsieht, dem Steuerpflichtigen ein Wahlrecht für die Anrechnung zugesteht.

62 Baranowski, Besteuerung von Auslandsbeziehungen, S. 392ff.; Müller-Dott in Flick/Wassermeyer/Becker, § 26 KStG Rz. 278; Haberstock, Die Steuerplanung der internationalen Unternehmung, S. 63ff.; Rose, Betrieb und Steuer, Grundzüge des internationalen Steuerrechts, S. 71f.; Wöhe, Betriebswirtschaftliche Steuerlehre, Bd. II/2, S. 270.

63 Vgl. Baranowski, Besteuerung von Auslandsbeziehungen, S. 393ff.; Einig, Steuerermäßigungen im Körperschaftsteuerrecht bei Kapitalgesellschaften, S. 67ff.; Fischer/Warneke, Internationale betriebswirtschaftliche Steuerlehre, S. 139ff.; Haas/Bacher/Scheuer, Steuerliche Gestaltung internationaler Geschäftsbeziehungen, S. 175ff.; Jacobs, Internationale Unternehmensbesteuerung, S. 337; Moebus, Schachtelbeteiligung bei der Körperschaftsteuer, Vermögensteuer und Gewerbesteuer,

Die indirekte Anrechnung ermöglicht, von der ausländischen Tochtergesellschaft gezahlte Steuern auf die Körperschaftsteuer der deutschen Muttergesellschaft anzurechnen, die auf die Gewinnausschüttungen der Tochtergesellschaft entfällt. Anrechnungsfähig ist nur die ausländische Steuer, die für das Wirtschaftsjahr gezahlt wurde, für das die Ausschüttung vorgenommen wurde[64]. Nach § 26 Abs. 2 Satz 2 KStG ist erforderlich, daß die ausländische Steuer der deutschen Körperschaftsteuer entspricht[65].

Die anrechenbare Steuer wird durch § 26 Abs. 2 Satz 2 KStG in doppelter Weise beschränkt[66]:

- Die Steuer der Tochtergesellschaft ist nur anrechenbar, soweit sie dem Verhältnis der auf die Muttergesellschaft entfallenden Gewinnanteile zum ausschüttbaren Gewinn der Tochtergesellschaft entspricht.

$$\text{Anrechenbare Steuer} = \begin{array}{l}\text{festgesetzte, gezahlte und}\\ \text{keinem Ermäßigungsanspruch mehr}\\ \text{unterliegende Körperschaft-}\\ \text{steuer der Tochtergesellschaft}\end{array} \times \frac{\text{Gewinnanteil der Muttergesellschaft}}{\text{ausschüttbarer Gewinn der Tochtergesellschaft}}$$

- Darüber hinaus ist die Steuer nur anrechenbar, soweit sie dem Anteil der Muttergesellschaft am Nennkapital der Tochtergesellschaft entspricht.

S. 58ff.; Wilke, Lehrbuch des internationalen Steuerrechts, Rz. 130ff..

64 Abschn. 76 Abs. 11 KStR.

65 Nach Abschn. 76 Abs. 11 KStR zu beurteilen nach Anlage 10 EStR.

66 Baranowski, Besteuerung von Auslandsbeziehungen, S. 400ff.; Fischer/Warneke, Internationale betriebswirtschaftliche Steuerlehre, S. 140f.; Kießling/Pelikan, Körperschaftsteuer, S. 258f.; Moebus, Schachtelbeteiligung bei der Körperschaftsteuer, Vermögensteuer und Gewerbesteuer, S. 69; Pfitzer, Zum Einfluß der Besteuerung auf die Finanzierung der zweistufigen internationalen deutschen Unternehmung, S. 129; Wilke, Lehrbuch des internationalen Steuerrechts, Rz. 138; Wöhe, Betriebswirtschaftliche Steuerlehre, Bd. II/2, S. 272f..

$$\text{Anrechenbare Steuer} = \begin{array}{l}\text{festgesetzte, gezahlte und}\\ \text{keinem Ermäßigungsanspruch mehr}\\ \text{unterliegende Körperschaft-}\\ \text{steuer der Tochtergesellschaft}\end{array} \times \frac{\text{Anteil der Muttergesellschaft am Nennkapital der Tochtergesellschaft}}{\text{Nennkapital der Tochtergesellschaft}}$$

Der so ermittelte Anrechnungshöchstbetrag bzw. die geringere indirekt anrechnungsfähige Steuer ist nach § 26 Abs. 2 Satz 5 KStG den auf die Beteiligung entfallenden Gewinnanteilen hinzuzurechnen (Aufstockungsbetrag). Dies verstößt nicht gegen die Systematik der Anrechnung, da die Einkünfte vor Abzug der Steuern besteuert werden und erst dann die bereits gezahlten Steuern auf die zu zahlenden Steuern angerechnet werden[67].
Gleichzeitig neben der indirekten Anrechnung ist auch die direkte Anrechnung möglich (Argument aus § 26 Abs. 2 Satz 6 KStG), die der indirekten jedoch vorgeht. Die Summe der direkt und indirekt angerechneten Steuern darf die inländischen Steuern, die auf die Ausschüttung der Tochtergesellschaft entfallen, nicht übersteigen[68]. Die Vergünstigung der indirekten Steueranrechnung wird durch § 26 Abs. 5 KStG auf Ausschüttungen von Enkelgesellschaften ausgedehnt. Begünstigt sind Ausschüttungen, die von der Enkelgesellschaft durch die Tochtergesellschaft an die Muttergesellschaft durchgeleitet werden. Unter den Voraussetzungen des § 26 Abs. 5 KStG

---

67 Baranowski, Besteuerung von Auslandsbeziehungen, S. 403; Denkl, RIW 1979, 323; Einig, Steuerermäßigungen im Körperschaftsteuerrecht bei Kapitalgesellschaften, S. 70; Müller-Dott in Flick/Wassermeyer/Becker, § 26 KStG Rz. 389; Krabbe, BB Beilage 3/1975, 8 und BB 1977, 1092; Wöhe, Betriebswirtschaftliche Steuerlehre, Bd. II/2, S. 274.

68 Vgl. Abschn. 76 Abs. 16 KStR; Baranowski, Besteuerung von Auslandsbeziehungen, S. 405f.; Greif/Krebs/Münzner, Körperschaftsteuer, S. 194; Kießling/Pelikan, Körperschaftsteuer, S. 258ff.; Wilke, Lehrbuch des internationalen Steuerrechts, Rz. 144ff.; Wöhe, Betriebswirtschaftliche Steuerlehre, Bd. II/2, S. 274ff..

wird fingiert, daß die Muttergesellschaft die Ausschüttungen direkt von der Enkelgesellschaft bezogen hat[69]. Die §§ 26 Abs. 2 und 26 Abs. 5 KStG können nicht kumulativ, sondern nur alternativ in Anspruch genommen werden[70].

Die indirekte Anrechnung nach § 26 Abs. 2 KStG beseitigt die wirtschaftliche Doppelbesteuerung bei ausländischen Tochtergesellschaften[71].

Die indirekte Anrechnung wurde in das internationale Steuerrecht der Bundesrepublik eingefügt, als Ausschüttungen inländischer Tochtergesellschaften noch durch das nationale Schachtelprivileg bei der Muttergesellschaft freigestellt wurden (§ 9 KStG 1975). Das nationale Schachtelprivileg beseitigt die zwei- oder mehrfache Belastung mit Körperschaftsteuer innerhalb eines Konzerns[72]. Durch die indirekte Anrechnung sollten Ausschüttungen ausländischer Tochtergesellschaften an die inländische Muttergesellschaft belastungsmäßig mit Aus-

---

69 Abschn. 76 Abs. 18 KStR; Baranowski, Besteuerung von Auslandsbeziehungen, S. 407ff.; Fischer/Warneke, Internationale betriebswirtschaftliche Steuerlehre, S. 143f.; Moebus, Schachtelbeteiligung bei der Körperschaftsteuer, Vermögensteuer und Gewerbesteuer, S. 81ff.; Wilke, Lehrbuch des internationalen Steuerrechts, Rz. 150ff..

70 Dies ist die Ansicht der Finanzverwaltung (Abschn. 76 Abs. 18 Satz 1 KStR); gl.A. Baranowski, Besteuerung von Auslandsbeziehungen, S. 413; Krabbe, BB Beilage 3/1975, 12; a.A. Debatin, DB 1975, 1716; Flick/Wassermeyer, FR 1975, 286 und 319; Müller-Dott in Flick/Wassermeyer/Becker, § 26 KStG Rz. 297; Moebus, Schachtelbeteiligung bei der Körperschaftsteuer, Vermögensteuer und Gewerbesteuer, S. 89ff..

71 Fischer/Warneke, Internationale betriebswirtschaftliche Steuerlehre, S. 140. Die Beseitigung oder Milderung der wirtschaftlichen Doppelbesteuerung gelingt nur, wenn keine Rücklagen gebildet werden. Werden Rücklagen gebildet, geht die auf die Rücklagen entfallende Steuer für die Anrechnung verloren. Zu diesen Mängeln siehe: Müller-Dott in Flick/Wassermeyer/Becker, § 26 KStG Rz. 380ff.; auch Baranowski, Besteuerung von Auslandsbeziehungen, S. 403; Institut Finanzen und Steuern, Nr. 182, S. 21ff..

72 Haberstock, Die Steuerplanung der internationalen Unternehmung, S. 105.

schüttungen inländischer Tochtergesellschaften gleichgestellt werden[73]. Solange keine Anrechnungsüberhänge bestehen, wird die Kapitalexportneutralität verwirklicht.
Charakteristikum der direkten und indirekten Anrechnung ist, daß die Einkünfte mit der höheren der beiden Steuern des Wohnsitz- oder Quellenstaates belastet werden. Um diese nicht immer erwünschte Wirkung vermeiden zu können, wurde die fiktive Anrechnung eingeführt.

3. Fiktive Anrechnung

Steuervergünstigungen, die ausländische Staaten an Investoren gewähren, verbleiben bei der Anrechnung nicht bei den Investoren, sondern erhöhen die Steuereinnahmen des Wohnsitzstaates[74]. Insbesondere im Verhältnis zu Entwicklungsländern wurde dieses Ergebnis als nicht sachgerecht angesehen. Daher wurden

- das Quasi-Schachtelprivileg und
- die fiktive direkte Anrechnung

eingeführt, um ausländische Steuervergünstigungen an inländische Steuerpflichtige durchzuleiten.

---

73 BTDrucks 6/2883, 21.

74 Vgl. Bühler, FA N.F. 1959/60, 162; Debatin, FR 1970, 18; Denkl, RIW 1979, 321; Fischer/Warneke, Internationale betriebswirtschaftliche Steuerlehre, S. 144; Gaddum, Münchener Schriften zum Internationalen Steuerrecht, Heft 9, S. 8; Geiger, DStR 1977, 427; Haas/Bacher/Scheuer, Steuerliche Gestaltung internationaler Geschäftsbeziehungen, S. 181; Korn/Debatin, Systematik III Rz. 106ff.; Manke, StuW 1976, 98; Pfitzer, Zum Einfluß der Besteuerung auf die Finanzierung der zweistufigen internationalen deutschen Unternehmung, S. 131; Prang, Die Vertragspolitik der Bundesrepublik Deutschland beim Abschluß von Doppelbesteuerungsabkommen, S. 137f.; Ritter, BB 1991, 356; Schnetgöke, FR 1988, 578; Teichner, Internationales Steuerrecht, S. 125; Vogel, DB 1959, 985; Widdau, Die Quantifizierung der Steuerbelastung im internationalen Bereich, S. 97; Widmer, RIW 1976, 569.

a) Quasi-Schachtelprivileg

Nach § 26 Abs. 3 KStG wird für Tochtergesellschaften mit Sitz und Geschäftsleitung in Entwicklungsländern die Fiktion aufgestellt, daß die anrechenbare Steuer der Steuer entspricht, die auf die bezogenen Gewinnanteile entfällt[75]. Diese Fiktion bewirkt damit praktisch die Freistellung dieser Einkünfte[76].
Das Quasi-Schachtelprivileg wird unilateral im Körperschaftsteuerrecht gewährt. Besteht ein DBA, kann das Quasi-Schachtelprivileg nur in Anspruch genommen werden, wenn die Einkünfte nicht bereits nach dem DBA von der Besteuerung in der Bundesrepublik freigestellt werden[77].
Das Quasi-Schachtelprivileg wurde in das internationale Steuerrecht der Bundesrepublik eingefügt, als Ausschüttungen inländischer Tochtergesellschaften noch durch das nationale Schachtelprivileg bei der Muttergesellschaft freigestellt waren (§ 9 KStG 1975). Die steuer-

---

75 Baranowski, Besteuerung von Auslandsbeziehungen, S. 406f.; Dötsch/Gottstein/Stegmüller/Zenthöfer, Körperschaftsteuer, Rz. 841; Einig, Steuerermäßigungen im Körperschaftsteuerrecht bei Kapitalgesellschaften, S. 73f.; Greif/Krebs/Münzner, Körperschaftsteuer, S. 194; Haas/Bacher/Scheuer, Steuerliche Gestaltung internationaler Geschäftsbeziehungen, S. 181; Kießling/Pelikan, Körperschaftsteuer, S. 260; Krabbe, BB 1977, 1093; Krause, Intertax 1979, 101; Wilke, Lehrbuch des internationalen Steuerrechts, Rz. 149; Wöhe, Betriebswirtschaftliche Steuerlehre, Bd. II/2, S. 271.

76 Da das Quasi-Schachtelprivileg eine Variante der indirekten Anrechnung ist, bei der die ausländischen Einkünfte weiterhin in die Bemessungsgrundlage eingehen, werden im Gegensatz zur Freistellung ausländische Verluste im Inland berücksichtigt. Positive Einkünfte i.S. § 26 Abs. 3 KStG mindern vor- und rücktragsfähige Verluste und werden in diesem Fall im Ergebnis doch besteuert. (Vgl. Fischer/Warneke, Internationale betriebswirtschaftliche Steuerlehre, S. 144; Moebus, Schachtelbeteiligung bei der Körperschaftsteuer, Vermögensteuer und Gewerbesteuer, S. 80f.).

77 Abschn. 76 Abs. 3 KStR; Brezing/Krabbe/Lempenau/Mössner/Runge, Außensteuerrecht, § 26 KStG Rz. 32; Wilke, Lehrbuch des internationalen Steuerrechts, Rz. 132.

liche Belastung von Ausschüttungen ausländischer Tochtergesellschaften sollte der steuerlichen Belastung von Ausschüttungen inländischer Tochtergesellschaften angeglichen werden. Aufgrund der besonderen Verhältnisse in Entwicklungsländern wurde für diese die Form des Quasi-Schachtelprivilegs gewählt[78].

b) Fiktive direkte Anrechnung

Merkmal der fiktiven direkten Anrechnung ist, daß eine höhere als die tatsächlich erhobene Quellensteuer vom Wohnsitzstaat angerechnet wird[79]. Sie wird häufig in DBA mit Entwicklungsländern vereinbart[80].
Die fiktive direkte Anrechnung wird im Einkommen- und Körperschaftsteuerrecht angewandt.

III. Steuerabzug

Beim Steuerabzug werden die ausländischen Steuern bei der Ermittlung der Einkünfte abgezogen[81]. Dadurch wird

---

78 BTDrucks 6/2883, 21.

79 Dötsch/Gottstein/Stegmüller/Zenthöfer, Körperschaftsteuer, Rz. 842; Einig, Steuerermäßigungen im Körperschaftsteuerrecht bei Kapitalgesellschaften, S. 74; Haberstock, Die Steuerplanung der internationalen Unternehmung, S. 38. Krause unterscheidet drei Gestaltungsvarianten der fiktiven direkten Anrechnung (Krause, Intertax 1979, 102ff.).

80 Debatin, RIW 1980, 9; Denkl, RIW 1979, 321; Ritter, DStZ 1979, 426; Widdau, Die Quantifizierung der Steuerbelastung im internationalen Bereich, S. 97; vgl. auch Prang, Die Vertragspolitik der Bundesrepublik Deutschland beim Abschluß von Doppelbesteuerungsabkommen, S. 137ff..

81 Bis zur Änderung durch das Steueränderungsgesetz 1992 (BTDrucks 12/1506) wurden die ausländischen Steuern bei der Ermittlung des Gesamtbetrags der Einkünfte abgezogen. Das Steueränderungsgesetz 1992 sieht vor, die ausländischen Steuern bei der Ermittlung der Einkünfte abzuziehen. Durch diese Vorgehensweise wird der Steuerabzug auch beim Verlustausgleich und bei der Gewerbesteuer wirksam. (Vgl. BTDrucks 12/1108, 61; Ritter, BB 1992, 365; Scheffler, DB 1993, 846).
Vgl. zur alten Rechtslage: Biergans, Einkommensteuer und

die Doppelbesteuerung nicht vermieden, sondern nur gemildert[82].
Im Einkommensteuerrecht (§ 34c Abs. 2 EStG) und im Körperschaftsteuerrecht (§§ 34c Abs. 2 EStG i.V.m. 26 Abs. 6 KStG) besteht ein Wahlrecht, statt der Anrechnung nach § 34c Abs. 1 EStG den Abzug nach § 34c Abs. 2 EStG vorzunehmen. Das Wahlrecht kann für jeden Staat einzeln ausgeübt werden[83]. Voraussetzung ist, daß die Bedingungen des § 34c Abs. 1 EStG erfüllt sind.
Die Wahl des Steuerabzugs kann für den Steuerpflichtigen in bestimmten Fällen zu einem günstigeren Ergebnis als die Anrechnung führen[84].

Steuerbilanz, S. 31ff.; Fischer/Warneke, Internationale betriebswirtschaftliche Steuerlehre, S. 149ff.; Manke, DStZ 1980, 324; Rose, Betrieb und Steuer, Grundzüge des internationalen Steuerrechts, S. 67; Widdau, Die Quantifizierung der Steuerbelastung im internationalen Bereich, S. 42f..

82 BRDrucks 511/79, 19f.; Grützner, DBA, Rz. 17; Haberstock, Die Steuerplanung der internationalen Unternehmung, S. 60; Jacobs, Internationale Unternehmensbesteuerung, S. 129; Spitaler, Das Doppelbesteuerungsproblem bei den direkten Steuern, S. 328.
Übersteigen die ausländischen Steuern die nach deutschem Recht ermittelten ausländischen Einkünfte, wird durch den Steuerabzug die inländische Besteuerung inländischer Einkünfte oder anderer ausländischer Einkünfte vermindert (Commandeur, Berücksichtigung ausländischer Steuern im deutschen Einkommen- und Körperschaftsteuerrecht, S. 102; Manke, DStZ 1980, 324).

83 Kießling/Pelikan, Körperschaftsteuer, S. 261; Pfitzer, Zum Einfluß der Besteuerung auf die Finanzierung der zweistufigen internationalen deutschen Unternehmung, S. 128.

84 Vgl. zu diesen möglichen Fällen Biergans, Einkommensteuer und Steuerbilanz, S. 32f.; Scheffler, DB 1993, 847ff.. Wesentlicher Vorteil des Steuerabzugs ist, daß er einen Verlustabzug nach § 10d EStG erhöhen kann, da der Abzug bei der Ermittlung der Einkünfte vorgenommen wird. Vgl. BTDrucks 8/3648, 21; Dötsch/Gottstein/Stegmüller/Zenthöfer, Körperschaftsteuer, Rz. 846; Fischer/Warneke, Internationale betriebswirtschaftliche Steuerlehre, S. 149f.; Hundt, DStR 1980, 159; Krabbe, BB 1980, 1147f.; Manke, DStZ 1980, 325; Söffing/Wrede, FR 1980, 382.

Nach § 34c Abs. 3 EStG ist der Abzug darüber hinaus im Einkommensteuerrecht bzw. i.V.m. § 26 Abs. 6 KStG im Körperschaftsteuerrecht möglich, sofern:

- die Steuer nicht der deutschen Einkommen- bzw. Körperschaftsteuer entspricht,
- die Steuer nicht in dem Staat erhoben wurde, aus dem die Einkünfte stammen, oder
- keine ausländischen Einkünfte i.S. § 34d EStG gegeben sind.

IV. Pauschalierung

Nach den §§ 34c Abs. 5 EStG und 26 Abs. 6 KStG kann die Einkommen- bzw. Körperschaftsteuer ganz oder zum Teil erlassen oder pauschaliert werden. Die Pauschalierung bzw. der gänzliche oder teilweise Erlaß ist nach dem Wortlaut des § 34c Abs. 6 EStG auch bei Bestehen eines DBA möglich, wird aber dann von der Finanzverwaltung nur ausnahmsweise zu gewähren sein[85].
Ein Hauptanwendungsbereich der Pauschalierung der auf bestimmte ausländische Einkünfte entfallenden deutschen Steuer ist im Pauschalierungserlaß[86] geregelt. Für unbeschränkt Einkommen- bzw. Körperschaftsteuerpflichtige stellt die Pauschalierung durch den Pauschalierungserlaß[87] eine Alternative zur Anrechnung und zum Abzug

---

85 Blümich/Krabbe, § 34c EStG Rz. 105; Flick/Wassermeyer/Lüdicke in Flick/Wassermeyer/Becker, § 34c EStG Rz. 233.

86 BMF v. 10.4.1984, BStBl I 1984, 252f.. Den zweiten Hauptanwendungsbereich regelt der Auslandstätigkeitserlaß (BMF v. 31.10.1983, BStBl I 1983, 470f.), dessen Anwendungsbereich für diese Untersuchung aber keine Bedeutung hat.

87 Baranowski, Besteuerung von Auslandsbeziehungen, S. 380ff.; Bellstedt, Die Besteuerung international verflochtener Gesellschaften, S. 216f.; Biergans, Einkommensteuer und Steuerbilanz, S. 33ff.; Debatin, DStZ 1959, 303ff.; Dötsch/Gottstein/Stegmüller/Zenthöfer, Körperschaftsteuer, Rz. 847; Fischer/Warneke, Internationale betriebswirtschaftliche Steuerlehre, S. 151ff.; Flick/Wassermeyer/Lüdicke in Flick/Wassermeyer/Becker, § 34c EStG Rz. 266ff. und Müller-Dott in Flick/Wassermeyer/Becker, § 26 KStG Rz. 520ff.; Haas/Bacher/Scheuer, Steuerliche Gestaltung internationaler Geschäftsbe-

dar. Der Pauschalierungserlaß gilt nicht für Einkünfte aus ausländischen Staaten, mit denen ein DBA abgeschlossen wurde[88].

Bei der Pauschalierung beträgt die Steuer 25% der begünstigten ausländischen Einkünfte einschließlich der im Ausland erhobenen Steuern, höchstens 25% des zu versteuernden Einkommens[89]. Die ausländischen Steuern werden bei der Berechnung der Pauschalsteuer nicht berücksichtigt, und die pauschal besteuerten Einkünfte werden bei der Besteuerung der übrigen Einkünfte nicht berücksichtigt.

Die Pauschalierung ist gegenüber der Anrechnung vorteilhaft, wenn die im Inland nach Anrechnung verbleibende Steuer mehr als 25% beträgt[90]. Dies gilt für die Körperschaftsteuer nur im Thesaurierungsfall.

Im Ausschüttungsfall ist bei der Körperschaftsteuer zu berücksichtigen, daß auf die ausländische Steuer inländische Körperschaftsteuer entfällt, da die pauschalierte Steuer auf die Einkünfte einschließlich der ausländischen Steuer erhoben wird. Bei der Gliederung des verwendbaren Eigenkapitals wird eine Tarifbelastung i.H.v. 25% unterstellt. Die auf der ausländischen Steuer lastende Tarifbelastung verbleibt im Ausschüttungsfall als Definitivsteuer[91].

---

ziehungen, S. 186f.; Krabbe, RIW 1985, 51ff.; Rädler/Raupach, Deutsche Steuern bei Auslandsbeziehungen, S. 360ff.; Vogel, DB 1959, 984ff.; Wilke, Lehrbuch des internationalen Steuerrechts, Rz. 88ff.; Wöhe, Betriebswirtschaftliche Steuerlehre, Bd. II/2, S. 283ff..

88 Vgl. Baranowski, Besteuerung von Auslandsbeziehungen, S. 382; Blümich/Krabbe, § 34c EStG Rz. 109f.; BMF v. 10.4.1984, BStBl I 1984, 252, 253; Einig, Steuerermäßigungen im Körperschaftsteuerrecht bei Kapitalgesellschaften, S. 43; Fischer/Warneke, Internationale betriebswirtschaftliche Steuerlehre, S. 151; Krabbe, RIW 1985, 51.

89 BMF v. 10.4.1984, BStBl I 1984, 252, 253.

90 Commandeur, Berücksichtigung ausländischer Steuern im deutschen Einkommen- und Körperschaftsteuerrecht, S. 25f.; Herzig, RIW 1978, 171; Michels, DB 1981, 22ff.; Rädler/Raupach, Deutsche Steuern bei Auslandsbeziehungen, S. 363.

91 Müller-Dott in Flick/Wassermeyer/Becker, § 26 KStG Rz. 513ff.; vgl. auch Fischer/Warneke, Internationale betriebswirtschaft-

Die Pauschalierung wurde eingeführt, um die Wettbewerbsfähigkeit der deutschen Wirtschaft im Ausland zu fördern[92] und um im Ausland gewährte Steuervergünstigungen nicht durch die inländische Besteuerung aufzuheben[93], falls mit dem Staat kein DBA besteht. Im Verhältnis zu Staaten, mit denen ein DBA besteht, wird dies durch die Freistellung bzw. die fiktive Anrechnung erreicht.
Aufgrund des hohen Pauschalierungssteuersatzes sind die im Ausland erhobenen Steuern selten so gering, daß die Pauschalierung gegenüber der Anrechnung vorteilhaft ist[94].

V. Internationales Schachtelprivileg

Aufgrund der wirtschaftlichen Bedeutung wird das internationale Schachtelprivileg gesondert dargestellt, obwohl es nur eine besondere Form der Freistellung ist. Das internationale Schachtelprivileg wird von der Bundesrepublik bilateral in DBA gewährt. Auf unilateraler

---

liche Steuerlehre, S. 152f.; Hasebrock, DB 1988, 1626ff.; Moebus, Schachtelbeteiligung bei der Körperschaftsteuer, Vermögensteuer und Gewerbesteuer, S. 93f.; kritisch zu dieser Regelung Breithecker, DB 1986, 1947; Herzig, RIW 1978, 173f.; Müller-Dott, BB 1984, 525; Piltz, DB 1977, 327; Telkamp, FR 1977, 317.

92 Ebling, Unilaterale Maßnahmen gegen die internationale Doppelbesteuerung bei den Steuern vom Ertrag, S. 135.

93 Vgl. BVerfGE Bd. 48, 210, 225f.; Debatin, DStZ 1959, 303f. und FR 1970, 5; Flick/Wassermeyer/Lüdicke in Flick/Wassermeyer/Becker, § 34c EStG Rz. 252f.; Haberstock, Die Steuerplanung der internationalen Unternehmung, S. 44f.; Wilke, Lehrbuch des internationalen Steuerrechts, Rz. 86.

94 Haberstock, Die Steuerplanung der internationalen Unternehmung, S. 45; Rädler/Raupach, Deutsche Steuern bei Auslandsbeziehungen, S. 363f..
Werden Verlustsituationen ausgeschlossen, kann die Entscheidung nur zwischen der Anrechnung und der Pauschalierung oder zwischen der Anrechnung und dem Abzug fallen (vgl. Michels, DB 1981, 22ff.; Widdau, Die Quantifizierung der Steuerbelastung im internationalen Bereich, S. 65).

Basis hat die Bundesrepublik jedoch nach § 26 Abs. 7 KStG die in den DBA i.d.R. vereinbarte Beteiligungsgrenze von 25% auf 10% gesenkt.
Das internationale Schachtelprivileg stellt Ausschüttungen ausländischer Tochtergesellschaften, die eine inländische Kapitalgesellschaft erhält, von der inländischen Körperschaftsteuer frei[95]. Das internationale Schachtelprivileg wird nur bei mittelbarem Bezug über eine inländische Kapitalgesellschaft gewährt[96]. Bei Thesaurierung in der inländischen Kapitalgesellschaft beträgt die Steuerbelastung dieser Einkünfte nur die ausländische Körperschaftsteuer der Tochtergesellschaft und eine ggf. erhobene Quellensteuer[97]. Von einer unilateralen Gewährung des internationalen Schachtelprivilegs sieht die Bundesrepublik ab, weil dann deutsche

---

95 Baranowski, Besteuerung von Auslandsbeziehungen, S. 141; Dötsch, DB 1979, 1428; Dötsch/Gottstein/Stegmüller/Zenthöfer, Körperschaftsteuer, Rz. 827; Fischer/Warneke, Internationale betriebswirtschaftliche Steuerlehre, S. 129f.; Grützner, DBA, Rz. 336; Haberstock, Die Steuerplanung der internationalen Unternehmung, S. 107; Maas, BB 1976, 1506; Pfitzer, Zum Einfluß der Besteuerung auf die Finanzierung der zweistufigen internationalen deutschen Unternehmung, S. 134; Reuter, StbJb 1976/77, 332; Rieger, Prinzipien des internationalen Steuerrechts als Problem der Steuerplanung in der multinationalen Unternehmung, S. 176; Rose, Betrieb und Steuer, Grundzüge des internationalen Steuerrechts, S. 126; Wilke, IWB, Fach 3 Deutschland, Gruppe 4, 324; Wöhe, Betriebswirtschaftliche Steuerlehre, Bd. II/2, S. 278.
Ggf. in den DBA geforderte Bedingungen sind zu beachten. (Vgl. die Übersichten bei Baranowski, Besteuerung von Auslandsbeziehungen, S. 142ff.; Moebus, Schachtelbeteiligung bei der Körperschaftsteuer, Vermögensteuer und Gewerbesteuer, S. 55; Rose, Betrieb und Steuer, Grundzüge des internationalen Steuerrechts, S. 163ff.).

96 Vgl. Fischer, Festschrift zur Vollendung des 80. Lebensjahres von Peter Scherpf, S. 281; Institut Finanzen und Steuern, Nr. 249, S. 26; Rose, Betrieb und Steuer, Grundzüge des internationalen Steuerrechts, S. 126; Vogel, DBA, Art. 23 Rz. 106.

97 Haberstock, Die Steuerplanung der internationalen Unternehmung, S. 106; Wöhe, Betriebswirtschaftliche Steuerlehre, Bd. II/2, S. 278.

Muttergesellschaften Nutzen aus dem internationalen Steuergefälle ziehen könnten, wenn die Steuerbelastung der ausländischen Tochtergesellschaften unter der deutschen Steuerbelastung liegt[98].
Bei unmittelbarem Bezug von Ausschüttungen ausländischer Kapitalgesellschaften kommt nur die direkte Anrechnung einer ggf. erhobenen ausländischen Quellensteuer in Betracht[99]. Die indirekte Anrechnung der von der ausländischen Tochtergesellschaft gezahlten Körperschaftsteuer ist nicht möglich.
Mit der Vereinbarung des internationalen Schachtelprivilegs ist beabsichtigt, eine Angleichung der Steuerbelastungen von Auslandsaktivitäten in der Rechtsform der Betriebstätte und der Tochtergesellschaft zu erreichen[100]. Einkünfte aus Auslandsengagements in der Rechtsform der Betriebstätte werden in DBA i.d.R. freigestellt[101].
Solange in der Bundesrepublik das klassische Körperschaftsteuersystem mit gespaltenem Körperschaftsteuersatz angewandt wurde, galt für Ausschüttungen inländischer Tochtergesellschaften das nationale Schachtelpri-

---

98 BTDrucks 6/2883, 21; Reuter, JbFSt 1973/74, 84.
Die Bundesrepublik vereinbart das internationale Schachtelprivileg in DBA, wenn im anderen Staat eine "in ihrer Höhe der deutschen Körperschaftsteuer entsprechende Gewinnbesteuerung" besteht. (Rädler/Raupach, Deutsche Steuern bei Auslandsbeziehungen, S. 615f.).
Die Steuerreformkommission schlägt vor, das internationale Schachtelprivileg unilateral zu gewähren, da Gesellschaften mit aktiver Tätigkeit im Ausland, von Entwicklungsländern abgesehen, i.d.R. einer Steuerbelastung unterliegen, die der inländischen vergleichbar ist. Das internationale Schachtelprivileg sollte aber eine Aktivitätsklausel enthalten. (Gutachten der Steuerreformkommission, Schriftenreihe des BMF, Heft 17, Rz. VI/25f.).

99 Institut Finanzen und Steuern, Nr. 249, S. 26; Rose, Betrieb und Steuer, Grundzüge des internationalen Steuerrechts, S. 126.

100 Baranowski, Besteuerung von Auslandsbeziehungen, S. 141; Vogel, DBA, Art. 10 Rz. 11 und Art. 23 Rz. 100.

101 Dötsch/Gottstein/Stegmüller/Zenthöfer, Körperschaftsteuer, Rz. 827.

vileg nach § 9 KStG 1975. Durch das internationale Schachtelprivileg wurde die Steuerbelastung von Ausschüttungen ausländischer Tochtergesellschaften an die Steuerbelastung von Ausschüttungen inländischer Tochtergesellschaften angeglichen[102].
Das internationale Schachtelprivileg verhindert nicht die Doppelbelastung mit Körperschaft- und Einkommensteuer, sondern nur die zwei- oder mehrfache Belastung mit Körperschaftsteuer in einem Konzern. Beim Anteilseigner sind mittelbar über eine inländische Kapitalgesellschaft bezogene Ausschüttungen ausländischer Tochtergesellschaften bei Inanspruchnahme des internationalen Schachtelprivilegs mit der ausländischen Körperschaftsteuer, der ausländischen Quellensteuer und der Einkommensteuer des Anteilseigners belastet.

VI. Anrechnung und Erstattung des avoir fiscal aus Frankreich in der Bundesrepublik

Ähnlich wie das deutsche Körperschaftsteuerrecht sieht das französische eine Anrechnung der von der französischen Kapitalgesellschaft gezahlten Körperschaftsteuer auf die Einkommen- bzw. Körperschaftsteuer der Anteilseigner vor. Das französische Anrechnungsverfahren ist ebenso wie das deutsche ein Vollanrechnungsverfahren. Die Steuergutschrift (avoir fiscal) beträgt 50% der Dividende[103].
Nach Art. 20 Abs. 1 b) (bb) DBA Frankreich wird auch in der Bundesrepublik ansässigen, unbeschränkt steuerpflichtigen Anteilseignern der avoir fiscal gewährt[104].

---

102 Vgl. Gutachten der Steuerreformkommission, Schriftenreihe des BMF, Heft 17, Rz. VI/24ff..

103 Saß, DB 1993, 115f.; Viegener, IWB, Fach 5 Frankreich, Gruppe 2, 933ff..

104 Baranowski, Besteuerung von Auslandsbeziehungen, S. 120f.; Debatin, DB 1969, 2145ff.; Dötsch/Gottstein/Stegmüller/Zenthöfer, Körperschaftsteuer, Rz. 843ff.; Grützner, DBA, Rz. 338ff.; Günkel/Fischer, IWB, Fach 5 Frankreich, Gruppe 2, 635ff.; Hintzen, FR 1979, 81f.; Kießling/Pelikan, Körperschaftsteuer, S. 256; Menck, DStZ 1970, 273ff.; Pott, BB 1978, 808.

Der avoir fiscal geht zusätzlich zur Dividende in die Bemessungsgrundlage für die Einkommen- bzw. Körperschaftsteuer ein.
Die Steuergutschrift wird natürlichen Personen und nicht schachtelbeteiligten[105] Kapitalgesellschaften gewährt[106]. Sie können die Steuergutschrift auf ihre Steuerschuld anrechnen, über die Steuerschuld hinausgehende Gutschriftsbeträge werden erstattet. Die Inanspruchnahme des avoir fiscal ist nicht obligatorisch. Es besteht die Möglichkeit, auf ihn zu verzichten und nur den Dividendenbetrag zu versteuern[107].
Die Steuergutschrift wird durch den deutschen Fiskus gewährt, der diese Beträge vom französischen Fiskus erstattet bekommt. Da dem französischen Fiskus einerseits eine Quellensteuer i.H.v. 15% auf die Dividende und die Steuergutschrift zusteht und er andererseits die Steuergutschrift i.H.v. 50% der Dividende gewährt, erstattet er dem deutschen Fiskus 27,5% der Dividende[108].
Handelt es sich um eine Schachtelbeteiligung, d.h. eine Beteiligung i.H.v. mindestens 10%, entfällt nach Art. 9 Abs. 4 DBA Frankreich für die daraus stammenden Aus-

---

105 Nach Art. 9 Abs. 4 und Art. 20 Abs. 1 b) (aa) DBA Frankreich besteht eine Schachtelbeteiligung, wenn eine Kapitalgesellschaft an einer Kapitalgesellschaft mit mindestens 10% beteiligt ist.

106 Art. 20 Abs. 1 b) (bb) DBA Frankreich; vgl. Günkel/Fischer, IWB, Fach 5 Frankreich, Gruppe 2, 635.

107 Vgl. BMF v. 22.10.1970, BStBl I 1970, 1000, 1001; Dötsch/Gottstein/Stegmüller/Zenthöfer, Körperschaftsteuer, Rz. 845. Im Falle einer sofortigen Ausschüttung ist für Kapitalgesellschaften der Verzicht auf den avoir fiscal vorteilhafter (vgl. Günkel/Fischer, IWB, Fach 5 Frankreich, Gruppe 2, 636ff.).

108 Avoir fiscal pro 100 Dividende 50
./. 15% Kapitalertragsteuer auf 150 (Dividende + avoir fiscal) ./. 22,5
Erstattung des französischen an den deutschen Fiskus 27,5
(Art. 20 Abs. 1 b) (bb) DBA Frankreich; vgl. auch Baranowski, Besteuerung von Auslandsbeziehungen, S. 121; BMF v. 22.10.1970, BStBl I 1970, 1000; BMF v. 25.3.1988, BStBl I 1988, 136; Debatin, DB 1969, 2148; Müller-Dott, RIW 1978, 310.)

schüttungen in Frankreich die Kapitalertragsteuer und in der Bundesrepublik sind sie nach Art. 20 Abs. 1 b) (aa) DBA Frankreich steuerfrei. Für Schachtelbeteiligungen wird die Steuergutschrift nicht gewährt[109]. Das Schachtelprivileg gilt ausschließlich im Körperschaftsteuerrecht.

---

109 Vgl. Brezing/Krabbe/Lempenau/Mössner/Runge, Außensteuerrecht, § 26 KStG Rz. 78; Debatin, DB 1969, 2149; Dötsch/Gottstein/Stegmüller/Zenthöfer, Körperschaftsteuer, Rz. 843. Nach der unilateralen Herabsetzung der Grenze für Schachtelbeteiligungen von 25% auf 10% wurde auch ein Wahlrecht für die Inanspruchnahme des avoir fiscal oder des Schachtelprivilegs angenommen, da durch unilaterale Maßnahmen keine Schlechterstellung des Steuerpflichtigen gegenüber dem DBA erfolgen darf. Da das DBA ursprünglich ab 25% eine Schachtelbeteiligung mit Freistellung vorsah, das innerstaatliche Recht aber bereits ab 10%, bliebe für Beteiligungen zwischen 10 und 25% ein Wahlrecht (Günkel/Fischer, IWB, Fach 5 Frankreich, Gruppe 2, 638). Normalerweise ist das Schachtelprivileg günstiger als die Inanspruchnahme des avoir fiscal und die Versteuerung der Einkünfte. Günstiger kann für Kapitalgesellschaften die Inanspruchnahme des avoir fiscal aber in Verlustsituationen sein, da dann möglicherweise der avoir fiscal ganz oder teilweise erstattet wird (Günkel/Fischer, IWB, Fach 5 Frankreich, Gruppe 2, 636; vgl. auch Korn/Debatin, Frankreich 210).
Durch das Zusatzabkommen vom 28.9.1989 zum DBA Frankreich wurde festgelegt, daß bereits ab 10% Schachtelbeteiligungen i.S. DBA Frankreich vorliegen und daher für Beteiligungen zwischen 10 und 25% kein Wahlrecht zwischen Schachtelprivileg und Steuergutschrift besteht, sondern ausschließlich das Schachtelprivileg zur Anwendung kommt (Art. 9 Abs. 4 DBA Frankreich).

§4. BEURTEILUNGSKRITERIEN FÜR DIE WIRKUNG VON MAßNAHMEN ZUR VERMEIDUNG BZW. MILDERUNG DER DOPPELBESTEUERUNG

In diesem Abschnitt werden Beurteilungskriterien für die Wirkung von Maßnahmen zur Vermeidung bzw. Milderung der Doppelbesteuerung im deutschen Körperschaftsteuerrecht und im Körperschaftsteuerrecht anderer Staaten erarbeitet. An diesen Beurteilungskriterien werden auch die Reformvorschläge für die Behandlung der Maßnahmen zur Vermeidung bzw. Milderung der Doppelbesteuerung im Körperschaftsteuerrecht der Bundesrepublik gemessen.
Die Beurteilungskriterien orientieren sich an den Zielen und Motiven des Gesetzgebers bei der Einführung des Körperschaftsteuersystems mit Vollanrechnungsverfahren und an den Zielen und Motiven des Gesetzgebers bei der Einführung der Maßnahmen zur Vermeidung bzw. Milderung der Doppelbesteuerung. Zusätzlich werden Ziele und Motive berücksichtigt, die von der EG vorgebracht werden, um weitergehende Maßnahmen gegen die internationale Doppelbesteuerung zu erreichen.
Der Gesetzgeber ließ sich in der Bundesrepublik bei der Einführung des körperschaftsteuerlichen Anrechnungsverfahrens eher von Zweckmäßigkeitserwägungen als von steuersystematischen Gesichtspunkten leiten[1]. Auch die unilateralen Maßnahmen zur Vermeidung bzw. Milderung der Doppelbesteuerung lassen eher das "Bemühen der Bundesregierung erkennen, unter Beachtung des Allgemeininteresses Hindernisse bei wirtschaftlicher Tätigkeit im Ausland auf steuerlichem Gebiet zu beheben"[2].
Die Richtlinien der EG-Kommission haben nach Art. 100 EWG-Vertrag zum Ziel, die Errichtung und das Funktionieren des gemeinsamen Marktes zu ermöglichen. Leitlinie der EG-Kommission bei ihren Maßnahmen ist, grenz-

---

[1] BTDrucks 7/1470, 326; vgl. auch BTDrucks 1/4092, 48 und BTDrucks 3/260, 47ff.; Dafür spricht auch, daß dem KStG 1977 vorausgehende Referentenentwürfe teilweise ausländische Steuern der inländischen Steuer gleichstellten. Von einer Gleichstellung der ausländischen mit der inländischen Steuer wurde abgesehen, da gerechte, Ungleichbehandlungen vermeidende Regelungen haushaltsmäßig problematisch geworden wären (Maenner in Kläschen, § 27 KStG Rz. 7f.).

[2] BRDrucks 511/79, 20 und BTDrucks 8/3648, 20.

überschreitende Unternehmensbeziehungen gegenüber inländischen Unternehmensbeziehungen nicht zu benachteiligen[3].
Aus diesen Zielen und Motiven werden vier Beurteilungskriterien abgeleitet, die nachfolgend dargestellt werden.

---

[3] Vgl. Mitteilung an das Parlament und den Rat über die Leitlinien der Unternehmensbesteuerung v. 20.4.1990 (veröffentlicht als BRDrucks 360/90); Richtlinie des Rates v. 23.7.1990, ABlEG, Nr. L 225 v. 20.8.1990, 1; Richtlinie des Rates v. 23.7.1990, ABlEG, Nr. L 225 v. 20.8.1990, 6; Übereinkommen über die Beseitigung der Doppelbesteuerung im Falle von Gewinnberichtigungen zwischen verbundenen Unternehmen, ABlEG, Nr. L 225 v. 20.8.1990, 10ff.; Vorschlag für eine Richtlinie des Rates über die gemeinsame Steuerregelung für Zahlungen von Zinsen und Lizenzgebühren zwischen Mutter- und Tochtergesellschaften verschiedener Mitgliedstaaten v. 6.12.1990, ABlEG, Nr. C 53 v. 28.2.1991, 26; Vorschlag für eine Richtlinie des Rates über eine Regelung für Unternehmen zur Berücksichtigung der Verluste ihrer in anderen Mitgliedstaaten belegenen Betriebstätten und Tochtergesellschaften v. 6.12.1990, ABlEG, Nr. C 53 v. 28.2.1991, 30; Thömmes, EG-Handbuch, Recht im Binnenmarkt, S. 479; ebenso Ruding-Ausschuß, DB Beilage 5/1992, 6.
Die Konzernrichtlinie (Richtlinie des Rates v. 23.7.1990, ABlEG, Nr. L 225 v. 20.8.1990, 6) senkt die deutsche Quellensteuer auf Ausschüttungen an Muttergesellschaften in anderen EG-Staaten ab dem 1.1.1992 auf 5% und ab dem 1.7.1996 auf 0%. Dies verursacht bei den z.Zt. in der Bundesrepublik gültigen Körperschaftsteuersätzen einen erheblichen positiven Ausländereffekt, denn die Ausschüttungen an ausländische Muttergesellschaften sind im Ausland i.d.R. durch das internationale Schachtelprivileg freigestellt. Ausländische Muttergesellschaften können von einem Gewinn der Tochtergesellschaft i.H.v. 100 z.Zt. 60,8 (= 64 - 5%) und ab 1996 64 in die Tochtergesellschaft reinvestieren. Inländische Kapitalgesellschaften können bei einem Körperschaftsteuersatz i.H.v. 50% 50 thesaurieren. (Vgl. auch Krebs, BB 1990, 1946; Ritter, BB 1992, 362).

A. Interessengegensätze zwischen Anteilseignern mit unterschiedlichen Steuersätzen

Steuerlich bedingte Interessengegensätze zwischen Anteilseignern von Kapitalgesellschaften, die verschiedenen Steuersätzen unterliegen, sollten vermieden werden[4].
Im jetzigen Körperschaftsteuerrecht bestehen Interessengegensätze zwischen drei Anteilseignergruppen. Diese Anteilseignergruppen können gegliedert werden in Anteilseigner, die einem Steuersatz zwischen 53 und 36% unterliegen, denjenigen, die einem Steuersatz zwischen 36 und 0% unterliegen, und denjenigen, die einem Steuersatz i.H.v. 0% unterliegen. Der Interessengegensatz beruht auf der z.Zt. gültigen Behandlung ermäßigt besteuerter bzw. steuerfreier Einkünfte. Für bestimmte Anteilseignergruppen wirkt diese Behandlung wie eine Begünstigung thesaurierter Gewinne.
Die Thesaurierung von EK 36 wirkt für Anteilseigner, die einem Steuersatz von mehr als 36% unterliegen, als Begünstigung. Bei der Kapitalgesellschaft kann EK 36, mit 36% inländischer Steuer belastet, thesauriert werden. Im Ausschüttungsfall wird die darauf lastende inländische Steuer auf die Steuerschuld der Anteilseigner angerechnet. Diese Steuerschuld übersteigt aber die auf dem EK 36 lastende Steuer, wenn die Anteilseigner einem Steuersatz über 36% unterliegen, so daß insgesamt gegenüber der Thesaurierung eine zusätzliche Steuer zu zahlen ist.
Die Thesaurierung von EK 0 wirkt für Anteilseigner, die einem Steuersatz von mehr als 0% unterliegen, als Begünstigung. Da auf dem EK 0 keine inländische Steuer lastet, bleibt es für die Dauer der Thesaurierung steuerfrei. Wird es ausgeschüttet, entsteht für Anteilseigner mit einem Steuersatz über 0% gegenüber der Thesaurierung eine zusätzliche Steuerbelastung.

---

4 Vgl. BTDrucks 7/1470, 327; Gutachten der Steuerreformkommission, Schriftenreihe des BMF, Heft 17, Rz. IV/19; Wrede, DStR 1976, 327.

Solche Begünstigungen thesaurierter Gewinne behindern die Lenkungsfunktion des Kapitalmarktes und werden daher abgelehnt[5].
Die Beseitigung von Ausschüttungshemmnissen war Ziel der Körperschaftsteuerreform 1977[6].
Die Spreizung zwischen dem Körperschaftsteuersatz i.H.v. 50% und dem Höchstsatz der Einkommensteuer i.H.v. 53% führt zu einem weiteren Interessengegensatz zwischen Anteilseignern mit einem Steuersatz über bzw. unter 50%. Durch die Spreizung ist die Thesaurierung für Anteilseigner mit einem Steuersatz über 50% günstiger. Auch dies stellt eine Begünstigung thesaurierter Gewinne dar und ist daher abzulehnen. Diese Beeinträchtigung der Rechtsformneutralität und dieser Interessengegensatz zwischen Anteilseignern mit unterschiedlichen Steuersätzen sind aber ausschließlich auf die Differenz zwischen dem Körperschaftsteuersatz und dem Höchstsatz der Einkommensteuer zurückzuführen. Dieser Mangel ist nicht Gegenstand dieser Untersuchung und kann durch die untersuchten Reformvorschläge nicht beseitigt werden. Er wird in der folgenden Untersuchung nicht mehr berücksichtigt[7]. Deshalb werden nur Einkommensteuersätze bis einschließlich 50% in die Berechnungen einbezogen.

---

5 Vgl. Gutachten der Kommission zur Verbesserung der steuerlichen Bedingungen für Investitionen und Arbeitsplätze, Rz. 384; Mühl, Überlegungen und Vorschläge für weitere Verbesserungen der steuerlichen Rahmenbedingungen - Reform der Unternehmensbesteuerung in der Bundesrepublik Deutschland, S. 35; Sachverständigenrat zur Begutachtung der gesamtwirtschaftlichen Entwicklung, Jahresgutachten 1989/90, Nr. 336; Wissenschaftlicher Beirat beim BMF, Schriftenreihe des BMF, Heft 39, S. 3ff.; Wrede, DStZ 1974, 298.

6 Vgl. BTDrucks 7/1470, 327.

7 Eine Aufhebung der Spreizung zwischen dem Körperschaftsteuersatz und dem Höchstsatz der Einkommensteuer wird vielfach gefordert: vgl. Gutachten der Kommission zur Verbesserung der steuerlichen Bedingungen für Investitionen und Arbeitsplätze, Rz. 370; Sachverständigenrat zur Begutachtung der gesamtwirtschaftlichen Entwicklung, Jahresgutachten 1989/90, Nr. 340; Wendt, StuW 1992, 76; Wissenschaftlicher Beirat beim BMF, Schriftenreihe des BMF, Heft 39, S. 3ff..

B. Rechtsformneutralität der Unternehmensbesteuerung

Es ist in der Literatur umstritten, ob die Besteuerung der Unternehmen rechtsformneutral ausgestaltet werden sollte[8]. Gegen eine rechtsformneutrale Besteuerung von Unternehmen werden im wesentlichen folgende wichtige Argumente angeführt[9]:

- Die Einheitlichkeit der Rechtsordnung spricht für eine eigenständige Besteuerung von Kapitalgesellschaften.
- Kapitalgesellschaften besitzen eine eigene steuerliche Leistungsfähigkeit.
- Kapitalgesellschaften weisen eine wirtschaftliche Eigenständigkeit auf, die eine andere Besteuerung als bei Personengesellschaften gerechtfertigt erscheinen läßt.
- Kapitalgesellschaften besitzen Vorteile bei der Kapitalbeschaffung.
- Kapitalgesellschaften weisen eine erhöhte Kreditfähigkeit auf.
- Kapitalgesellschaften sind wettbewerbsfähiger als Personengesellschaften.
- Nur Kapitalgesellschaften gelangen in den Vorteil der Haftungsbeschränkung.
- Kapitalgesellschaften bieten eine große Attraktivität für eine qualifizierte Geschäftsführung.
- Kapitalgesellschaften sind bei Erbfällen von den Gesellschaftern unabhängig.
- Es gab bisher keine rechtsformneutrale Besteuerung in der Bundesrepublik und es gibt sie auch nicht in anderen Staaten.
- Die Umwandlung von einer Rechtsform in eine andere wird durch das Umwandlungssteuergesetz erleichtert.

Diese Argumente gleichen weitgehend den zur Rechtfertigung der Doppelbelastung bereits dargestellten[10].

---

8 Vgl. zur Kritik am Ziel der Rechtsformneutralität z.B. Schneider, StuW 1989, 339.

9 Vgl. zur Darstellung und Diskussion der Argumente: Gutachten der Steuerreformkommission, Schriftenreihe des BMF, Heft 17, Rz. IV/46ff. und IV/65ff.; Schneider, StuW 1975, 100ff.; Weber, DB 1971, 2080ff..

10 Vgl. Abschnitt §2.B.I. dieser Arbeit (S. 43ff.).

Diesen Argumenten werden im wesentlichen folgende wichtige Argumente für eine rechtsformneutrale Ausgestaltung der Unternehmensbesteuerung entgegengehalten[11]:

- Betriebliche Gewinne sollten unabhängig von der Rechtsform des Unternehmens gleich besteuert werden. Solange das Steuerrecht materiell gleiche aber formal ungleiche Tatbestände ungleich besteuert, werden steuervermeidende Planungsaktivitäten bestehen bleiben[12].
- Die steuerliche Behandlung sollte die Entscheidung für oder gegen eine der vom Gesetzgeber vorgesehenen Unternehmensformen nicht beeinflussen. Diese Entscheidung sollte aufgrund handelsrechtlicher und betriebswirtschaftlicher Überlegungen getroffen werden.
- Die unterschiedliche Besteuerung von Unternehmen beeinträchtigt die Wettbewerbsneutralität.

Die Argumente für und gegen die Rechtsformneutralität der Unternehmensbesteuerung werden in dieser Arbeit nicht diskutiert.

Die Bundesregierung hat sich im KStG 1977 für eine stärkere Rechtsformneutralität der Besteuerung der Unternehmen entschieden[13]. Daher ist in der folgenden Untersuchung die Rechtsformneutralität Leitfaden für die Ausgestaltung der Unternehmensbesteuerung.

Beim Bezug inländischer Einkünfte ist dies Ziel erreicht worden[14]. Sowohl beim Bezug über eine Personengesellschaft als auch beim Bezug über eine Kapitalgesellschaft werden, bei auf die Einkommen- und Körperschaftsteuer beschränkter Betrachtungsweise, inländi-

---

11 Vgl. BTDrucks 7/1470, 327f.; Gutachten der Steuerreformkommission, Schriftenreihe des BMF, Heft 17, Rz. IV/16f.; Wendt, StuW 1992, 74f.; Wöhe, DStR 1972, 304.

12 Vgl. Knobbe-Keuk, Bilanz- und Unternehmenssteuerrecht, S. 1ff. und 936f.; Wagner, StuW 1992, 13.

13 BTDrucks 7/1470, S. 327f.; Wrede, DStR 1976, 328 und DStZ 1976, 411.

14 Dies gilt nur für normal besteuerte Einkünfte. Die Steuervergünstigung ermäßigt besteuerter bzw. steuerfreier inländischer Einkünfte wird bei mittelbarem Bezug über eine inländische Kapitalgesellschaft bei der Ausschüttung aufgehoben.

sche Einkünfte nur mit der Einkommen- oder Körperschaftsteuer des Anteilseigners belastet.
Beim Bezug ausländischer Einkünfte hat der Gesetzgeber die Zielsetzung einer stärker rechtsformneutral ausgestalteten Unternehmensbesteuerung nicht erreicht. Die z. Zt. gültige körperschaftsteuerliche Behandlung ausländischer Einkünfte benachteiligt mittelbar über eine Kapitalgesellschaft bezogene Auslandseinkünfte gegenüber Auslandseinkünften, die über eine Personengesellschaft bezogen werden[15].
Da der Gesetzgeber sich im KStG 1977 für ein stärker rechtsformneutral ausgestaltetes Körperschaftsteuersystem entschieden hat, soll diese Leitlinie auch für ausländische Einkünfte gelten. Mittelbar über eine inländische Kapitalgesellschaft bezogene ausländische Einkünfte sollen gegenüber dem unmittelbaren Bezug über eine Personengesellschaft nicht schlechter gestellt werden. Durch die Vorschläge in dieser Arbeit wird kein Konzept einer rechtsformneutralen Besteuerung erarbeitet. Es werden auf der Grundlage des bestehenden Einkommen- und Körperschaftsteuersystems Vorschläge erarbeitet, um den Besteuerungsunterschied zwischen Kapital- und Personengesellschaften beim Bezug ausländischer Einkünfte zu vermindern[16].

C. Neutralität der internationalen Besteuerung

Die internationale Besteuerung sollte grenzüberschreitenden Aktivitäten gegenüber neutral sein[17]. Da weder das Steuerniveau des einen noch das des anderen Staates einen Vorrang hat, kann nicht eines der beiden als neutral festgesetzt werden. Daher wird unter der Neutralität der internationalen Besteuerung verstanden, daß die Steuerbelastung eines grenzüberschreitenden Sachverhalts die Steuerbelastung des entsprechenden inländischen Sachverhalts in dem Staat mit dem höheren

---

15 Institut Finanzen und Steuern, Nr. 249, S. 2ff.

16 Vgl. die ähnliche Zielsetzung des Institut Finanzen und Steuern, Nr. 249, S. 13.

17 Flick, DB 1977, 34; Heibel, DB 1984, 2064; Vogelaar, DStZ 1974, 292f.; siehe weiterhin Fn. 3.

Steuerniveau nicht übersteigt und die Steuerbelastung des entsprechenden inländischen Sachverhalts in dem Staat mit dem niedrigeren Steuerniveau nicht unterschreitet[18]. Neutral ist damit die Bandbreite zwischen Kapitalimportneutralität und Kapitalexportneutralität. Diese Bandbreite streben auch die von der Bundesrepublik ergriffenen Maßnahmen zur Vermeidung bzw. Milderung der Doppelbesteuerung an[19]. Die Kapitalimportneutralität wird durch die Freistellung erreicht, die Kapitalexportneutralität durch die Anrechnung. Die Anrechnung erreicht die Kapitalexportneutralität und damit die Neutralität der internationalen Besteuerung nicht bei Bestehen eines Anrechnungsüberhangs[20].
Auch die EG-Kommission versucht[21], die "steuerlichen Hindernisse, die gegenwärtig der grenzüberschreitenden Tätigkeit der Unternehmen in der Gemeinschaft entgegen-

---

18 Mössner, DStJG 1985, 138.

19 Vgl. BTDrucks 6/2883, 21; BTDrucks 8/3648, 20; Pöllath, RIW 1979, 764.

20 Anrechnungsüberhänge entstehen durch hohe Quellensteuern und durch Kostenprogressionen. Das Phänomen der Kostenprogression wird bei der pauschalierenden Veranlagung der beschränkten Steuerpflicht kaum zu vermeiden sein. Anrechnungsüberhänge lassen sich daher wohl am ehesten durch eine Senkung oder Abschaffung der Quellensteuern vermeiden. Verstöße gegen die Neutralität der internationalen Besteuerung, die durch Anrechnungsüberhänge entstehen, können durch die hier zu erarbeitenden Vorschläge nicht aufgehoben werden.

21 Vgl. Richtlinie des Rates v. 23.7.1990, ABlEG, Nr. L 225 v. 20.8.1990, 1ff.; Richtlinie des Rates v. 23.7.1990, ABlEG, Nr. L 225 v. 20.8.1990, 6ff.; Übereinkommen über die Beseitigung der Doppelbesteuerung im Falle von Gewinnberichtigungen zwischen verbundenen Unternehmen, ABlEG, Nr. L 225 v. 20.8.1990, 10ff.; Vorschlag für eine Richtlinie des Rates über die gemeinsame Steuerregelung für Zahlungen von Zinsen und Lizenzgebühren zwischen Mutter- und Tochtergesellschaften verschiedener Mitgliedstaaten v. 6.12.1990, ABlEG, Nr. C 53 v. 28.2.1991, 26ff.; Vorschlag für eine Richtlinie des Rates über eine Regelung für Unternehmen zur Berücksichtigung der Verluste ihrer in anderen Mitgliedstaaten belegenen Betriebstätten und Tochtergesellschaften v. 6.12.1990, ABlEG, Nr. C 53 v. 28.2.1991, 30ff..

stehen oder sie erschweren"[22], zu beseitigen. Die EG-Kommission vertritt die Auffassung, daß grenzüberschreitende Aktivitäten steuerlich nicht schlechter gestellt werden dürfen als auf einen Mitgliedstaat beschränkte Aktivitäten[23]. Wünschenswert erscheint dies besonders im Rahmen der Verwirklichung des gemeinsamen Binnenmarktes. Dieses Ziel deckt sich mit der in dieser Untersuchung verwendeten Neutralitätsdefinition.
Die Kommission zur Verbesserung der steuerlichen Bedingungen für Investitionen und Arbeitsplätze unterstützt in ihrem Gutachten vom Juni 1991 die Bestrebungen, grenzüberschreitende wirtschaftliche Aktivitäten steuerlich nicht zu behindern, mit Ausnahme der Berücksichtigung von Verlusten ausländischer Tochtergesellschaften[24].
Für die fiktive direkte Anrechnung und die Steuerpauschalierung ist die Neutralität der internationalen Besteuerung kein geeignetes Kriterium. Hier sollte das Ziel der körperschaftsteuerlichen Behandlung sein, die Vergünstigung an die Anteilseigner weiterzuleiten.

D. Erstattung nicht vereinnahmter Steuern

Nicht vereinnahmte Steuern sollten durch den inländischen Fiskus ohne Fiskalausgleich nicht erstattet werden.
Die von der Bundesrepublik ergriffenen uni- und bilateralen Maßnahmen zur Vermeidung bzw. Milderung der Doppelbesteuerung dienen dem Ziel, steuerliche Hindernisse für grenzüberschreitende Aktivitäten zu beseitigen[25]. Häufig verbleibt eine höhere steuerliche Belastung als für inländische Aktivitäten, da der inländische Fiskus

---

22 Mitteilung an das Parlament und den Rat über die Leitlinien der Unternehmensbesteuerung v. 20.4.1990, 6 (veröffentlicht als BRDrucks 360/90).

23 Vgl. Fn. 3.

24 Gutachten der Kommission zur Verbesserung der steuerlichen Bedingungen für Investitionen und Arbeitsplätze, Rz. 129ff..

25 Vgl. BRDrucks 511/79, 20; BTDrucks 6/2883, 21; BTDrucks 8/3648, 20; Pöllath, RIW 1979, 764.

eine Erstattung im Ausland gezahlter Steuern ohne Fiskalausgleich ablehnt[26].
Bei der Anrechnung wird die Erstattung nicht vereinnahmter Steuern z.B. dadurch vermieden, daß die ausländische Steuer nur auf die inländische Steuer angerechnet wird, die auf die ausländischen Einkünfte entfällt. Die Einschränkung, im Ausland gezahlte Steuern nicht zu erstatten, ist sinnvoll. Anderenfalls könnte der ausländische Fiskus seine Steuern zu Lasten des inländischen Fiskus unbegrenzt erhöhen. Dies ist bei der in der Bundesrepublik angewandten begrenzten Anrechnung nur in begrenztem Umfang möglich. Der ausländische Fiskus kann seine Steuern zu Lasten des inländischen Fiskus nur so weit erhöhen, bis der inländische Fiskus keine Steuern mehr auf die ausländischen Einkünfte erhebt. Bei nicht entsprechend begrenzter Anrechnung müßte der Wohnsitzstaat die ausländische Steuer erstatten, welche die auf die ausländischen Einkünfte entfallende inländische Steuer übersteigt. Die Folge wäre eine mittelbare Subventionierung des ausländischen durch den inländischen Fiskus, dessen Steuereinnahmen insoweit von den Steuersätzen des Auslands abhängig würden[27].

---

26 Zur Problematik der Erstattung von im Ausland gezahlten Steuern: Haase/Roßmayer, DStR 1991, 1128f.; Haberstock, Die Steuerplanung der internationalen Unternehmung, S. 30f.; Pumbo, DB 1992, 1999; Rose, Betrieb und Steuer, Grundzüge des internationalen Steuerrechts, S. 64f.; Vogel, Festschrift für Kuno Barth, S. 279; Wöhe, Betriebswirtschaftliche Steuerlehre, Bd. II/2, S. 263.
Im Verhältnis zu Frankreich werden in Frankreich gezahlte Steuern teilweise ohne Fiskalausgleich erstattet, da die von Frankreich im Rahmen des Fiskalausgleichs dem deutschen Fiskus erstattete Ausgleichszahlung um 15% Kapitalertragsteuer vermindert wird. Der deutsche Fiskus erstattet aber trotzdem bei entsprechendem Steuersatz des Anteilseigners die Steuergutschrift vollständig.

27 Haase/Roßmayer, DStR 1991, 1128f.; Haberstock, Die Steuerplanung der internationalen Unternehmung, S. 30f.; Rose, Betrieb und Steuer, Grundzüge des internationalen Steuerrechts, S. 64f.; Wöhe, Betriebswirtschaftliche Steuerlehre, Bd. II/2, S. 263.

Auch die Kommission zur Verbesserung der steuerlichen Bedingungen für Investitionen und Arbeitsplätze ist der Auffassung, daß ausländische Steuern nicht erstattet werden sollten[28].
Steuern, die überhaupt nicht erhoben wurden, sollten nicht erstattet werden. Eine solche Erstattung ist mit der Neutralität der internationalen Besteuerung nicht vereinbar, da dann die Gesamtsteuerbelastung negativ wird und damit auf jeden Fall das Belastungsniveau beider Staaten unterschritten wird. Die negative Gesamtbelastung entspricht einer steuerlichen Bezuschussung der Auslandsaktivitäten. Diese Eigenschaft des Steuersystems wäre vermutlich schwer vor Mißbrauch zu schützen.

---

28 Gutachten der Kommission zur Verbesserung der steuerlichen Bedingungen für Investitionen und Arbeitsplätze, Rz. 466.

§5. WIRKUNGSANALYSE DER MAßNAHMEN ZUR VERMEIDUNG BZW. MILDERUNG DER DOPPELBESTEUERUNG IM KÖRPERSCHAFTSTEUERSYSTEM DER BUNDESREPUBLIK

Unterschiede in der Wirkung der Maßnahmen zur Vermeidung bzw. Milderung der Doppelbesteuerung bestehen nicht nur zwischen den verschiedenen Maßnahmen selbst. Wirkungsunterschiede entstehen auch dadurch, daß diese Maßnahmen in unterschiedlichen Körperschaftsteuersystemen unterschiedlich wirken und daß die Einheiten, die ausländische Einkünfte empfangen, Personen- oder Kapitalgesellschaften sind.
Aus diesem Grund werden in diesem Abschnitt, bezogen auf das Steuerrecht der Bundesrepublik, zuerst grundsätzliche Wirkungsunterschiede der Maßnahmen zur Vermeidung bzw. Milderung der Doppelbesteuerung bei Personen- und Kapitalgesellschaften dargestellt. Danach wird die Wirkung einzelner Maßnahmen sowohl bei Personen- als auch bei Kapitalgesellschaften aufgezeigt.
Zum Abschluß dieses Abschnitts werden nach geltendem Recht bestehende Möglichkeiten dargestellt, mit denen die ungünstige Behandlung ausländischer Einkünfte durch das Körperschaftsteuersystem der Bundesrepublik im Ausschüttungsfall vermieden oder abgeschwächt werden kann.

A. Grundsätzliche Wirkungsunterschiede der Maßnahmen zur Vermeidung bzw. Milderung der Doppelbesteuerung bei Personen- und Kapitalgesellschaften

Die Maßnahmen zur Vermeidung bzw. Milderung der Doppelbesteuerung gelten sowohl für Personen- als auch Kapitalgesellschaften und weisen eine grundsätzlich gleiche Wirkung auf der Ebene der Personen- bzw. Kapitalgesellschaft auf. Wird im Ausschüttungsfall die Gesellschafterebene in den Vergleich mit einbezogen, ergeben sich erhebliche Wirkungsdifferenzen. Zu beachten ist, daß die indirekte Anrechnung nach § 26 Abs. 2 KStG[1], das

---

1 Baranowski, Besteuerung von Auslandsbeziehungen, S. 393; Hundt, DB Beilage 17/1980, 24 und DStR 1980, 160; Rose, Betrieb und Steuer, Grundzüge des internationalen Steuerrechts, S. 71f.; Wilke, Lehrbuch des internationalen Steuerrechts, Rz. 130.

Quasi-Schachtelprivileg nach § 26 Abs. 3 KStG[2] und das internationale Schachtelprivileg nach den DBA ggf. i.V.m. § 26 Abs. 7 KStG[3] ausschließlich im Körperschaftsteuerrecht gelten.

I. Wirkung bei Personengesellschaften

Der Gewinn von Personengesellschaften wird im Wege der einheitlichen und gesonderten Gewinnfeststellung[4] nach den §§ 179 Abs. 2, 180 Abs. 1 Nr. 2 AO festgestellt und den Gesellschaftern zugerechnet. Der Gewinn ist von den Gesellschaftern zu versteuern[5], unabhängig davon ob er entnommen wird oder nicht[6]. Die Gesellschafter beziehen die ausländischen Einkünfte damit unmittelbar und können die Maßnahmen zur Vermeidung bzw. Milderung der Doppelbesteuerung selbst in Anspruch nehmen[7]. Diese Vergünstigungen bleiben auch dann erhalten, wenn der Gewinn aus dem betrieblichen Bereich entnommen wird[8].

II. Wirkung bei Kapitalgesellschaften

Die Einkünfte einer Kapitalgesellschaft sind dieser selbst zuzurechnen. Die Kapitalgesellschaft selbst nimmt auch die Maßnahmen zur Vermeidung bzw. Milderung der Doppelbesteuerung in Anspruch. Gemeinsam ist allen diesen Maßnahmen, daß sie die inländische Besteuerung vermindern bzw. vermeiden.

---

[2] Baranowski, Besteuerung von Auslandsbeziehungen, S. 406; Rose, Betrieb und Steuer, Grundzüge des internationalen Steuerrechts, S. 72.

[3] Baranowski, Besteuerung von Auslandsbeziehungen, S. 141; Institut Finanzen und Steuern, Nr. 249, S. 14f.; Rose, Betrieb und Steuer, Grundzüge des internationalen Steuerrechts, S. 78.

[4] Knobbe-Keuk, Bilanz- und Unternehmenssteuerrecht, S. 471ff.; Tipke/Lang, Steuerrecht, S. 705; Tipke/Kruse, §§ 179ff. AO.

[5] Crezelius, Steuerrecht II, § 5 Rz. 3 und § 6 Rz. 14; Tipke/Lang, Steuerrecht, S. 337f..

[6] Vgl. Knobbe-Keuk, Bilanz- und Unternehmenssteuerrecht, S. 381.

[7] Einig, Steuerermäßigungen im Körperschaftsteuerrecht bei Kapitalgesellschaften, S. 201.

[8] Institut Finanzen und Steuern, Nr. 249, S. 2.

Es entsteht verwendbares Eigenkapital, das nicht eine Tarifbelastung i.H.v. 50%, sondern eine geringere oder sogar keine aufweist[9]. Ausländische Steuerzahlungen sind für die Tarifbelastung irrelevant, da nach § 27 Abs. 2 KStG nur inländische Körperschaftsteuer zur Tarifbelastung gehört. Ausländische Steuerzahlungen haben aber mittelbar Einfluß auf die Tarifbelastung. Bei der Anrechnung wird die inländische Körperschaftsteuer zur Ermittlung der Tarifbelastung auf den Nettozufluß aus dem Ausland bezogen, also auf die ausländischen Einkünfte, vermindert um die ausländischen Steuern. Dadurch werden die ausländischen Steuern nicht mit deutscher Körperschaftsteuer belastet[10]. Bei der Pauschalierung und der Steuerermäßigung für ausländische Einkünfte aus dem Betrieb von Handelsschiffen wird die ausländische Steuer anders behandelt. Hier wird die Tarifbelastung auf die ausländischen Einkünfte einschließlich der ausländischen Steuer bezogen. Die Tarifbelastung des Zugangs zum verwendbaren Eigenkapital beträgt daher in diesen beiden Fällen immer 25%. Die auf die ausländische Steuer entfallende Tarifbelastung verbleibt im Ausschüttungsfall als Definitivbelastung[11]. Das geringer belastete verwendbare Eigenkapi-

---

9 Dies gilt nicht für den Steuerabzug, bei dem nur EK 50 entsteht, da die Ermäßigung an der Bemessungsgrundlage ansetzt.

10 Abschn. 86 Abs. 1 und Abs. 5 KStR; Abschn. 88a Abs. 1 Nr. 2 Satz 2 und 3 KStR; Baranowski, Besteuerung von Auslandsbeziehungen, S. 415; Dötsch, DB 1979, 1477; Dötsch/Gottstein/Stegmüller/Zenthöfer, Körperschaftsteuer, Rz. 1245; Fischer/Warneke, Internationale betriebswirtschaftliche Steuerlehre, S. 147f.; Gail/Goutier/Spönlein, § 31 KStG Rz. 15ff.; Lademann/Krabbe, § 26 KStG Rz. 46 und Lademann/Jünger, § 31 KStG Rz. 27f.; Maas, BB 1976, 1507; Widmann, JbFSt 1977/78, 312ff..
A.A. Achenbach, der zur Ermittlung der Tarifbelastung die nach Anrechnung verbleibende inländische Körperschaftsteuer auf die ausländischen Einkünfte einschließlich der ausländischen Steuern beziehen will. Die auf die ausländische Steuer entfallende inländische Körperschaftsteuer verbleibt im Ausschüttungsfall dann als Definitivbelastung. (Achenbach, RIW 1978, 246ff.; ebenso Maenner, Grundfragen des körperschaftsteuerlichen Anrechnungsverfahrens, S. 144ff.).

11 Vgl. Abschn. 88a Abs. 1 Nr. 4 Satz 2 KStR; Dötsch/Gottstein/Stegmüller/Zenthöfer, Körperschaftsteuer, Rz. 1333f.; Frotscher/Maas, § 30 KStG Rz. 104f.; Lademann/Krabbe, § 26 KStG

tal führt zur Bildung von EK 36 bzw. EK 01[12]. Interessengegensätze zwischen Anteilseignern mit unterschiedlichen Steuersätzen werden daher nicht vermieden.
Liegt die Tarifbelastung zwischen 50% und 36%, ist das verwendbare Eigenkapital auf das EK 50 und das EK 36 aufzuteilen. Liegt sie zwischen 36% und 0%, ist das verwendbare Eigenkapital auf das EK 36 und das EK 01 aufzuteilen.
Solange die Kapitalgesellschaft diese in die Eigenkapitalgruppen EK 36 und EK 01 eingestellten Gewinne thesauriert, bleiben die Steuervergünstigungen voll erhalten.
Gelangt nach der Verwendungsfiktion des § 28 Abs. 3 KStG EK 01 zur Ausschüttung, ist nach § 27 Abs. 1 KStG die Ausschüttungsbelastung i.H.v. 36% durch eine Körperschaftsteuererhöhung herzustellen. Die Ausschüttungen sind bei den Anteilseignern einkommen- bzw. körperschaftsteuerpflichtig unabhängig davon, ob die ausgeschütteten Gewinne bei der Kapitalgesellschaft steuerfrei bzw. ermäßigt zu besteuern waren. Damit gehen bei der Ausschüttung die Steuervergünstigungen verloren. Bei den Anteilseignern entstehen normal zu versteuernde Einkünfte. Dies gilt sowohl für einkommensteuerpflichtige als auch für körperschaftsteuerpflichtige Anteilseigner[13].
Gleiches gilt für die Ausschüttung von EK 36. Hier ist die Ausschüttungsbelastung i.H.v. 36% nicht herzustellen, da diese bereits gegeben ist. Das körperschaft-

---

Rz. 77aff..
Kritisch zu dieser Praxis: Gail/Goutier/Spönlein, § 31 KStG Rz. 33f.; Herzig, RIW 1978, 173f.; Maenner, Grundfragen des körperschaftsteuerlichen Anrechnungsverfahrens, S. 159; Müller-Dott, BB 1984, 525f.; Piltz, DB 1977, 327; Telkamp, FR 1977, 317.

12 EK 01, da nur unbelastete Einkommensteile betrachtet werden, die aus ausländischen Einkünften entstehen.

13 Aus diesem Grunde wird in der Literatur trotz des Anrechnungsverfahrens teilweise die Einführung eines körperschaftsteuerlichen Schachtelprivilegs gefordert. (Vgl. Kuhn, FR 1979, 316; Mayer-Wegelin, BB 1976, 1601 und BB 1978, 1404ff.; Merkert, DB 1977, 1819ff.; Müller-Dott, BB 1977, 1267ff. und Handelsblatt v. 15.5.1990, 10; Ritter, BB 1983, 326). Vgl. auch Jonas, RIW 1991, 46.

steuerliche Anrechnungsverfahren rechnet die erhobene inländische Körperschaftsteuer i.H.v. 36% zwar vollständig auf die Steuer der Anteilseigner an, jedoch unterliegen die Einkünfte bei den Anteilseignern der vollen Einkommen- bzw. Körperschaftsteuer. Damit wird auch hier im wirtschaftlichen Ergebnis die ermäßigte Besteuerung bei der Kapitalgesellschaft durch die Ausschüttung aufgehoben.
Nach § 28 Abs. 3 KStG wird EK 36 bzw. EK 01 nur ausgeschüttet, wenn das EK 50 erschöpft ist. Bei entsprechendem Ausschüttungsverhalten, d.h. langfristiger bzw. unendlich langer Thesaurierung, ist eine langfristige bzw. unendlich lange Inanspruchnahme der Steuervergünstigungen möglich[14].
Bei der Ausschüttung geht damit jede Steuerbefreiung bzw. -ermäßigung verloren[15]. Steuerfreie oder -begün-

---

14 Werden die Steuervergünstigungen erst nach langer Zeit durch die Ausschüttung von EK 36 bzw. EK 01 aufgehoben, ist für genaue Berechnungen eine Diskontierung der durch die Ausschüttung verursachten Steuerzahlungen erforderlich. Da der Thesaurierungszeitraum nicht prognostizierbar ist, wird in dieser Untersuchung auf eine Diskontierung verzichtet. Wirtschaftlich entspricht dies einer sofortigen Ausschüttung des EK 36 bzw. EK 01.

15 Vgl. Becker, BB 1978, 1374; Brezing, GmbHR 1976, 273, AG 1979, 245 und GmbHR 1987, 153; Brezing/Krabbe/Lempenau/Mössner/Runge, Außensteuerrecht, § 26 KStG Rz. 15; BTDrucks 7/1470, 366; Commandeur, Berücksichtigung ausländischer Steuern im deutschen Einkommen- und Körperschaftsteuerrecht, S. 177ff.; Dötsch in Dötsch/Eversberg/Jost/Witt, Vor § 27 KStG Rz. 51ff.; Dötsch/Gottstein/Stegmüller/Zenthöfer, Körperschaftsteuer, Rz. 1323; Einig, Steuerermäßigungen im Körperschaftsteuerrecht bei Kapitalgesellschaften, S. 209f.; Escher, RIW 1977, 408; Feuerbaum, DB 1980, 1809f. und StbJb 1982/83, 135f.; Flick, Festschrift zur Vollendung des 80. Lebensjahres von Peter Scherpf, S. 324; Greif, RIW 1977, 216f.; Gutachten der Kommission zur Verbesserung der steuerlichen Bedingungen für Investitionen und Arbeitsplätze, Rz. 423; Haas, Haftungsbegrenzte deutsche Betriebstätten in der EG, S. 22f.; Haase/Roßmayer, DStR 1991, 1126ff.; Heibel, RIW 1982, 647 und DB 1984, 2061; Herzig, StuW 1990, 31f.; Herzig/Dötsch, Festschrift 40 Jahre DER BETRIEB, S. 127f.; Hofbauer, DStR 1977,

stigte Einkünfte der Kapitalgesellschaft werden zu steuerpflichtigen Einkünften der Anteilseigner[16]. Die Doppelbesteuerung lebt wieder auf, da neben die ausländische Steuer die inländische Besteuerung des Anteilseigners tritt[17].

336f.; Institut Finanzen und Steuern, Nr. 249, S. 1ff.; Jahn, DB 1976, 1448; Knobbe-Keuk, Bilanz- und Unternehmenssteuerrecht, S. 578f.; Kuhn, FR 1979, 315 und StbJb 1980/81, 175f.; Manke, StbJb 1977/78, 285ff.; Mayer-Wegelin, BB 1976, 1599f.; Müller-Dott, BB 1977, 1268; Neyer, RIW 1980, 413ff.; Palitzsch, BB 1981, 900ff.; Pfitzer, Zum Einfluß der Besteuerung auf die Finanzierung der zweistufigen internationalen deutschen Unternehmung, S. 177f.; Pöllath, RIW 1979, 757f.; Raupach, JbFSt 1977/78, 437; Reuter, DStR 1978, 242; Ritter, BB 1983, 325ff., BB 1991, 356 und BB 1992, 365; Schuler, Körperschaftsteuerliche Aspekte der geplanten Unternehmenssteuerreform, S. 135f.; Stein, Festschrift zur Vollendung des 80. Lebensjahres von Peter Scherpf, S. 337ff.; Telkamp, FR 1977, 319; Tietze, BB 1977, 439; Widdau, Die Quantifizierung der Steuerbelastung im internationalen Bereich, S. 80; Widmann, JbFSt 1977/78, 314 und DStR 1980, 522; Wohlschlegel, FR 1976, 243.

Der Verlust der Steuerbefreiung bzw. -ermäßigung bei der Ausschüttung gilt ebenso für das EK 02.

Von dem Grundsatz, daß Steuervergünstigungen bei der Ausschüttung verloren gehen, gibt es zwei Ausnahmen (vgl. Institut Finanzen und Steuern, Nr. 249, S. 83ff.):

Die erste Ausnahme ist die Berlinpräferenz nach § 21 Abs. 2 Satz 1 bzw. Abs. 3 Satz 1 BerlinFG, die wegen der besonderen gliederungsmäßigen Behandlung nach § 27 BerlinFG auch bei der Ausschüttung erhalten bleibt.

Die zweite Ausnahme ist in den §§ 38ff. KAGG festgelegt. Ziel dieser Vorschriften ist es, die Anteilseigner wie bei unmittelbarem Bezug der Einkünfte zu stellen. Steuerermäßigungen und -befreiungen werden an die Anteilseigner weitergeleitet.

16 Brezing ist daher zu dem Ergebnis gekommen, daß Steuervergünstigungen bei Kapitalgesellschaften zu einem bloßen Steueraufschub werden (Brezing, GmbHR 1976, 273 und AG 1979, 251f.).

17 Gutachten der Kommission zur Verbesserung der steuerlichen Bedingungen für Investitionen und Arbeitsplätze, Rz. 424.

Die Maßnahmen zur Vermeidung bzw. Milderung der Doppelbesteuerung zielen auf die Neutralität der internationalen Besteuerung bzw. auf die Begünstigung bestimmter als förderungswürdig angesehener Tatbestände. Da diese Maßnahmen bei der Ausschüttung aufgehoben werden, wird i.d.R. die Neutralität der internationalen Besteuerung oder die Begünstigung der als förderungswürdig angesehenen Tatbestände nicht erreicht.
Ziel des körperschaftsteuerlichen Anrechnungsverfahrens ist es, die Rechtsformneutralität herzustellen und die Doppelbelastung der Ausschüttungen zu beseitigen. Das Wiederaufleben der Doppelbesteuerung beim Bezug ausländischer Einkünfte über eine inländische Kapitalgesellschaft stellt eine Behinderung grenzüberschreitender Aktivitäten durch Unternehmen in der Rechtsform einer Kapitalgesellschaft und damit einen Verstoß gegen die Rechtsformneutralität dar[18].
Diese unterschiedliche steuerliche Belastung beeinflußt die Wahl der Rechtsform[19] und ist verantwortlich für die Attraktivität der GmbH & Co. KG beim Bezug ausländischer Einkünfte[20].

---

18 Vgl. Greif, RIW 1977, 216; Heibel, RIW 1982, 649 und DB 1984, 2060ff.; Kuhn, FR 1979, 318; Reuter, DStR 1978, 67 und DStR 1978, 242; Ritter, BB 1983, 325ff.; so bereits Salditt bei der Vorstellung eines körperschaftsteuerlichen Anrechnungsverfahrens ohne Durchleitung von Steuervergünstigungen (Salditt, RIW 1971, 398); Schuler, Körperschaftsteuerliche Aspekte der geplanten Unternehmenssteuerreform, S. 139ff.; Stein, Festschrift zur Vollendung des 80. Lebensjahres von Peter Scherpf, S. 337ff..

19 Vgl. BTDrucks 7/1470, 327f.; Gutachten der Kommission zur Verbesserung der steuerlichen Bedingungen für Investitionen und Arbeitsplätze, Rz. 438; Gutachten der Steuerreformkommission, Schriftenreihe des BMF, Heft 17, Rz. IV/17; Schuler, Körperschaftsteuerliche Aspekte der geplanten Unternehmenssteuerreform, S. 137f.; Wrede, DStR 1976, 328.

20 Brezing, StbJb 1981/82, 397f. und GmbHR 1987, 154; Fischer, Festschrift zur Vollendung des 80. Lebensjahres von Peter Scherpf, S. 280f.; Heibel, DB 1984, 2064; Pöllath, RIW 1979, 763.

Die steuerlichen Belastungsunterschiede beeinflussen auch die Wettbewerbsfähigkeit[21]. Dies wird teilweise bestritten mit dem Argument, daß die Besteuerungsunterschiede erst auftreten, wenn die Gewinne den wettbewerbsrelevanten Bereich verlassen, nämlich bei der Ausschüttung[22]. Dieses Argument greift aber zu kurz, da die dem Anteilseigner gebotene Rendite Einfluß auf die Zurverfügungstellung von Kapital hat. Als Folge der doppelten Besteuerung von Auslandserträgen bei Kapitalgesellschaften kann die Kapitalgesellschaft den Anteilseignern gegenüber einer konkurrierenden Personengesellschaft nur eine geringere Rendite bieten oder einen geringeren Anteil der Gewinne thesaurieren. Die Personengesellschaft ist damit bei der Durchführung von Auslandsinvestitionen in steuerlicher Hinsicht wettbewerbsfähiger.
Welchen Umfang dieser Vorteil bei den einzelnen Maßnahmen zur Vermeidung bzw. Milderung der Doppelbesteuerung hat, wird im folgenden Abschnitt untersucht.

B. Wirkung einzelner Maßnahmen zur Vermeidung bzw. Milderung der Doppelbesteuerung

In diesem Abschnitt wird die unterschiedliche Wirkung der einzelnen Maßnahmen zur Vermeidung bzw. Milderung der Doppelbesteuerung bei Personen- und Kapitalgesellschaften dargestellt, um steuerliche Belastungsunterschiede herauszuarbeiten. Diese steuerlichen Belastungsunterschiede stellen die Ansatzpunkte der Vorschläge für eine geänderte Behandlung ausländischer Einkünfte dar.

I. Freistellung

Die Freistellung ist mit und ohne Progressionsvorbehalt möglich[23].

---

21 Vgl. Brezing, AG 1979, 249f.; Heibel, DB 1984, 2064; Institut Finanzen und Steuern, Nr. 249, S. 6f.; Stein, Festschrift zur Vollendung des 80. Lebensjahres von Peter Scherpf, S. 342f..

22 Herzig/Dötsch, Festschrift 40 Jahre DER BETRIEB, S. 131.

23 Vgl. §3.C.I. dieser Arbeit (S. 73ff.).

Im Bereich der Körperschaftsteuer bleibt der Progressionsvorbehalt wegen des proportionalen Steuersatzes ohne Bedeutung.
Im Einkommensteuerrecht bewirkt der Progressionsvorbehalt, daß bei positiven ausländischen Einkünften eine höhere inländische Steuerbelastung entsteht[24]. Im Unternehmensbereich wird der Progressicnsvorbehalt wirksam, wenn an einer Personengesellschaft unbeschränkt Einkommensteuerpflichtige beteiligt sind, da diesen Gesellschaftern die Einkünfte direkt zugerechnet und durch die Einkommensteuer besteuert werden. Trotzdem wird diese Wirkungsanalyse ohne Berücksichtigung eines Progressionsvorbehalts durchgeführt, da dieser bei der Annahme unterschiedlicher Einkommensgrößen zu unterschiedlichen Ergebnissen führt[25]. Wegen des willkürlichen Charakters erscheint eine Festlegung der Einkommensgrößen bei der Freistellung mit Progressionsvorbehalt problematisch.

1. Wirkung bei Personengesellschaften

Die ausländischen Einkünfte werden von der inländischen Besteuerung freigestellt. Sie werden ausschließlich im Ausland besteuert.

---

24 Fischer/Warneke, Internationale betriebswirtschaftliche Steuerlehre, S. 132; Ausnahmen: Das inländische Einkommen beträgt 0 bzw. die ausländischen Einkünfte sind so gering, daß der Steuersatz nicht steigt.

25 So führen z.B. hohe ausländische Einkünfte zu einem erheblich höheren inländischen Steuersatz, sehr niedrige verändern dagegen den inländischen Steuersatz kaum.

Beispiel 1[26]: Unmittelbarer Bezug steuerfreier ausländischer Einkünfte

Steuersatz des unbeschränkt Einkommensteuerpflichtigen in Prozent	0	20	30	40	50
ausländische Einkünfte - ausländische Steuer (Steuersatz 50%)	100 50				
Nettoeinkommen	50	50	50	50	50

Allgemein läßt sich das Nettoeinkommen folgendermaßen quantifizieren:

Nettoeinkommen = ausländische Einkünfte - ausländische Steuer

Die Neutralität der internationalen Besteuerung wird erreicht.

2. Wirkung bei Kapitalgesellschaften

Bei der Kapitalgesellschaft ist zwischen der Thesaurierung und der Ausschüttung der ausländischen Einkünfte zu unterscheiden.
Thesauriert die Kapitalgesellschaft die freigestellten ausländischen Einkünfte, werden sie nach § 30 Abs. 2 Nr. 1 KStG in das EK 01 eingestellt.
Wird das in das EK 01 eingestellte verwendbare Eigenkapital ausgeschüttet, wird nach § 27 Abs. 1 KStG eine Körperschaftsteuererhöhung i.H.v. 36% durchgeführt. Die Ausschüttung einschließlich des Steuerguthabens ist beim Anteilseigner als Einkünfte aus Kapitalvermögen i.S. § 20 Abs. 1 Nr. 1 und Nr. 3 EStG zu versteuern.

---

26 Diese und die folgenden Beispiele berücksichtigen nicht die Kirchensteuer. Für die Einkünfte wird ein einheitlicher Steuersatz unterstellt.

Beispiel 2: Mittelbarer Bezug steuerfreier ausländischer Einkünfte über eine inländische Kapitalgesellschaft

Steuersatz des unbeschränkt Einkommensteuerpflichtigen in Prozent	0	20	30	40	50
ausländische Einkünfte	100				
- ausländische Steuer (Steuersatz 50%)	50				
Thesaurierung Kapitalgesellschaft	50				
Aufteilung: EK 01	50				
- Herstellung Ausschüttungsbelastung	18				
Ausschüttung[27]	32				
+ Körperschaftsteuerguthaben	18				
= Bruttoausschüttung (= zu versteuernde Einkünfte)	50	50	50	50	50
- Einkommensteuer	0	10	15	20	25
Nettoeinkommen	50	40	35	30	25

Quantifizieren läßt sich das Nettoeinkommen allgemein mit folgender Formel:

Nettoeinkommen = (ausländische Einkünfte - ausländische Steuer) * (1 - individueller Steuersatz)

Da EK 01 entsteht, werden Interessengegensätze zwischen Anteilseignern mit unterschiedlichen Steuersätzen nicht vermieden. Die Neutralität der internationalen Besteuerung wird nicht erreicht, da die Wirkung der Freistellung im wirtschaftlichen Ergebnis bei der Ausschüttung aufgehoben wird.

3. Gegenüberstellung

Während bei unmittelbarem Bezug über eine Personengesellschaft dem Gesellschafter unabhängig vom persönlichen Steuersatz 50 verbleiben, wird bei mittelbarem Bezug über eine Kapitalgesellschaft die Bruttoausschüt-

---

27 Um eine eindeutige Terminologie festzulegen, werden im folgenden unter der Bruttoausschüttung die zu versteuernden Einkünfte des Anteilseigners verstanden. Die Ausschüttung ist die Bruttoausschüttung vermindert um das Steuerguthaben.

tung i.H.v. 50 dem persönlichen Steuersatz der Anteilseigner unterworfen. Dies führt dazu, daß ein Anteilseigner mit dem persönlichen Steuersatz von 0% bei mittelbarem Bezug der ausländischen Einkünfte über eine inländische Kapitalgesellschaft im Vergleich zum unmittelbaren Bezug über eine Personengesellschaft nicht schlechter gestellt wird. Einem Anteilseigner mit einem Steuersatz i.H.v. 50% verbleiben bei mittelbarem Bezug aber nur 25 gegenüber 50 bei unmittelbarem Bezug.
Die Rechtsformneutralität ist damit nicht gegeben.
Aus den steuerfreien werden durch die Ausschüttung steuerpflichtige Einkünfte, deren Betrag um die ausländische Steuer, die Kostencharakter bekommt, vermindert wird. Die Freistellung wandelt sich bei mittelbarem Bezug der ausländischen Einkünfte im wirtschaftlichen Ergebnis in einen Steuerabzug der ausländischen Steuer[28].
Der Vorteil des unmittelbaren Bezugs läßt sich folgendermaßen quantifizieren:

Vorteil = (ausländische Einkünfte - ausländische Steuer) * individueller Steuersatz

Aus Abb. 1 ist zu ersehen, daß der Nachteil des mittelbaren Bezugs der ausländischen Einkünfte gegenüber dem unmittelbaren Bezug mit steigendem Einkommensteuersatz der Anteilseigner zunimmt.

Abb. 1: Nettoeinkommen bei Freistellung ausländischer Einkünfte

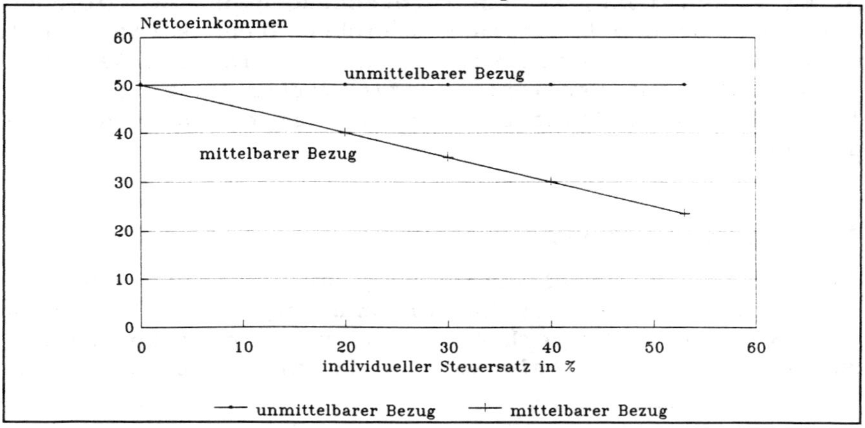

28 Vgl. Flick, Festschrift zur Vollendung des 80. Lebensjahres von Peter Scherpf, S. 324; Haase/Roßmayer, DStR 1991, 1128; Maas, BB 1976, 1508; Neyer, RIW 1980, 413; Telkamp, FR 1977, 319.

II. Anrechnung

Bei der Anrechnung wurden die direkte, die indirekte und die fiktive Anrechnung unterschieden[29].
Nimmt eine Kapitalgesellschaft die Anrechnung in Anspruch und bleibt eine Tarifbelastung i.S. § 27 Abs. 2 KStG bestehen, sind entstehende Eigenkapitalteile nach § 32 KStG aufzuteilen. Die Aufteilung der Eigenkapitalteile ist nach Abschn. 87 Abs. 2 und 3 bzw. auch nach Abschn. 88a Abs. 1 Nr. 2 KStR vorzunehmen. Die Bezugsgröße der Tarifbelastung ist nach Abschn. 86 Abs. 1 Satz 3 KStR die Summe aus dem aufzuteilenden Eigenkapitalzugang und dessen Tarifbelastung. Damit wird erreicht, daß die gesamte Tarifbelastung auf den Eigenkapitalzugang entfällt. Dies ist notwendig, damit nach Abschn. 88a Abs. 1 Nr. 2 Satz 3 KStR die ausländische Steuer nicht mit inländischer Steuer belastet wird[30].
Entsteht keine inländische Steuer, ist der Eigenkapitalzugang nach Abschn. 88a Abs. 1 Nr. 1 KStR wie bei der Freistellung in das EK 01 einzustellen.
Um die Wirkungsweise der Anrechnung darzustellen, werden jeweils zwei Beispiele vorgestellt.

1. Direkte Anrechnung

Bei der direkten Anrechnung können im Gegensatz zur indirekten Anrechnung auf die Steuerschuld nur ausländische Steuern angerechnet werden, die der inländische Steuerpflichtige selbst auf die ausländischen Einkünfte gezahlt hat.

---

29 Vgl. §3.C.II. dieser Arbeit (S. 76ff.).

30 Diese Regelung ist für die Kapitalgesellschaft und deren Anteilseigner vorteilhaft, da anderenfalls im Ausschüttungsfall die auf die ausländische Steuer entfallende inländische Körperschaftsteuer als Definitivsteuer verbleibt. Vgl. Widmann, JbFSt 1977/78, 312ff., der auf die Systemhaftigkeit dieser Regelung eingeht.

a) Wirkung bei Personengesellschaften

Beispiel 3: Unmittelbarer Bezug ausländischer Einkünfte und Anrechnung ausländischer Steuern (20%)

Steuersatz des unbeschränkt Einkommensteuerpflichtigen in Prozent	0	20	30	40	50
ausländische Einkünfte	100				
- ausländische Steuer (Steuersatz 20%)	20				
im Inland zu versteuern	100	100	100	100	100
inländische Einkommensteuer	0	20	30	40	50
Anrechnung (max. inländische Steuer)	0	20	20	20	20
verbleibende inländische Steuer	0	0	10	20	30
Nettoeinkommen	80	80	70	60	50

Beispiel 4: Unmittelbarer Bezug ausländischer Einkünfte und Anrechnung ausländischer Steuern (50%)

Steuersatz des unbeschränkt Einkommensteuerpflichtigen in Prozent	0	20	30	40	50
ausländische Einkünfte	100				
- ausländische Steuer (Steuersatz 50%)	50				
im Inland zu versteuern	100	100	100	100	100
inländische Einkommensteuer	0	20	30	40	50
Anrechnung (max. inländische Steuer)	0	20	30	40	50
verbleibende inländische Steuer	0	0	0	0	0
Nettoeinkommen	50	50	50	50	50

Die Steuervergünstigung bleibt endgültig, da die Einkünfte den Gesellschaftern unmittelbar zugerechnet werden. Falls kein Anrechnungsüberhang besteht, läßt sich das Nettoeinkommen durch folgende Formel quantifizieren:

Nettoeinkommen = ausländische Einkünfte * (1 - individueller Steuersatz)

Besteht ein Anrechnungsüberhang, entwickelt sich das Nettoeinkommen wie bei der Freistellung bei unmittelbarem Bezug.

Im Regelfall wird die Neutralität der internationalen Besteuerung erreicht.

Handelt es sich bei den ausländischen Einkünften um Ausschüttungen ausländischer Kapitalgesellschaften, ist die Neutralität der internationalen Besteuerung nicht immer gegeben. Sie ist gegeben, wenn das Ausland ein klassisches Körperschaftsteuersystem anwendet oder wenn die Maßnahmen zur Vermeidung bzw. Milderung der Doppelbelastung auf der Ebene der Kapitalgesellschaft ansetzen, da dann sämtliche Anteilseigner den Vorteil dieser Maßnahmen erlangen[31].
Dies soll kurz erläutert werden.
Wendet das Ausland ein klassisches Körperschaftsteuersystem an, ist durch die Anrechnung der ausländischen Quellensteuer die Neutralität gegeben, da die zweimalige Besteuerung durch das klassische System beabsichtigt ist. Die Neutralität der internationalen Besteuerung wird nicht verletzt, da das ausländische Körperschaftsteuersystem im Gegensatz zum inländischen Körperschaftsteuersystem die Doppelbelastung nicht vermeidet.
Dies gilt ebenso für Körperschaftsteuersysteme, welche die Doppelbelastung auf der Ebene der Kapitalgesellschaft vermeiden bzw. mildern. Hier wird durch die Anrechnung einer ggf. erhobenen Quellensteuer insgesamt das vom ausländischen Körperschaftsteuersystem beabsichtigte Belastungsniveau verwirklicht.
Vermeidet bzw. mildert das Ausland die Doppelbelastung durch Maßnahmen auf der Ebene der Anteilseigner, z.B. durch ein Körperschaftsteuersystem mit Anrechnungsverfahren, ist die zweimalige Besteuerung weder vom Inland noch vom Ausland beabsichtigt. Anteilseigner, die nicht in dem Staat der Kapitalgesellschaft unbeschränkt steuerpflichtig sind, gelangen aber nicht in den Genuß der Maßnahmen zur Milderung der Doppelbelastung, da diese nicht über die Grenze wirken[32]. Durch die Anrechnung

---

31 Menck weist darauf hin, daß das Körperschaftsteuerrecht der Bundesrepublik durch den gespaltenen Körperschaftsteuersatz einen Teil der Beseitigung der Doppelbelastung exportiert, da auch ausländische Anteilseigner diesen Vorteil erlangen. Vgl. Menck in Mössner u.a., Steuerrecht international tätiger Unternehmen, Rz. A 57.

32 Ausnahme: Nach Art. 20 Abs. 1 b) (bb) DBA Frankreich wird der avoir fiscal auch in der Bundesrepublik ansässigen, unbe-

der ausländischen Quellensteuer wird die Neutralität der internationalen Besteuerung nicht erreicht, da sie nur die dreimalige Besteuerung vermeidet.

b) Wirkung bei Kapitalgesellschaften

Auch Kapitalgesellschaften können ausländische Steuern auf die Körperschaftsteuer anrechnen, die auf die ausländischen Einkünfte entfällt. Nur die verbleibende inländische Steuer gilt als Tarifbelastung i.S. § 27 Abs. 2 KStG.

Beispiel 5: Mittelbarer Bezug ausländischer Einkünfte und Anrechnung ausländischer Steuern (20%)

Steuersatz des unbeschränkt Einkommensteuerpflichtigen in Prozent	0	20	30	40	50
ausländische Einkünfte	100				
- ausländische Steuer (Steuersatz 20%)	20				
im Inland zu versteuern	100				
inländische Körperschaftsteuer	50				
Anrechnung	20				
verbleibende inländische Steuer	30				
Thesaurierung Kapitalgesellschaft	50				
Aufteilung: EK 50	4,29				
EK 36	45,71				
+ Herstellung Ausschüttungsbelastung	1,2				
Ausschüttung	51,2				
+ Körperschaftsteuerguthaben	28,8				
= Bruttoausschüttung	80	80	80	80	80
- Einkommensteuer	0	16	24	32	40
Nettoeinkommen	80	64	56	48	40

schränkt steuerpflichtigen Anteilseignern gewährt. Damit wird bei Ausschüttungen aus Frankreich die Neutralität der internationalen Besteuerung erreicht.

Beispiel 6: Mittelbarer Bezug ausländischer Einkünfte und Anrechnung ausländischer Steuern (50%)

Steuersatz des unbeschränkt Einkommensteuerpflichtigen in Prozent	0	20	30	40	50
ausländische Einkünfte	100				
- ausländische Steuer (Steuersatz 50%)	50				
im Inland zu versteuern	100				
inländische Körperschaftsteuer	50				
Anrechnung	50				
verbleibende inländische Steuer	0				
Thesaurierung Kapitalgesellschaft	50				
Aufteilung: EK 01	50				
- Herstellung Ausschüttungsbelastung	18				
Ausschüttung	32				
+ Körperschaftsteuerguthaben	18				
= Bruttoausschüttung	50	50	50	50	50
- Einkommensteuer	0	10	15	20	25
Nettoeinkommen	50	40	35	30	25

Bei mittelbarem Bezug ausländischer Einkünfte beträgt das Nettoeinkommen allgemein:

Nettoeinkommen = (ausländische Einkünfte - ausländische Steuer) * (1 - individueller Steuersatz)

Da die ausländischen Einkünfte zu EK 01 bzw. EK 36 führen, werden Interessengegensätze zwischen Anteilseignern mit unterschiedlichen Steuersätzen nicht vermieden. Die Neutralität der internationalen Besteuerung wird nicht erreicht, da die Wirkung der direkten Anrechnung bei der Ausschüttung aufgehoben wird.

c) Gegenüberstellung

Bei der Anrechnung sind die ausländischen Einkünfte sowohl bei unmittelbarem als auch bei mittelbarem Bezug steuerpflichtig.

Wirtschaftlich wandelt sich bei mittelbarem Bezug im Ausschüttungsfall die anrechenbare Steuer in eine abziehbare Steuer[33]. Die Rechtsformneutralität wird daher nicht erreicht. Der Nachteil dieser Wandlung entspricht dem Vorteil des unmittelbaren Bezugs, sofern kein Anrechnungsüberhang besteht:

Vorteil = ausländische Steuer * (1 - individueller Steuersatz)

Aus Abb. 2 ist zu entnehmen, daß mit steigendem individuellem Steuersatz der absolute Nachteil sinkt. Der Nachteil in Prozent des Nettoeinkommens bleibt konstant.

Abb. 2: Nettoeinkommen bei Anrechnung ausländischer Steuern

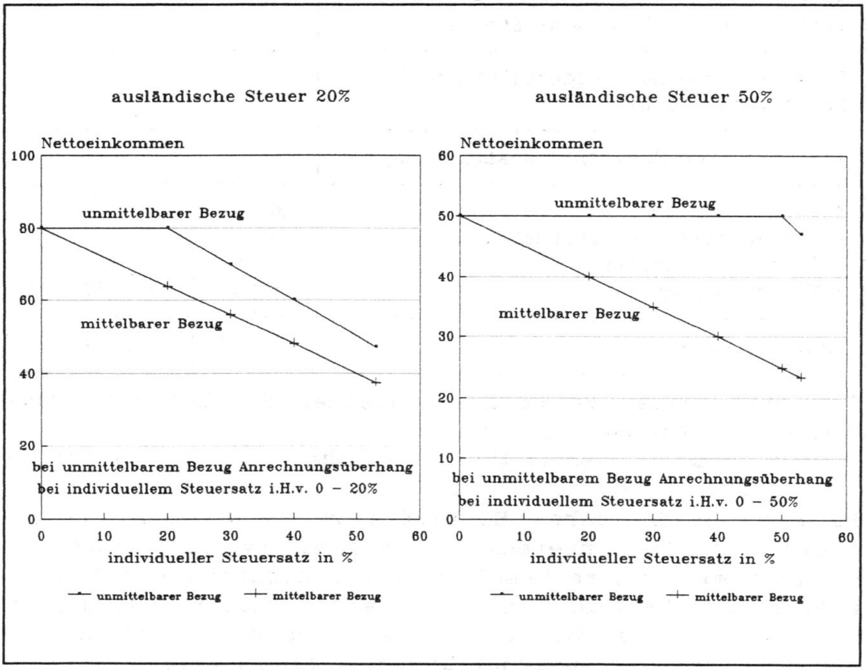

Diese Berechnung gilt ausschließlich, wenn die ausländischen Steuern bei unmittelbarem Bezug voll anrechen-

---

33 Vgl. Brezing/Krabbe/Lempenau/Mössner/Runge, Außensteuerrecht, § 26 KStG Rz. 15; Flick, Festschrift zur Vollendung des 80. Lebensjahres von Peter Scherpf, S. 324; Haase/Roßmayer, DStR 1991, 1128; Herzig, RIW 1978, 172; Kluge, Das deutsche internationale Steuerrecht, S. 86; Maas, BB 1976, 1508; Telkamp, FR 1977, 319.

bar sind, d.h. keine Anrechnungsüberhänge bestehen. Besteht ein Anrechnungsüberhang, ist die Berechnung wie bei der Freistellung durchzuführen. Dies ist sinnvoll, da in diesem Fall die Anrechnung wirtschaftlich auf eine Freistellung hinausläuft.

2. Indirekte Anrechnung

Im Gegensatz zur direkten Anrechnung kann bei der indirekten Anrechnung zusätzlich die von der ausländischen Tochtergesellschaft gezahlte ausländische Körperschaftsteuer auf die Steuerschuld der Muttergesellschaft angerechnet werden. Die indirekte Anrechnung gilt ausschließlich für Ausschüttungen ausländischer Tochter- und Enkelgesellschaften an inländische Kapitalgesellschaften[34]. Der Vergleich zwischen der indirekten Anrechnung bei unmittelbarem und mittelbarem Bezug kann daher nicht durchgeführt werden. Vergleichsobjekt kann nur die Behandlung von Ausschüttungen ausländischer Kapitalgesellschaften bei unmittelbarem Bezug und die Behandlung bei mittelbarem Bezug und der Inanspruchnahme der indirekten Anrechnung sein.
Die indirekte Anrechnung ist anwendbar, wenn kein DBA besteht bzw. wenn die Gewinnanteile nicht bereits nach dem DBA von der Bemessungsgrundlage der deutschen Steuer auszunehmen sind[35]. Bei unmittelbarem Bezug ist nur die Möglichkeit der direkten Anrechnung gegeben[36]. Diese Möglichkeit wurde bereits in Abschnitt §5.B.II.1. (S. 121ff.) dieser Arbeit untersucht.
Bei mittelbarem Bezug über eine inländische Kapitalgesellschaft können die direkte und die indirekte Anrechnung kumulativ in Anspruch genommen werden.

---

34 Baranowski, Besteuerung von Auslandsbeziehungen, S. 392ff.; Müller-Dott in Flick/Wassermeyer/Becker, § 26 KStG Rz. 278; Haberstock, Die Steuerplanung der internationalen Unternehmung, S. 63ff.; Rose, Betrieb und Steuer, Grundzüge des internationalen Steuerrechts, S. 71f.; Wöhe, Betriebswirtschaftliche Steuerlehre, Bd. II/2, S. 270.

35 Abschn. 76 Abs. 3 KStR.

36 Baranowski, Besteuerung von Auslandsbeziehungen, S. 140f..

Beispiel 7: Mittelbarer Bezug von Ausschüttungen ausländischer Tochtergesellschaften (TG) und kumulative Inanspruchnahme der direkten und indirekten Anrechnung ausländischer Steuern

Beteiligung an der ausländischen TG 100%

Steuersatz des unbeschränkt Einkommensteuerpflichtigen in Prozent	0	20	30	40	50
Gewinn der ausländischen TG (vor Steuern)	200				
- ausländische Körperschaftsteuer (50%)	100				
= Ausschüttung der ausländischen TG	100				
- ausländische Quellensteuer (20%)	20				
Nettoausschüttung an inländische Kapitalgesellschaft	80				
+ ausländische Quellensteuer	20				
+ Aufstockungsbetrag[37]	60				
= im Inland zu versteuern	160				
inländische Körperschaftsteuer	80				
anrechenbare Quellensteuer	20				
indirekte Anrechnung	60				
verbleibende inländische Steuer	0				
Thesaurierung Kapitalgesellschaft	80				
Aufteilung: EK 01	80				
- Herstellung Ausschüttungsbelastung	28,8				
Ausschüttung	51,2				
+ Körperschaftsteuerguthaben	28,8				
= Bruttoausschüttung	80	80	80	80	80
- Einkommensteuer	0	16	24	32	40
Nettoeinkommen	80	64	56	48	40

37 100/50 * 30 = 60. Die Steuer, die neben der Quellensteuer i.H.v. 20 noch angerechnet werden kann, wenn die steuerpflichtigen Einkünfte 100 betragen, beträgt 30. Das Zweifache dieses Betrages ist der Aufstockungsbetrag, da auch der Aufstockungsbetrag der Körperschaftsteuer unterliegt. (Vgl. Abschn. 76 Abs. 16 KStR; Baranowski, Besteuerung von Auslandsbeziehungen, S. 405f.; Brezing/Krabbe/Lempenau/Mössner/Runge, Außensteuerrecht, § 26 KStG Rz. 53; Dötsch/Gottstein/Stegmüller/Zenthöfer, Körperschaftsteuer, Rz. 840; Wilke, Lehrbuch des internationalen Steuerrechts, Rz. 142ff.).

Da EK 01 entsteht, werden Interessengegensätze zwischen Anteilseignern mit unterschiedlichen Steuersätzen nicht vermieden.
Das Nettoeinkommen der Anteilseigner bei mittelbarem Bezug von Ausschüttungen ausländischer Tochtergesellschaften und kumulativer Inanspruchnahme der direkten und indirekten Anrechnung entspricht damit demjenigen im entsprechend ausgestalteten Beispiel 5 (S. 124). Im Beispiel 5 wird bei mittelbarem Bezug ausländischer Einkünfte nur die direkte Anrechnung in Anspruch genommen. Wie bei der direkten Anrechnung ist die Neutralität der internationalen Besteuerung damit nicht gegeben, da die Wirkung der direkten und der indirekten Anrechnung bei der Ausschüttung aufgehoben wird.
Die Neutralität der internationalen Besteuerung wird allerdings nicht durch die Aufhebung der Wirkung der indirekten Anrechnung beeinträchtigt. Wenn das Ausland ein klassisches Körperschaftsteuersystem anwendet bzw. ein System, welches die Doppelbelastung auf der Ebene der Kapitalgesellschaft vermeidet bzw. mildert, wäre die Neutralität gegeben, wenn die Wirkung der direkten Anrechnung bei der Ausschüttung nicht aufgehoben würde[38].
Bei mittelbarem Bezug bringt im Ausschüttungsfall die kumulative Inanspruchnahme der direkten und indirekten Anrechnung gegenüber der ausschließlichen Inanspruchnahme der direkten Anrechnung keinen Vorteil. Beide wandeln sich bei Ausschüttung der Gewinne wirtschaftlich in einen Steuerabzug. Die Ursache liegt in § 27 Abs. 2 KStG, der festlegt, daß nur inländische Körperschaftsteuer an die Anteilseigner weitergegeben werden kann.
Die Gegenüberstellung zwischen unmittelbarem und mittelbarem Bezug gelangt daher zu dem gleichen Ergebnis wie die Gegenüberstellung bei der direkten Anrechnung[39].

---

38 Vgl. §5.B.II.1.a) dieser Arbeit (S. 123f.).

39 Vgl. §5.B.II.1.c) dieser Arbeit (S. 125ff.). Die Quantifizierungsformeln lassen sich nicht ohne Erläuterungen übertragen, da die Beträge der ausländischen Einkünfte und der ausländischen Steuern zwischen unmittel- und mittelbarem Bezug wegen des Aufstockungsbetrages differieren. Die Formeln für die

Auch bei der kumulativen direkten und indirekten Anrechnung ist der unmittelbare Bezug von Ausschüttungen ausländischer Kapitalgesellschaften vorteilhafter als der mittelbare Bezug über eine inländische Kapitalgesellschaft, wenn die Einkünfte sofort an die Anteilseigner weitergeleitet werden. Die Rechtsformneutralität ist damit nicht gegeben.
Besteht bei unmittelbarem Bezug kein Anrechnungsüberhang, beträgt der Vorteil:

Vorteil = ausländische Steuer * (1 - individueller Steuersatz)

In der Formel umfaßt der Begriff ausländische Steuer nur die direkt angerechnete ausländische Steuer.
Besteht bei unmittelbarem Bezug ein Anrechnungsüberhang, ist der unmittelbare Bezug um den bei der Freistellung errechneten Vorteil günstiger, nämlich:

Vorteil = (ausländische Einkünfte - ausländische Steuer) * individueller Steuersatz

Auch in dieser Formel entspricht die ausländische Steuer der direkt angerechneten ausländischen Steuer. Die Einkünfte umfassen ausschließlich die Ausschüttung der Kapitalgesellschaft, nicht den Aufstockungsbetrag. Diese Angaben beziehen sich auf eine sofortige Ausschüttung dieser Gewinne. Im Thesaurierungsfall bleibt der Vorteil der kumulativen direkten und indirekten Anrechnung gegenüber der bei unmittelbarem Bezug ausschließlich möglichen direkten Anrechnung für den Thesaurierungszeitraum bestehen. Nur Kapitalgesellschaften können die indirekte Anrechnung in Anspruch nehmen. Bei entsprechend langer Thesaurierung kann der Zinsgewinn aus diesem Vorteil den Nachteil des mittelbaren Bezugs über eine inländische Kapitalgesellschaft überkompensieren. Dieser Nachteil besteht darin, daß die Wirkung der Maßnahmen zur Vermeidung bzw. Milderung der Doppelbesteuerung bei der Ausschüttung aufgehoben wird.

Nettoeinkünfte sind zwar jeweils anwendbar, die daraus abgeleitete Formel für den Vorteil ist aber nur mit Erläuterungen anwendbar, da die Beträge für die ausländischen Steuern bei direkter und indirekter Anrechnung nicht übereinstimmen.

3. Fiktive Anrechnung

a) Quasi-Schachtelprivileg

Das Quasi-Schachtelprivileg nach § 26 Abs. 3 KStG wird nur bei mittelbarem Bezug der Ausschüttungen von Tochtergesellschaften in Entwicklungsländern gewährt. Daher ist kein Vergleich des Quasi-Schachtelprivilegs bei unmittelbarem und mittelbarem Bezug möglich. Verglichen werden kann nur die Behandlung von Ausschüttungen ausländischer Kapitalgesellschaften bei unmittelbarem Bezug und die Behandlung bei mittelbarem Bezug mit Inanspruchnahme des Quasi-Schachtelprivilegs.

Das Quasi-Schachtelprivileg ist i.d.R. nur bei Einkünften aus Staaten von Bedeutung, mit denen kein DBA besteht[40]. Bei unmittelbarem Bezug besteht die Möglichkeit der direkten Anrechnung[41]. Diese Methode wurde in Abschnitt §5.B.II.1.a) dieser Arbeit (S. 122ff.) in den Beispielen 3 und 4 erläutert.

Inländischen Kapitalgesellschaften wird das Quasi-Schachtelprivileg gewährt, das im Ergebnis zur Freistellung der Ausschüttungen von deutscher Körperschaftsteuer führt.

Da EK 01 entsteht, werden Interessengegensätze zwischen Anteilseignern mit unterschiedlichen Steuersätzen nicht vermieden.

---

40 Besteht mit dem Staat ein DBA, sind die Einkünfte i.d.R. bereits nach dem DBA ggf. i.V.m. § 26 Abs. 7 KStG steuerfrei gestellt (Dötsch/Gottstein/Stegmüller/Zenthöfer, Körperschaftsteuer, Rz. 841). Wenn ein DBA besteht, ist das Quasi-Schachtelprivileg anzuwenden, wenn die Gewinnanteile nicht bereits nach dem DBA von der Bemessungsgrundlage der deutschen Steuer auszunehmen sind (Abschn. 76 Abs. 3 KStR).

41 Die Möglichkeit der fiktiven direkten Anrechnung bei unmittelbarem Bezug wird in diesem Vergleich nicht berücksichtigt. Wird eine fiktive direkte Anrechnung gewährt, erhöht sich der Vorteil des unmittelbaren Bezugs unter der Voraussetzung, daß kein Anrechnungsüberhang besteht.

Beispiel 8: Mittelbarer Bezug der Ausschüttungen von Tochtergesellschaften (TG) in Entwicklungsländern und Inanspruchnahme des Quasi-Schachtelprivilegs

Steuersatz des unbeschränkt Einkommensteuerpflichtigen in Prozent	0	20	30	40	50
Ausschüttung der TG in Entwicklungsländern	100				
- ausländische Quellensteuer (20%)	20				
= Nettoausschüttung an inländische Kapitalgesellschaft	80				
Fiktion, die anzurechnende ausländische Steuer entspricht der deutschen Körperschaftsteuer->verbleibende inländische Steuer 0					
Thesaurierung Kapitalgesellschaft	80				
Aufteilung: EK 01	80				
- Herstellung Ausschüttungsbelastung	28,8				
Ausschüttung	51,2				
+ Körperschaftsteuerguthaben	28,8				
= Bruttoausschüttung	80	80	80	80	80
- Einkommensteuer	0	16	24	32	40
Nettoeinkommen	80	64	56	48	40

Bei mittelbarem Bezug über eine inländische Kapitalgesellschaft und der Inanspruchnahme des Quasi-Schachtelprivilegs entspricht das Nettoeinkommen der Anteilseigner damit demjenigen des entsprechend ausgestalteten Beispiels 5 (S. 124), in dem bei mittelbarem Bezug nur die direkte Anrechnung in Anspruch genommen wurde. Die Inanspruchnahme des Quasi-Schachtelprivilegs statt der direkten Anrechnung bringt für das Nettoeinkommen der Anteilseigner bei mittelbarem Bezug keine Verbesserung. Beide Vergünstigungen, Quasi-Schachtelprivileg und direkte Anrechnung, wandeln sich im Ausschüttungsfall wirtschaftlich in einen bloßen Steuerabzug der effektiv gezahlten ausländischen Steuer.
Wie bei der direkten Anrechnung ist die Neutralität der internationalen Besteuerung damit nicht gegeben, da die Wirkung des Quasi-Schachtelprivilegs bei der Ausschüttung aufgehoben wird und auch die direkt anrechenbaren ausländischen Steuern nicht wie bei unmittelbarem Bezug

berücksichtigt werden. Entscheidend für die Verletzung der Neutralität der internationalen Besteuerung ist nicht die Aufhebung der Wirkung des Quasi-Schachtelprivilegs. Wenn das Ausland ein klassisches Körperschaftsteuersystem anwendet oder ein Körperschaftsteuersystem, welches die Doppelbelastung auf der Ebene der Kapitalgesellschaft vermeidet bzw. mildert, würde die Neutralität der internationalen Besteuerung erreicht, wenn die Wirkung der direkten Anrechnung von ausländischen Quellensteuern bei mittelbarem Bezug über eine Kapitalgesellschaft bestehen bliebe[42].

Die Gegenüberstellung des mittel- und unmittelbaren Bezugs gelangt daher zu dem gleichen Ergebnis wie diejenige bei der direkten Anrechnung[43]. Die Rechtsformneutralität ist nicht gegeben.

Das Nettoeinkommen bei unmittelbarem Bezug und Inanspruchnahme der direkten Anrechnung beträgt, wenn kein Anrechnungsüberhang besteht:

Nettoeinkommen = ausländische Einkünfte * (1 - individueller Steuersatz)

Besteht ein Anrechnungsüberhang, beträgt das Nettoeinkommen:

Nettoeinkommen = ausländische Einkünfte - ausländische Steuer

Bei mittelbarem Bezug beträgt das Nettoeinkommen:

Nettoeinkommen = (ausländische Einkünfte - ausländische Steuer[44]) * (1 - individueller Steuersatz)

Der Vorteil des unmittelbaren Bezugs beträgt, wenn kein Anrechnungsüberhang besteht:

Vorteil = ausländische Steuer * (1 - individueller Steuersatz)

Existiert bei unmittelbarem Bezug ein Anrechnungsüberhang, beträgt der Vorteil des unmittelbaren Bezugs[45]:

Vorteil = (ausländische Einkünfte - ausländische Steuer) * individueller Steuersatz

Diese Ergebnisse beziehen sich auf eine sofortige Ausschüttung der begünstigten Einkünfte. In diesem Fall ist der mittelbare Bezug über eine inländische Kapital-

---

42 Vgl. §5.B.II.1.a) dieser Arbeit (S. 123f.).

43 Vgl. §5.B.II.1.c) dieser Arbeit (S. 125ff.).

44 Damit ist die direkt anrechenbare Steuer gemeint.

45 Besteht ein Anrechnungsüberhang, entspricht der Vergleich Anrechnung bei unmittelbarem Bezug und Quasi-Schachtelprivileg bei mittelbarem Bezug dem Vergleich bei der Freistellung. Vgl. daher die Gegenüberstellung bei der Freistellung in Abschnitt §5.B.I.3. dieser Arbeit (S. 119f.).

gesellschaft, bei dem sich das Quasi-Schachtelprivileg wirtschaftlich in einen Steuerabzug wandelt, gegenüber dem unmittelbaren Bezug, bei dem nur die Anrechnung gewährt wird, die aber auch im Entnahmefall wirksam bleibt, nachteilig. Bei entsprechend langer Thesaurierung kann der Zinsvorteil aus dem Thesaurierungsvorteil des Quasi-Schachtelprivilegs diesen Nachteil überkompensieren.

b) Fiktive direkte Anrechnung

Die fiktive direkte Anrechnung wird bei unmittelbarem und mittelbarem Bezug ausländischer Einkünfte gewährt, d.h. sowohl im Einkommen- als auch im Körperschaftsteuerrecht, sofern sie im DBA vorgesehen ist. Damit können die Auswirkungen der fiktiven direkten Anrechnung in einem direkten Vergleich ermittelt werden.

aa) Wirkung bei Personengesellschaften

Beispiel 9: Unmittelbarer Bezug ausländischer Einkünfte und Inanspruchnahme der fiktiven direkten Anrechnung

nach DBA anrechenbare Quellensteuer 20%

-> fiktive Anrechnung i.H.v. 10%

Steuersatz des unbeschränkt Einkommensteuerpflichtigen in Prozent	0	20	30	40	50
ausländische Einkünfte	100				
- gezahlte ausländische Quellensteuer (10%)	10				
im Inland zu versteuern	100	100	100	100	100
- inländische Einkommensteuer	0	20	30	40	50
anrechenbare ausländische Steuer	0	20	20	20	20
verbleibende inländische Steuer	0	0	10	20	30
Nettoeinkommen	90	90	80	70	60

Eine Quantifizierung ist folgendermaßen möglich:
Falls kein Anrechnungsüberhang besteht:

Nettoeinkommen = ausländische Einkünfte * (1 - individueller Steuersatz) + fiktive Anrechnung

Falls ein Anrechnungsüberhang besteht:

Nettoeinkommen = ausländische Einkünfte - gezahlte ausländische Quellensteuer

Die Neutralität der internationalen Besteuerung ist bei der fiktiven direkten Anrechnung kein geeignetes Kriterium. Ziel der fiktiven direkten Anrechnung ist es, Auslandsengagements in Entwicklungsländern zu begünstigen[46]. Dieses Ziel wird erreicht.

bb) Wirkung bei Kapitalgesellschaften

Da EK 01 und EK 36 entstehen, werden Interessengegensätze zwischen Anteilseignern mit unterschiedlichen Steuersätzen nicht vermieden.
Die z.Zt. gültige gesetzliche Regelung erreicht nicht das Ziel, Auslandsengagements in Entwicklungsländern zu begünstigen, da die Anrechnungswirkung der fiktiv und der effektiv gezahlten ausländischen Steuern bei der Ausschüttung aufgehoben wird.
Eine Quantifizierung ist wie folgt möglich:

Nettoeinkommen = (ausländische Einkünfte - gezahlte ausländische Steuer) * (1 - individueller Steuersatz)

---

46 Denkl, RIW 1979, 322; Prang, Die Vertragspolitik der Bundesrepublik Deutschland beim Abschluß von Doppelbesteuerungsabkommen, S. 137ff..

Beispiel 10: Mittelbarer Bezug ausländischer Einkünfte und Inanspruchnahme der fiktiven direkten Anrechnung

nach DBA anrechenbare Quellensteuer 20%
-> fiktive Anrechnung i.H.v. 10%

Steuersatz des unbeschränkt Einkommensteuerpflichtigen in Prozent	0	20	30	40	50
ausländische Einkünfte	100				
- gezahlte ausländische Quellensteuer (10%)	10				
= Nettoausschüttung an inländische Kapitalgesellschaft	90				
im Inland zu versteuern	100				
inländische Körperschaftsteuer	50				
anrechenbare ausländische Steuer	20				
verbleibende inländische Steuer	30				
Thesaurierung Kapitalgesellschaft[47]	60				
Aufteilung: EK 36	53,33				
EK 01	6,67				
- Herstellung Ausschüttungsbelastung	2,4				
Ausschüttung	57,6				
+ Körperschaftsteuerguthaben	32,4				
= Bruttoausschüttung	90	90	90	90	90
- Einkommensteuer	0	18	27	36	45
Nettoeinkommen	90	72	63	54	45

cc) Gegenüberstellung

Bei unmittelbarem Bezug ausländischer Einkünfte bleibt der Vorteil der Anrechnung der effektiv gezahlten und der fiktiven ausländischen Steuer bestehen. Zu einer Minderung des Vorteils kommt es nur, wenn ein Anrechnungsüberhang besteht.

---

47 Vgl. zur Ermittlung der Tarifbelastung und der Teilbeträge des verwendbaren Eigenkapitals bei der fiktiven direkten Anrechnung: Denkl, RIW 1979, 324; Dötsch, DB 1979, 1479; Müller-Dott, BB 1978, 1110f..

Bei mittelbarem Bezug ausländischer Einkünfte über eine inländische Kapitalgesellschaft geht im Ausschüttungsfall die Anrechnungswirkung der effektiv gezahlten und der fiktiven Steuer verloren. Wirtschaftlich wandelt sich die Anrechnung in einen Steuerabzug der effektiv gezahlten ausländischen Steuer. Daher ist die Rechtsformneutralität nicht gegeben.

Aus der Gegenüberstellung der Nettoeinkommen ergibt sich folgende Quantifizierung des Vorteils des unmittelbaren Bezugs gegenüber dem mittelbaren:

Besteht bei unmittelbarem Bezug ein Anrechnungsüberhang, beträgt der Vorteil:

Vorteil = (ausländische Einkünfte - gezahlte ausländische Steuer) * individueller Steuersatz

Besteht kein Anrechnungsüberhang, beträgt der Vorteil:

Vorteil = gezahlte ausländische Steuer * (1 - individueller Steuersatz) + fiktive Anrechnung

Aus Abb. 3 ist ersichtlich, daß der Vorteil mit steigendem individuellem Steuersatz steigt, solange bei unmittelbarem Bezug ein Anrechnungsüberhang besteht. Besteht kein Anrechnungsüberhang, wird mit steigendem Steuersatz der absolute Vorteil geringer, der relative Vorteil in Prozent des Nettoeinkommens steigt.

Abb. 3: Nettoeinkommen bei der fiktiven direkten Anrechnung

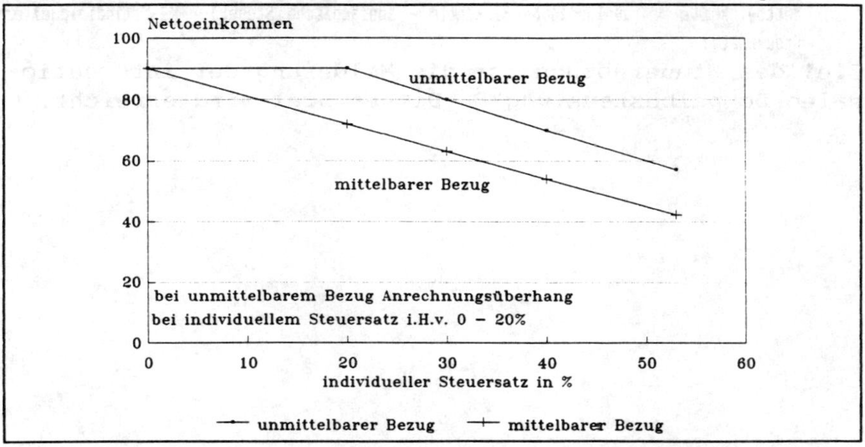

III. Steuerabzug

Der Steuerabzug wird bei unmittelbarem und mittelbarem Bezug ausländischer Einkünfte gewährt. Der wirtschaftliche Effekt kann daher in einem direkten Vergleich ermittelt werden.

1. Wirkung bei Personengesellschaften

Beispiel 11: Unmittelbarer Bezug ausländischer Einkünfte und Abzug ausländischer Steuern

Steuersatz des unbeschränkt Einkommensteuerpflichtigen in Prozent	0	20	30	40	50
ausländische Einkünfte	100				
- Abzug der ausländischen Steuer (20%)	20				
im Inland zu versteuern	80	80	80	80	80
- inländische Einkommensteuer	0	16	24	32	40
Nettoeinkommen	80	64	56	48	40

Allgemein läßt sich das Nettoeinkommen wie folgt quantifizieren:

Nettoeinkommen = (ausländische Einkünfte - ausländische Steuer) * (1 - individueller Steuersatz)

Ziel des Steuerabzugs ist die Milderung der internationalen Doppelbesteuerung[48]. Dieses Ziel wird erreicht.

48 BRDrucks 511/79, 19f..

2. Wirkung bei Kapitalgesellschaften

Beispiel 12: Mittelbarer Bezug ausländischer Einkünfte und Abzug ausländischer Steuern

Steuersatz des unbeschränkt Einkommensteuerpflichtigen in Prozent	0	20	30	40	50
ausländische Einkünfte	100				
- Abzug der ausländischen Steuer (20%)	20				
= im Inland zu versteuern	80				
inländische Körperschaftsteuer	40				
Thesaurierung Kapitalgesellschaft	40				
Aufteilung: EK 50	40				
+ Herstellung Ausschüttungsbelastung	11,2				
Ausschüttung	51,2				
+ Körperschaftsteuerguthaben	28,8				
= Bruttoausschüttung	80	80	80	80	80
- Einkommensteuer	0	16	24	32	40
Nettoeinkommen	80	64	56	48	40

Das Nettoeinkommen läßt sich allgemein folgendermaßen quantifizieren:

Nettoeinkommen = (ausländische Einkünfte - ausländische Steuer) * (1 - individueller Steuersatz)

Da nur EK 50 entsteht, werden Interessengegensätze zwischen Anteilseignern mit unterschiedlichen Steuersätzen vermieden.

Das Ziel des Steuerabzugs, die Milderung der Doppelbesteuerung[49], wird erreicht.

3. Gegenüberstellung

Die vorhergehenden Maßnahmen zur Vermeidung der Doppelbesteuerung wandelten sich wirtschaftlich bei mittelbarem Bezug im Ausschüttungsfall in einen bloßen Steuerabzug. Die Wirkung des Steuerabzugs bleibt bei mittelbarem Bezug im Ausschüttungsfall erhalten[50]. Damit

---

49 BRDrucks 511/79, 19f..

50 Insoweit unzutreffend Commandeur, Berücksichtigung ausländischer Steuern im deutschen Einkommen- und Körperschaftsteuer-

entspricht die Wirkung des Steuerabzugs bei mittelbarem Bezug ausländischer Einkünfte wirtschaftlich demjenigen bei unmittelbarem Bezug. Die Rechtsformneutralität wird erreicht.

Abb. 4: Nettoeinkommen bei Steuerabzug

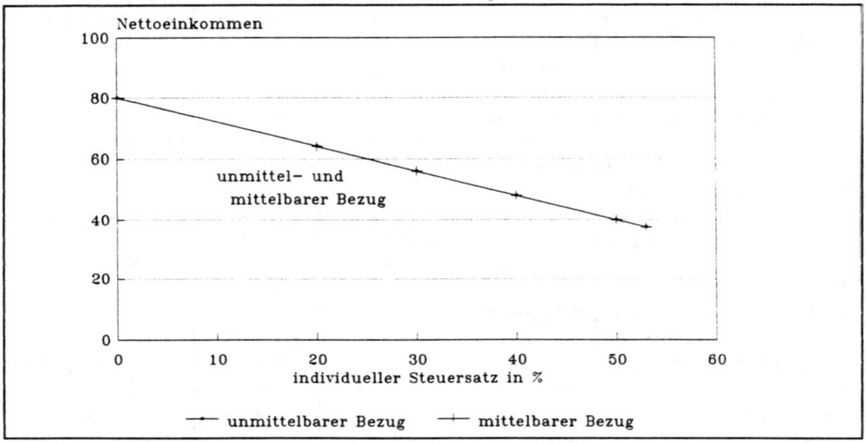

IV. Pauschalierung

Die Pauschalierung nach dem Pauschalierungserlaß ist sowohl im Einkommen- als auch im Körperschaftsteuerrecht für bestimmte Einkünfte aus Staaten zulässig, mit denen kein DBA besteht[51]. Als Alternative kommt die Anrechnung in Frage[52].

1. Wirkung bei Personengesellschaften

Bei unmittelbarem Bezug ist die Pauschalierung gegenüber der Anrechnung erst ab einem bestimmten individuellen Steuersatz vorteilhaft. Daher werden bei unmittelbarem Bezug beide Möglichkeiten, Pauschalierung und Anrechnung, berücksichtigt.

---

recht, S. 191; Jacobs, Internationale Unternehmensbesteuerung, S. 152f..

51 BMF v. 10.4.1984, BStBl I 1984, 252, 253.

52 Michels, DB 1981, 22ff..

Beispiel 13: Unmittelbarer Bezug ausländischer Einkünfte und Pauschalierung der Steuer

Steuersatz des unbeschränkt Einkommensteuerpflichtigen in Prozent	0	20	30	40	50
ausländische Einkünfte	100				
- ausländische Steuer (Steuersatz 20%)	20				
- pauschale Steuer i.H.v. 25%	25				
Nettoeinkommen	55	55	55	55	55

Beispiel 14: Unmittelbarer Bezug ausländischer Einkünfte und Anrechnung ausländischer Steuern

Steuersatz des unbeschränkt Einkommensteuerpflichtigen in Prozent	0	20	30	40	50
ausländische Einkünfte	100				
- ausländische Steuer (Steuersatz 20%)	20				
im Inland zu versteuern	100	100	100	100	100
inländische Einkommensteuer	0	20	30	40	50
Anrechnung (max. inländische Steuer)	0	20	20	20	20
verbleibende inländische Steuer	0	0	10	20	30
Nettoeinkommen	80	80	70	60	50

In dem Beispiel ist die Pauschalierung ab einem individuellen Steuersatz i.H.v. 45% vorteilhaft.

Für die Quantifizierung des Nettoeinkommens können daher drei verschiedene Formeln unterschieden werden.

Die Anrechnung ist vorteilhaft und es besteht ein Anrechnungsüberhang:

Nettoeinkommen = ausländische Einkünfte - ausländische Steuer

Die Anrechnung ist vorteilhaft, es existiert kein Anrechnungsüberhang:

Nettoeinkommen = ausländische Einkünfte * (1 - individueller Steuersatz)

Die Pauschalierung ist vorteilhaft:

Nettoeinkommen = (0,75 ausländische Einkünfte) - ausländische Steuer

Ziel der Pauschalierung ist es, ausländische Steuervergünstigungen durch die inländische Besteuerung nicht aufzuheben[53]. Dieses Ziel wird erreicht.

---

53 Vgl. BVerfGE Bd. 48, 210, 225f.; Debatin, DStZ 1959, 303f. und FR 1970, 5; Flick/Wassermeyer/Lüdicke in Flick/Wassermeyer/

2. Wirkung bei Kapitalgesellschaften

Bei der Pauschalierung bei mittelbarem Bezug ausländischer Einkünfte über eine Kapitalgesellschaft besteht die Besonderheit, daß die Tarifbelastung des Zugangs zum verwendbaren Eigenkapital auf die ausländischen Einkünfte einschließlich der ausländischen Steuer bezogen wird und daher immer 25% beträgt. Die auf die ausländische Steuer entfallende inländische Körperschaftsteuer wird zur Definitivbelastung[54]. Durch die Definitivbelastung ist die Pauschalierung bei sofortiger Ausschüttung gegenüber der Anrechnung[55] und dem Abzug der ausländischen Steuer nachteilig[56].
Trotz der Definitivsteuer kann die Pauschalierung gegenüber Anrechnung und Abzug vorteilhaft sein, wenn bei ausreichend langer Thesaurierung der Zinsvorteil aus einem eventuell gegebenen Thesaurierungsvorteil diesen Nachteil überkompensiert[57].

Becker, § 34c EStG Rz. 252f.; Haberstock, Die Steuerplanung der internationalen Unternehmung, S. 44f.; Wilke, Lehrbuch des internationalen Steuerrechts, Rz. 86.

54 Vgl. Abschn. 88a Abs. 1 Nr. 4 KStR; Brezing/Krabbe/Lempenau/Mössner/Runge, Außensteuerrecht, § 26 KStG Rz. 22; Dötsch/Gottstein/Stegmüller/Zenthöfer, Körperschaftsteuer, Rz. 1333f.; Fischer/Warneke, Internationale betriebswirtschaftliche Steuerlehre, S. 152f.; kritisch dazu: Herzig, RIW 1978, 173f., Piltz, DB 1977, 327; Telkamp, FR 1977, 317.

55 Herzig, RIW 1978, 172f.; Müller-Dott, BB 1984, 525; Widdau, Die Quantifizierung der Steuerbelastung im internationalen Bereich, S. 81ff..

56 Da Anrechnung und Abzug der ausländischen Steuer bei sofortiger Ausschüttung zu gleichen Ergebnissen führen, gilt dies auch für den Abzug. (Vgl. das Nettoeinkommen der Beispiele 5 (S. 124) und 12 (S. 139)). Der Vorteil der Anrechnung oder des Abzugs gegenüber der Pauschalierung entspricht der auf die ausländische Steuer entfallenden Definitivsteuer * (1 - individueller Steuersatz). Die Formel für den Vorteil der Anrechnung oder des Abzugs gegenüber der Pauschalierung ist:
Vorteil = 25/75 ausländische Steuer * (1 - individueller Steuersatz)

57 Vgl. Herzig, RIW 1978, 173; Eine Quantifizierung erfolgt bei Widdau, Die Quantifizierung der Steuerbelastung im internationalen Bereich, S. 87ff..

Beispiel 15: Mittelbarer Bezug ausländischer Einkünfte und Pauschalierung der Steuer

Steuersatz des unbeschränkt Einkommensteuerpflichtigen in Prozent	0	20	30	40	50
ausländische Einkünfte	100				
- ausländische Steuer (20%)	20				
im Inland zu versteuern	100				
- pauschale Steuer i.H.v. 25%	25				
- ausländische Steuer	20				
Thesaurierung Kapitalgesellschaft	55				
Aufteilung[58]: EK 36	32,59				
EK 01	22,41				
- Herstellung Ausschüttungsbelastung	8,1				
Ausschüttung	46,9				
+ Körperschaftsteuerguthaben	26,4				
= Bruttoausschüttung	73,3	73,3	73,3	73,3	73,3
- Einkommensteuer	0	14,7	22	29,3	36,7
Nettoeinkommen[59]	73,3	58,7	51,3	44	36,7

Durch die Entstehung von EK 01 und EK 36 werden Interessengegensätze zwischen Anteilseignern mit unterschiedlichen Steuersätzen nicht vermieden.
Das Ziel der Pauschalierung, ausländische Steuervergünstigungen durch die inländische Besteuerung nicht aufzuheben, wird nicht erreicht. Im Gegenteil, verglichen mit der direkten Anrechnung ausländischer Steuern ist das Nettoeinkommen der Anteilseigner bei der Pauschalierung sogar niedriger.

58 Vgl. zur Ermittlung des verwendbaren Eigenkapitals: Abschn. 88a Abs. 1 Nr. 4 KStR; BMF v. 7.6.1984, BStBl I 1984, 369, 372; Bullinger, RIW 1983, 932f.; Dötsch/Gottstein/Stegmüller/Zenthöfer, Körperschaftsteuer, Rz. 1333f.; Jost, DB 1984, 1594; Wilke, IWB, Fach 3 Deutschland, Gruppe 4, 297.

59 Differenzen entstehen durch Rundung.

Das Nettoeinkommen läßt sich allgemein wie folgt quantifizieren:

Nettoeinkommen = (ausländische Einkünfte - 100/75 ausländische Steuer[60]) * (1 - individueller Steuersatz)

3. Gegenüberstellung

Bei der Gegenüberstellung sind drei Fälle zu unterscheiden, da bei unmittelbarem Bezug drei verschiedene Formeln für das Nettoeinkommen entwickelt wurden.
Ist für den Einkommensteuerpflichtigen bei unmittelbarem Bezug die Anrechnung am günstigsten und besteht ein Anrechnungsüberhang, beträgt der Vorteil des unmittelbaren Bezugs gegenüber dem mittelbaren:

Vorteil = ausländische Einkünfte * individueller Steuersatz + ausländische Steuer * (25/75 - 100/75 individueller Steuersatz)

Nimmt der Einkommensteuerpflichtige die Anrechnung in Anspruch und besteht kein Anrechnungsüberhang, beträgt der Vorteil des unmittelbaren Bezugs:

Vorteil = (100/75 ausländische Steuer) * (1 - individueller Steuersatz)

Erbringt die Pauschalierung für den Einkommensteuerpflichtigen das höchste Nettoeinkommen, besteht folgender Vorteil bei unmittelbarem Bezug:

Vorteil = ausländische Einkünfte * (individueller Steuersatz - 0,25) + ausländische Steuer * (25/75 - 100/75 individueller Steuersatz)

Wie aus Abb. 5 ersichtlich, entwickelt sich der Vorteil in jedem der drei Abschnitte unterschiedlich: Im ersten Abschnitt (Anrechnung mit Anrechnungsüberhang) steigt der Vorteil absolut und relativ in Prozent des Nettoeinkommens mit steigendem Steuersatz. Im zweiten Abschnitt (Anrechnung ohne Anrechnungsüberhang) sinkt mit steigendem Steuersatz der absolute Vorteil, der relative Vorteil in Prozent des Nettoeinkommens bei unmit-

---

60 Dieser Ausdruck entsteht durch die Definitivbelastung der ausländischen Steuer i.H.v. 25/75 mit inländischer Körperschaftsteuer. Die Definitivbelastung entsteht, da die ausländische Steuer vom mit 25% belasteten entstehenden verwendbaren Eigenkapital vor Aufteilung abgezogen wird. Dadurch vermindert sich die mögliche Bruttoausschüttung um die ausländische Steuer und die darauf lastende Körperschaftsteuer i.H.v. 25/75, also insgesamt um 75/75 + 25/75 = 100/75.

telbarem Bezug bleibt konstant. Im dritten Abschnitt (Pauschalierung der Einkommensteuer) steigt der Vorteil absolut und relativ mit steigendem Steuersatz.
Die Rechtsformneutralität ist daher nicht gegeben.

Abb. 5: Nettoeinkommen bei Pauschalierung

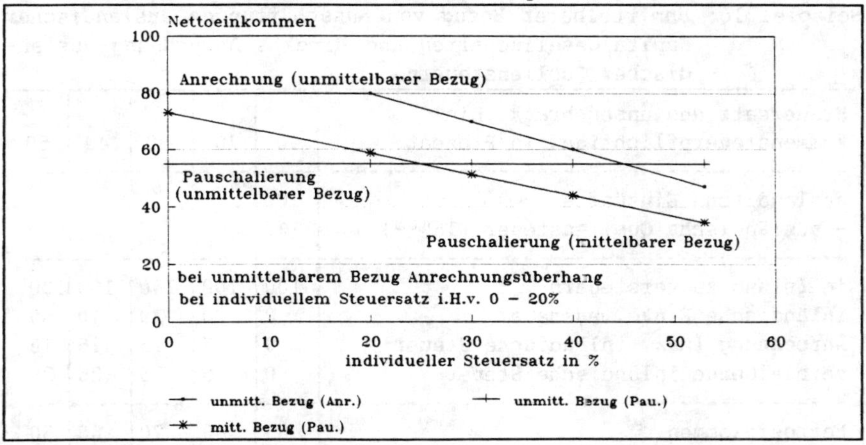

V. Internationales Schachtelprivileg

Die Freistellung durch das internationale Schachtelprivileg ergibt sich aus dem jeweiligen DBA ggf. i.V.m. § 26 Abs. 7 KStG.
Die Freistellung durch das internationale Schachtelprivileg ist nur bei mittelbarem Bezug von Ausschüttungen ausländischer Tochtergesellschaften über eine inländische Kapitalgesellschaft möglich. Bei unmittelbarem Bezug von Ausschüttungen ausländischer Kapitalgesellschaften kommt die direkte Anrechnung einer ggf. erhobenen ausländischen Quellensteuer in Betracht.
Die ausländische Quellensteuer auf Schachtelausschüttungen ist häufig niedriger als diejenige auf Ausschüttungen, die an den Streubesitz bzw. Personengesellschaften gezahlt werden[61]. Für diese Ermäßigung ist die Schachtelgrenze des jeweiligen DBA und nicht die in der

61 Vgl. zur nach den DBA zulässigen Quellensteuer die Übersicht in Vogel, DBA, Art. 10 Rz. 88; vgl. auch Art. 10 Abs. 2 OECD-Muster-DBA 1977.

Bundesrepublik unilateral auf 10% abgesenkte Schachtelgrenze maßgebend[62].

1. Wirkung bei Personengesellschaften

Beispiel 16: Unmittelbarer Bezug von Ausschüttungen ausländischer Kapitalgesellschaften und direkte Anrechnung ausländischer Quellensteuern

Steuersatz des unbeschränkt Einkommensteuerpflichtigen in Prozent	0	20	30	40	50
ausländische Einkünfte	100				
- ausländische Quellensteuer (15%[63])	15				
im Inland zu versteuern	100	100	100	100	100
inländische Einkommensteuer	0	20	30	40	50
Anrechnung (max. inländische Steuer)	0	15	15	15	15
verbleibende inländische Steuer	0	5	15	25	35
Nettoeinkommen	85	80	70	60	50

Sofern kein Anrechnungsüberhang besteht, beträgt das Nettoeinkommen damit:

Nettoeinkommen = ausländische Einkünfte * (1 - individueller Steuersatz)

Besteht ein Anrechnungsüberhang, beträgt das Nettoeinkommen:

Nettoeinkommen = ausländische Einkünfte - ausländische Steuer

Die Neutralität der internationalen Besteuerung ist nur gegeben, wenn das Ausland ein klassisches Körperschaftsteuersystem anwendet oder wenn die Maßnahmen zur Vermeidung bzw. Milderung der Doppelbelastung auf der Ebene der Kapitalgesellschaft wirken, da dann sämtliche

62 Vgl. zu den in den DBA vereinbarten Mindestbeteiligungen für die Inanspruchnahme des internationalen Schachtelprivilegs die Übersicht in Vogel, DBA, Art. 23 Rz. 98.

63 Für beide Beispiele werden die Quellensteuersätze des OECD-Muster-DBA 1977 verwendet. Nach Art. 10 Abs. 2 OECD-Muster-DBA 1977 beträgt dieser bei Personengesellschaften 15%.

Anteilseigner den Vorteil dieser Vergünstigung erlangen[64].

Wendet das Ausland ein klassisches Körperschaftsteuersystem an, wird durch die direkte Anrechnung der ausländischen Quellensteuer die Neutralität der internationalen Besteuerung erreicht, da durch das ausländische Körperschaftsteuersystem die ungemilderte Doppelbelastung beabsichtigt ist. Die Neutralität der internationalen Besteuerung wird ebenso bei Körperschaftsteuersystemen verwirklicht, welche die Doppelbelastung durch Maßnahmen auf der Ebene der Kapitalgesellschaft vermindern. Da alle Anteilseigner den Vorteil dieser auf der Ebene der Kapitalgesellschaft wirkenden Maßnahmen erlangen, wird das vom ausländischen Körperschaftsteuersystem beabsichtigte Belastungsniveau verwirklicht.

Vermeidet bzw. mildert das ausländische Körperschaftsteuersystem die Doppelbelastung durch Maßnahmen auf der Ebene der Anteilseigner, erhalten in der Bundesrepublik ansässige Anteilseigner nicht den Vorteil dieser Maßnahmen. Die Neutralität der internationalen Besteuerung wird nicht erreicht, da die volle Doppelbelastung durch das ausländische Körperschaftsteuersystem nicht beabsichtigt ist[65].

2. Wirkung bei Kapitalgesellschaften

Die Bundesrepublik gewährt nach § 26 Abs. 7 KStG das internationale Schachtelprivileg unilateral bereits ab einer Beteiligung i.H.v. 10%. Die im Regelfall in den DBA vereinbarte Ermäßigung der Quellensteuersätze für Schachtelbeteiligungen tritt aber erst ab dem im DBA vereinbarten Beteiligungsumfang ein. Dieser liegt i.d.R. bei 25%[66].

---

64 Menck weist auf die Exportwirkung des gespaltenen Körperschaftsteuersatzes hin. (Menck in Mössner u.a., Steuerrecht international tätiger Unternehmen, Rz. A 57).

65 Vgl. §5.B.II.1.a) dieser Arbeit (S. 123f.).

66 Vgl. Art. 10 Abs. 2 OECD-Muster-DBA 1977.
Vgl. zu den in den DBA vereinbarten Mindestbeteiligungen für

Für Beteiligungen zwischen 10 und 25% kann aufgrund der unilateralen Sonderbestimmung zwar das internationale Schachtelprivileg in Anspruch genommen werden, die Verminderung des Quellensteuersatzes nach den DBA wird aber nicht gewährt.
Wird der mittelbare Bezug über eine Kapitalgesellschaft mit dem gleichen Quellensteuersatz wie der unmittelbare über eine Personengesellschaft belastet, kommt die Gegenüberstellung zu dem gleichen Ergebnis wie bei der Inanspruchnahme des Quasi-Schachtelprivilegs und auch das Nettoeinkommen entspricht dieser Variante[67].

Beispiel 17: Mittelbarer Bezug von Ausschüttungen ausländischer Tochtergesellschaften unter Inanspruchnahme des internationalen Schachtelprivilegs

Steuersatz des unbeschränkt Einkommensteuerpflichtigen in Prozent	0	20	30	40	50
ausländische Einkünfte	100				
- ausländische Quellensteuer (5%[68])	5				
Thesaurierung Kapitalgesellschaft	95				
Aufteilung: EK 01	95				
- Herstellung Ausschüttungsbelastung	34,2				
Ausschüttung	60,8				
+ Körperschaftsteuerguthaben	34,2				
= Bruttoausschüttung	95	95	95	95	95
- Einkommensteuer	0	19	28,5	38	47,5
Nettoeinkommen	95	76	66,5	57	47,5

Hier wird der Fall untersucht, in dem die Kapitalgesellschaft mit mindestens dem im DBA geforderten Anteil beteiligt ist. Sie kann dann das internationale Schachtelprivileg in Anspruch nehmen und wird nur mit dem ermäßigten Quellensteuersatz für Schachtelausschüttungen belastet.

---

die Inanspruchnahme des internationalen Schachtelprivilegs die Übersicht in Vogel, DBA, Art. 23 Rz. 98.

67 Vgl. §5.B.II.3.a) dieser Arbeit (S. 131ff.).

68 Nach Art. 10 Abs. 2 OECD-Muster-DBA 1977.

Auch bei mittelbarem Bezug von Ausschüttungen ausländischer Kapitalgesellschaften unter Inanspruchnahme des internationalen Schachtelprivilegs wandelt sich die ausländische Quellensteuer im Ausschüttungsfall in eine abziehbare Steuer. Das Nettoeinkommen der Anteilseigner beträgt daher:

Nettoeinkommen = (ausländische Einkünfte - ausländische Steuer) * (1 - individueller Steuersatz)

Interessengegensätze zwischen Anteilseignern mit unterschiedlichen Steuersätzen werden nicht vermieden, da Eigenkapital in das EK 01 eingestellt wird.
Die Neutralität der internationalen Besteuerung wird nicht erreicht, da die ausländische Quellensteuer bei mittelbarem Bezug wirtschaftlich als abziehbare Steuer behandelt wird.

3. Gegenüberstellung

Beim Vorteilhaftigkeitsvergleich ist zu berücksichtigen, daß beim Bezug von Schachtelausschüttungen und Ausschüttungen an den Streubesitz unterschiedliche Quellensteuersätze angewandt werden. $\text{Quellensteuersatz}_{(1)}$ wird auf Ausschüttungen an den Streubesitz angewandt und ist i.d.R. höher als $\text{Quellensteuersatz}_{(2)}$, der auf Schachtelausschüttungen angewandt wird.
Zwei Bereiche sind für die Untersuchung der Vorteilhaftigkeit zu unterscheiden. Besteht bei unmittelbarem Bezug ein Anrechnungsüberhang, beträgt der Vorteil des unmittelbaren Bezugs:

Vorteil = ausländische Einkünfte * individueller Steuersatz - $\text{Quellensteuer}_{(1)}$ + $\text{Quellensteuer}_{(2)}$ * (1 - individueller Steuersatz)

Bei niedrigen individuellen Steuersätzen kann der "Vorteil" negativ werden, d.h. der mittelbare Bezug über eine inländische Kapitalgesellschaft ist günstiger. Dies liegt daran, daß der $\text{Quellensteuersatz}_{(2)}$ für Schachtelausschüttungen niedriger ist als der $\text{Quellensteuersatz}_{(1)}$ für den Streubesitz, was bei niedrigen individuellen Steuersätzen stark gewichtet wird.
Besteht kein Anrechnungsüberhang, beträgt der Vorteil des unmittelbaren Bezugs:

Vorteil = $\text{Quellensteuer}_{(2)}$ * (1 - individueller Steuersatz)

Damit ist die Rechtsformneutralität nicht gegeben.

Wird die Schachtelausschüttung thesauriert, ist der Zinsvorteil aus dem Liquiditätsvorteil während der Thesaurierung zu berücksichtigen. Dieser Zinsvorteil kann bei entsprechend langer Thesaurierung den mittelbaren Bezug auch bei hohen individuellen Steuersätzen gegenüber dem unmittelbaren Bezug vorteilhafter werden lassen.

Abb. 6: Nettoeinkommen bei Ausschüttungen ausländischer Kapitalgesellschaften und Inanspruchnahme des internationalen Schachtelprivilegs bei mittelbarem Bezug

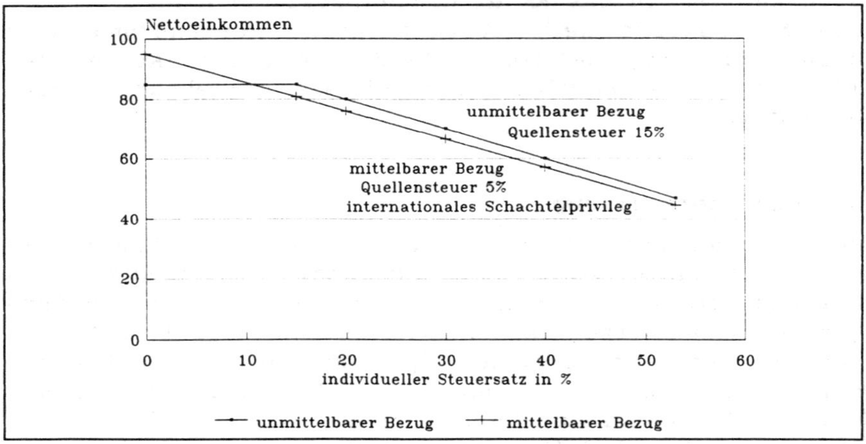

VI. avoir fiscal

Für Ausschüttungen französischer Kapitalgesellschaften erhalten in der Bundesrepublik ansässige Anteilseigner nach Art. 20 Abs. 1 b) (bb) DBA Frankreich eine Steuergutschrift, die 50% der Ausschüttung beträgt. Für schachtelbeteiligte Kapitalgesellschaften gilt nach Art. 9 Abs. 4 und 20 Abs. 1 b) (aa) DBA Frankreich ausschließlich die Freistellung.

1. Wirkung bei Personengesellschaften

Beispiel 18: Unmittelbarer Bezug französischer Ausschüttungen und Inanspruchnahme des avoir fiscal

Steuersatz des unbeschränkt Einkommensteuerpflichtigen in Prozent	0	20	30	40	50
Ausschüttung	100				
+ avoir fiscal (50% der Ausschüttung)	50				
im Inland zu versteuern	150	150	150	150	150
inländische Einkommensteuer	0	30	45	60	75
Nettoeinkommen	150	120	105	90	75

Allgemein läßt sich das Nettoeinkommen wie folgt quantifizieren:

Nettoeinkommen = 1,5 Ausschüttung * (1 - individueller Steuersatz)

Die Neutralität der internationalen Besteuerung ist gegeben, da die steuerliche Gesamtbelastung der vom ausländischen Körperschaftsteuersystem vorgesehenen entspricht.
Beträgt der Steuersatz des Anteilseigners weniger als 15%, werden vom deutschen Fiskus nicht vereinnahmte Steuern erstattet. Dies liegt daran, daß der französische Fiskus dem deutschen nach Art. 20 Abs. 1 b) (bb) DBA Frankreich statt des gesamten avoir fiscal i.H.v. 50% der Ausschüttung nur 27,5% der Ausschüttung erstattet. Da diese Regelung in einem DBA vereinbart wurde, kann von einer angemessenen Verteilung der Lasten und Steuereinnahmen ausgegangen werden.

2. Wirkung bei Kapitalgesellschaften

Bei mittelbarem Bezug der Ausschüttung wird bei einer Schachtelbeteiligung nicht der avoir fiscal, sondern nach Art. 9 Abs. 4 und Art. 20 Abs. 1 b) (aa) DBA Frankreich ausschließlich die Steuerfreistellung gewährt wird.
Nach § 27 Abs. 2 KStG und Abschn. 88a Abs. 1 Nr. 6 KStR gehört der avoir fiscal nicht zur Tarifbelastung. Der avoir fiscal unterscheidet sich ungeachtet des Finanzausgleichs zwischen Frankreich und der Bundesrepublik

in seiner Wirkung nicht von anderen anzurechnenden ausländischen Steuern und führt zu ermäßigt belastetem verwendbarem Eigenkapital[69].

Beispiel 19: Mittelbarer Bezug französischer Ausschüttungen und Inanspruchnahme des avoir fiscal

Steuersatz des unbeschränkt Einkommensteuerpflichtigen in Prozent	0	20	30	40	50
Ausschüttung	100				
+ avoir fiscal (50% der Ausschüttung)	50				
im Inland zu versteuern	150				
Körperschaftsteuer	75				
avoir fiscal	50				
verbleibende inländische Steuer	25				
Thesaurierung Kapitalgesellschaft	75				
Aufteilung: EK 36	44,44				
EK 01	30,56				
- Herstellung Ausschüttungsbelastung	11				
Ausschüttung	64				
+ Körperschaftsteuerguthaben	36				
= Bruttoausschüttung	100	100	100	100	100
- Einkommensteuer	0	20	30	40	50
Nettoeinkommen	100	80	70	60	50

Bei der Freistellung durch das Schachtelprivileg thesauriert die Kapitalgesellschaft 100 im EK 01. Durch die Herstellung der Ausschüttungsbelastung ergibt sich

69 Vgl. BMF v. 1.6.1982, StEK KStG 1977 § 32 Nr. 4; Dötsch, DB 1979, 1479; Dötsch/Gottstein/Stegmüller/Zenthöfer, Körperschaftsteuer, Rz. 1331; Einig, Steuerermäßigungen im Körperschaftsteuerrecht bei Kapitalgesellschaften, S. 99; Maas, BB 1976, 1508.
Kritisch zur Behandlung des avoir fiscal als normale anzurechnende ausländische Steuer und mit der Forderung, auch die Erstattung des französischen an den deutschen Fiskus als Tarifbelastung anzurechnen: Müller-Dott, RIW 1978, 309ff.; Pott, BB 1978, 807ff..

eine Ausschüttung i.H.v. 64 und eine Bruttoausschüttung i.H.v. 100. Das Nettoeinkommen entspricht damit demjenigen bei mittelbarem Bezug und Inanspruchnahme des avoir fiscal (Beispiel 19). Quantifizieren läßt sich das Nettoeinkommen für beide Fälle folgendermaßen:

Nettoeinkommen = Ausschüttung * (1 - individueller Steuersatz)

Durch die Einstellung von Eigenkapital in das EK 01 und das EK 36 werden Interessengegensätze zwischen Anteilseignern mit unterschiedlichen Steuersätzen nicht vermieden.

Die Neutralität der internationalen Besteuerung wird nicht erreicht, da die Vergünstigung des avoir fiscal bei der Ausschüttung aufgehoben wird. Die Anteilseigner tragen eine Gesamtsteuerbelastung wie bei einem Körperschaftsteuersystem ohne Vermeidung der Doppelbelastung. Da das französische Körperschaftsteuersystem die Doppelbelastung aber durch ein Vollanrechnungsverfahren vermeidet, wird sowohl das deutsche als auch das französische Belastungsniveau überschritten.

3. Gegenüberstellung

Der Vorteil des unmittelbaren Bezugs gegenüber dem mittelbaren beträgt damit:

Vorteil = 0,5 Ausschüttung * (1 - individueller Steuersatz)

Mit steigendem Steuersatz sinkt der absolute Vorteil, der relative Vorteil in Prozent des Nettoeinkommens bleibt konstant.

Der Vorteil des avoir fiscal geht bei mittelbarem Bezug verloren. Geht man von ausländischen Einkünften (einschließlich avoir fiscal) i.H.v. 150% der Ausschüttung aus, wandelt sich der anrechnungs- und erstattungsfähige avoir fiscal wie bei den anderen Anrechnungsvarianten in einen Steuerabzug.

Die Rechtsformneutralität ist daher nicht gegeben.

Abb. 7: Nettoeinkommen bei Inanspruchnahme des avoir fiscal

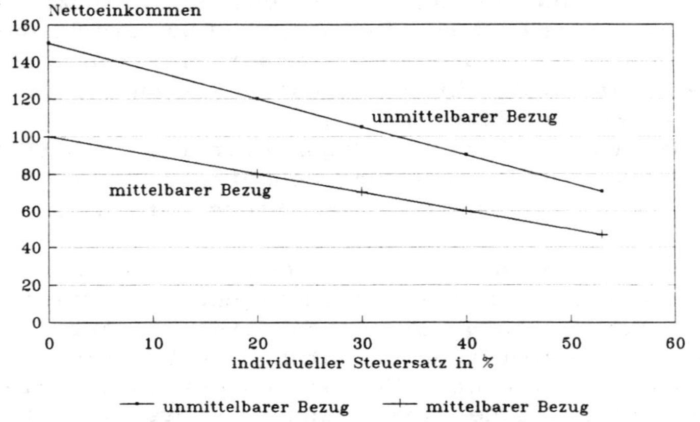

C. Nach geltendem Recht mögliche Gestaltungsmaßnahmen zur Vermeidung bzw. Milderung der ungünstigen Behandlung ausländischer Einkünfte

Für Kapitalgesellschaften bestehen verschiedene Möglichkeiten, die ungünstige Behandlung ausländischer Einkünfte zu vermeiden bzw. zu mildern. In diesem Abschnitt werden Maßnahmen vorgestellt, die auf drei unterschiedliche Arten wirken. Beeinflußt werden:
- die Zugänge zum verwendbaren Eigenkapital,
- die Abgänge aus dem verwendbaren Eigenkapital und
- die Art der Einkunftszurechnung beim Anteilseigner.

I. Einflußnahme auf Zugänge zum verwendbaren Eigenkapital

Diese Maßnahmen nehmen Einfluß auf die Zusammensetzung der Einkünfte der Kapitalgesellschaft. Ziel ist es, einen möglichst hohen Anteil des entstehenden verwendbaren Eigenkapitals als EK 50 und EK 36 entstehen zu lassen.
Einkünfte, die zu EK 01 führen, können vermindert werden, indem ausländische Aktivitäten beendet bzw. vermindert werden. Zu beachten ist, daß dies u.U. negative

Rückwirkungen auf inländische Aktivitäten hat[70]. So kann z.B. die Schließung einer ausländischen Niederlassung auch den Absatz in diesem Land beeinträchtigen oder der Zugriff auf spezielles Know-how erfordert die Beteiligung an einer ausländischen Gesellschaft.
Eine weitere Möglichkeit besteht darin, daß Aufwand auf ausländische Tochtergesellschaften verlagert wird. Hierzu bieten sich die Verrechnungspreise für Warenlieferungen, Dienstleistungen, Zinsen, Patent- und Know-how-Vergütungen, Auftragsforschung, Verwaltungsleistungen und Umlageverträge an[71].
Eine weitere Möglichkeit, die zu verwendbarem Eigenkapital der Kategorie EK 50 bzw. EK 36 führenden Einkünfte zu erhöhen, ist die Verschmelzung mit Unternehmen, die hauptsächlich Einkünfte dieser Art erzielen[72]. Auf diese Weise kann der Mangel an EK 50 und EK 36 der einen Kapitalgesellschaft mit dem Überschuß an EK 50 und EK 36 der anderen Kapitalgesellschaft ausgeglichen werden.
Dieses Ziel läßt sich ebenso erreichen, wenn verstärkt inländische Beteiligungen mit zu EK 50 bzw. EK 36 führenden Einkünften zugekauft werden[73].
Heibel führt als weitere Möglichkeit verstärkte Sanierungsmaßnahmen im inländischen Unternehmensbereich an[74]. Diese sollten bei unprofitablen Unternehmensteilen jedoch eine Selbstverständlichkeit sein.

---

70 Vgl. Heibel, DB 1984, 2064f.; Pöllath, RIW 1979, 763; Reuter, DStR 1978, 68.

71 Vgl. Fischer, Festschrift zur Vollendung des 80. Lebensjahres von Peter Scherpf, S. 297; Haas, Haftungsbegrenzte deutsche Betriebstätten in der EG, S. 24f.; Heibel, DB 1984, 2064f.; Pöllath, RIW 1979, 763; Da die Staaten kein Interesse an einer Einkunftsverlagerung in andere Staaten haben, werden Verrechnungspreise zwischen nahestehenden Unternehmen geprüft und ggf. berichtigt. (Vgl. hierzu die Vorschläge der OECD (OECD, Verrechnungspreise und multinationale Unternehmen) und die Grundsätze der deutschen Finanzverwaltung für die Prüfung der Einkunftsabgrenzung bei international verbundenen Unternehmen (BMF v. 23.2.1983, BStBl I 1983, 218ff.)).

72 Heibel, DB 1984, 2064.

73 Heibel, RIW 1982, 649 und DB 1984, 2064.

74 Heibel, RIW 1982, 649 und DB 1984, 2064.

Zu den kurzfristig realisierbaren Maßnahmen zählt bei fehlendem EK 50 bzw. EK 36 der Muttergesellschaft, das bestehende Potential an EK 50 und EK 36 im Beteiligungskreis zu ermitteln und ggf. an die Muttergesellschaft ausschütten zu lassen[75].
Um die Ausschüttung von EK 01 zu vermeiden, ist es vorteilhaft, eine auf Gewinnminderung ausgerichtete Steuergestaltung aufzugeben[76]. Hier stehen dem Unternehmen vielfältige Wahl- und Gestaltungsmöglichkeiten offen, um inländische Erträge vorzuverlagern. Diese Vorgehensweise ist bei fehlendem belastetem verwendbarem Eigenkapital vorteilhaft, da bei Ausschüttung die gesamte auf dem vorgezogenen Gewinn lastende Steuer dem Anteilseigner angerechnet wird. Der zusätzliche Steueraufwand beläuft sich für das Unternehmen sowohl bei der Ausschüttung vorgezogener Erträge als auch bei der Ausschüttung von EK 01 auf die Ausschüttungsbelastung i.H.v. 36%. Für die Anteilseigner beläuft sich der zusätzliche Steueraufwand jeweils auf den individuellen Steuersatz abzüglich des Steuerguthabens. Bei Ausschüttung von EK 01 geht die Steuerfreiheit endgültig verloren. Bei Ausschüttung des aus dem vorgezogenen inländischen Gewinn stammenden belasteten Eigenkapitals wird die Steuerzahlung aber durch niedrigere spätere Steuerzahlungen ausgeglichen.
Ob es vorteilhaft ist, EK 36 auszuschütten oder inländische Erträge vorzuziehen, die mit 50% Körperschaftsteuer belastet werden, hängt davon ab, ob der Mangel an EK 50 ein nur kurz anhaltendes Phänomen ist oder auf lange Zeit anhalten wird.
Liegt z.B. nur in einem Jahr ein Mangel an EK 50 vor, ist das Vorziehen der Erträge vorteilhaft. Die vorgezogenen Erträge werden bei der Ausschüttung mit der Ausschüttungsbelastung i.H.v. 36% belastet. Der Zinsaufwand eines Jahres für die Ausschüttungsbelastung i.H.v.

---

75 Heibel, RIW 1982, 649 und DB 1984, 2065.

76 Heibel, RIW 1982, 649 und DB 1984, 2065. Bei Darstellung dieser Vorgehensweise wird unterstellt, daß eine Senkung der Ausschüttung nicht möglich ist.

36% erreicht bei üblichen Zinssätzen nicht den Steuerermäßigungsvorteil des EK 36 gegenüber dem EK 50[77]. Bei einem langfristigen Mangel an EK 50 ist die Ausschüttung des EK 36 vorteilhaft. Der Zinsaufwand für die Steuerzahlungen für die langfristig vorgezogenen Erträge übersteigt den Steuerermäßigungsvorteil des EK 36 gegenüber dem EK 50[78].
Weiterhin kann es vorteilhaft sein, die Vertragsbeziehungen zwischen zwei Gesellschaften nicht direkt, sondern über eine in einem Drittstaat ansässige weitere Rechtsperson abzuwickeln[79]. Durch die Zwischenschaltung der weiteren Rechtsperson können u.U. Vorteile aus DBA in Anspruch genommen werden, die sonst nicht genutzt werden können (treaty shopping). Die Zahlungen fließen dann nicht direkt von einem zum anderen Vertragspartner, sondern über die weitere Rechtsperson im Drittstaat mittelbar von einem zum anderen Vertragspartner. Z.B. kann bei direktem Bezug von Lizenzeinkünften aus dem Ausland die inländische Kapitalgesellschaft eine Quellensteuer auf die Körperschaftsteuer anrechnen, im Ausschüttungsfall geht diese Vergünstigung aber verloren. Die Kapitalgesellschaft erhält die Lizenzzahlungen quellensteuerfrei, wenn die Zwischengesellschaft, an welche die Kapitalgesellschaft die Lizenz erteilt und

---

77 Bei einem angenommenen Zinssatz nach Steuern i.H.v. 5% beträgt der Zinsaufwand für die vorgezogenen Steuern i.H.v. 36% für ein Jahr 1,8%. Der Steuerermäßigungsvorteil des EK 36 gegenüber dem EK 50 beträgt dagegen 14%.

78 Bei einem angenommenen Zinssatz nach Steuern i.H.v. 5% beträgt der jährliche Zinsaufwand für die Steuern i.H.v. 36 auf vorgezogene Erträge i.H. einer Bruttoausschüttung von 100 ohne Berücksichtigung des Zinseszinseffektes 1,8 (= 5% von 36). Der Vorteil aus der Thesaurierung des EK 36 gegenüber dem EK 50 beträgt 14. Werden die Erträge um mindestens 8 Jahre (7,778 Jahre) vorgezogen, ist die Auflösung des EK 36 vorteilhaft.
Bei Berücksichtigung des Zinseszinseffektes ist die Auflösung des EK 36 vorteilhaft, sobald die Erträge um mindestens 7 Jahre (6,733 Jahre) vorgezogen werden.
Rechnung: $36 * (1{,}05^t - 1) = 14 \rightarrow 1{,}05^t = 50/36 \rightarrow t = (\ln 50/36) / (\ln 1{,}05) = 6{,}733$

79 Jacobs, Internationale Unternehmensbesteuerung, S. 617f.; Pöllath, RIW 1979, 763.

welche die Lizenz an die ausländische Gesellschaft weitererteilt, in einem Staat liegt, der die Lizenzzahlungen steuerfrei erhält und der auf Lizenzzahlungen an die Bundesrepublik keine Quellensteuer erhebt. Diese Einkünfte werden dann ausschließlich mit inländischer Steuer belastet, die den Anteilseignern vollständig vermittelt werden kann[80].

Auch bei der Ausstattung von ausländischen Tochtergesellschaften mit Kapital ist von Bedeutung, ob der Muttergesellschaft ausreichend belastetes Eigenkapital zur Verfügung steht[81]. Ist dies der Fall, ist die Ausstattung mit Eigenkapital vorteilhaft, wenn die Einkünfte in der Bundesrepublik aufgrund eines Schachtelprivilegs freigestellt sind und die Summe der ausländischen Körperschaftsteuer zuzüglich der Quellensteuer die deutsche Körperschaftsteuer nicht übersteigt. Übersteigt die ausländische Körperschaftsteuer zuzüglich der Quellensteuer die deutsche Körperschaftsteuer, ist trotz des Schachtelprivilegs die Ausstattung mit Fremdkapital günstiger. Werden die Einkünfte in der Bundesrepublik nicht aufgrund eines Schachtelprivilegs freigestellt, ist die Ausstattung mit Fremdkapital ebenfalls günstiger. Fremdkapital wird mit der inländischen Körperschaftsteuer belastet, auf welche die ausländische Quellensteuer anrechenbar ist. Ohne Schachtelprivileg werden bei Eigenkapitalausstattung die Ausschüttungen der ausländischen Tochtergesellschaft mit der

---

80 Bei hohen Quellensteuern kann es darüber hinaus in der Bundesrepublik zu Anrechnungsüberhängen kommen, da diese die per-country-limitation anwendet. Werden Zahlungen über eine Zwischengesellschaft in einem Staat geleitet, der die overall-limitation anwendet, kann dort ein Ausgleich zwischen Einkünften mit hoher und niedriger Quellensteuerbelastung vorgenommen werden (Ellis, Münchener Schriften zum Internationalen Steuerrecht, Heft 3, S. 11; Fischer, Festschrift zur Vollendung des 80. Lebensjahres von Peter Scherpf, S. 304). Diese Vorgehensweise ist nur bei Thesaurierung vorteilhaft. Bei Ausschüttung der Gewinne bietet sie keine Vorteile, da ohnehin nur die deutsche Steuer an die Anteilseigner weitergegeben werden kann.

81 Vgl. allgemein zur Finanzierung einer ausländischen Tochtergesellschaft Scheffler, IStR 1992, 118ff..

ausländischen Körperschaftsteuer und der inländischen Körperschaftsteuer belastet, wobei auf die inländische Körperschaftsteuer eine ggf. erhobene ausländische Quellensteuer anrechenbar ist[82].
Sollen die ausländischen Erträge in der ausländischen Tochtergesellschaft thesauriert werden, ist der ausländische Körperschaftsteuersatz entscheidend. Liegt der ausländische unter dem deutschen Körperschaftsteuersatz, ist die Ausstattung mit Eigenkapital vorteilhaft. Die Gewinne werden dann mit der niedrigeren ausländischen Körperschaftsteuer belastet und können thesauriert werden. Liegt der ausländische über dem deutschen Körperschaftsteuersatz, ist die Ausstattung mit Fremdkapital vorteilhaft. Die Zinsen werden dann mit der niedrigeren deutschen Körperschaftsteuer belastet und können reinvestiert werden.
Werden ausländische Einkünfte zur Ausschüttung benötigt, ist es i.d.R. vorteilhaft, das Kapital als Fremdkapital zur Verfügung zu stellen, da die Zinsen im Ausland maximal mit einer ausländischen Quellensteuer belastet werden[83]. Bei der Ausstattung mit Eigenkapital

---

82 Jacobs, Internationale Unternehmensbesteuerung, S. 634ff..

83 Fischer, Festschrift zur Vollendung des 80. Lebensjahres von Peter Scherpf, S. 296; Flick, Festschrift zur Vollendung des 80. Lebensjahres von Peter Scherpf, S. 321ff.; Haas, Haftungsbegrenzte deutsche Betriebstätten in der EG, S. 76f.; Hey, RIW 1990, 120; Tillmanns, DB 1980, 2249; Viegener, RIW 1982, 103f..
DBA sprechen i.d.R. das Besteuerungsrecht für Zinsen dem Wohnsitzstaat zu. Die Belastung durch ausländische Steuern bei Ausstattung mit Fremdkapital kann auch höher sein als diejenige bei Ausstattung mit Eigenkapital (Flick, Festschrift zur Vollendung des 80. Lebensjahres von Peter Scherpf, S. 322f.).
Bei der Anrechnung ausländischer Steuern entstehen oft Anrechnungsüberhänge, da die Quellensteuer auf Zinsen und Ausschüttungen auf Bruttobasis, d.h. ohne Berücksichtigung ihnen zuzurechnender Ausgaben wie z.B. Zinsausgaben erhoben wird.
Zu den Möglichkeiten, die Zahlung von Quellensteuern zu vermeiden bzw. zu vermindern, vgl. Ellis, Münchener Schriften zum Internationalen Steuerrecht, Heft 9, S. 32ff.; Hofmann, Münchener Schriften zum Internationalen Steuerrecht, Heft 9,

umfassen die ausländischen Steuern die ausländische Körperschaftsteuer der Tochtergesellschaft und eine u.U. erhobene Quellensteuer auf die Ausschüttung. Im Ausschüttungsfall betragen die Bruttoausschüttungen der inländischen Kapitalgesellschaft in beiden Fällen die ausländischen Einkünfte, vermindert um die ausländischen Steuern. Die ausländische Steuerbelastung der Zinsen durch die ausländische Quellensteuer ist i.d.R. niedriger als die ausländische Steuerbelastung der Ausschüttungen durch die ausländische Körperschaft- und Quellensteuer.

II. Einflußnahme auf Abgänge aus dem verwendbaren Eigenkapital

Um die Abgänge aus dem verwendbaren Eigenkapital zu beeinflussen, besteht die Möglichkeit, die Ausschüttungen bei einem Mangel an belastetem verwendbarem Eigenkapital zu vermindern[84].

S. 22ff..
Inwieweit die Fremdfinanzierung der Tochtergesellschaft durch Gesellschafter steuerlich anerkannt wird, ist unterschiedlich. Übersteigen die Gesellschafterdarlehen ein bestimmtes Ausmaß und ersetzen Eigenkapital, werden die Zinszahlungen nicht als abzugsfähig anerkannt und daher wie Gewinnausschüttungen behandelt. In der Bundesrepublik wurde das Problem bisher nicht gesetzlich, sondern in einer Verwaltungsanweisung geregelt (vgl. BMF v. 16.3.1987, BStBl I 1987, 373f.). Nach einem Urteil des BFH gibt es für diese Verwaltungsanweisung keine Rechtsgrundlage (BFH v. 5.2.1992, BStBl II 1992, 532).
Auch andere Staaten erkennen Gesellschafterfremdfinanzierungen nur in bestimmtem Umfang an (vgl. Hey, RIW 1990, 120ff.; Siegel, StuW 1989, 342; Viegener, RIW 1982, 104ff.). Vgl. allgemein zu dem Problembereich der Gesellschafterfremdfinanzierung Schwebel in Dötsch/Eversberg/Jost/Witt, § 8 KStG Anh. 4 mit weiteren Literaturangaben.

84 Heibel, RIW 1982, 649 und DB 1984, 2065; Pöllath, RIW 1979, 763; Telkamp, FR 1977, 320.

Die Ausschüttung von EK 01 sollte vermieden werden[85]. In der Literatur wird die Ansicht vertreten, auch EK 36 könne ohne Inkaufnahme von Nachteilen ausgeschüttet werden[86]. Bei der Ausschüttung von EK 36 geht jedoch die Steuervergünstigung gegenüber dem EK 50 verloren. Unterliegen die Anteilseigner einem niedrigeren individuellen Steuersatz als 36%, entfällt dieses Argument, da dann über das Schütt-aus-Hol-zurück-Verfahren höheres Eigenkapital zugeführt werden kann[87]. Ein auch in diesem Fall gültiges Argument ist, daß bei fehlendem EK 50, aber vorhandenem EK 36 die nichtabziehbaren Ausgaben bei der Verrechnung mit dem EK 36 nur mit einer Definitivsteuer i.H.v. 56,25% belastet werden gegenüber 100% bei der Verrechnung mit dem EK 50. Ist kein EK 36 vorhanden, werden nach § 31 Abs. 2 Satz 2 KStG die nichtabziehbaren Ausgaben als vorläufiger Negativbetrag beim EK 50 vorgetragen.

III. Einflußnahme auf die Art der Einkunftszurechnung bei den Anteilseignern

In diesem Abschnitt werden die Möglichkeiten behandelt, als deren Folge die Einkünfte den Anteilseignern nicht mittelbar über die Kapitalgesellschaft, sondern unmittelbar zugerechnet werden.

---

85 Brezing, GmbHR 1976, 273 und GmbHR 1987, 154; Fischer, Festschrift zur Vollendung des 80. Lebensjahres von Peter Scherpf, S. 281; Heibel, RIW 1982, 649 und DB 1984, 2065; Reuter, StbJb 1976/77, 334; Stein, Festschrift zur Vollendung des 80. Lebensjahres von Peter Scherpf, S. 341; Telkamp, FR 1977, 319f..

86 Brezing, GmbHR 1976, 273 und GmbHR 1987, 154; Heibel, RIW 1982, 649 und DB 1984, 2065; Telkamp führt das Argument an, EK 36 löse bei Ausschüttung keine Steuerzahlung der Gesellschaft aus (Telkamp, FR 1977, 319); a.A. Müller-Dott, der darauf hinweist, daß bei EK 36 der fehlende Steuerminderungsanspruch und bei EK 01 zusätzlich die Herstellung der Ausschüttungsbelastung als Nachteil auftreten (Müller-Dott in Flick/Wassermeyer/Becker, § 26 KStG Rz. 75).

87 Ohne Berücksichtigung der Kosten und der Kirchensteuer.

Wenn die Kapitalgesellschaft nicht zu groß ist und nur wenige Gesellschafter hat, kann sie in eine Personengesellschaft umgewandelt werden, oder die Quellen der steuerfreien bzw. -ermäßigten Einkünfte können auf eine Personengesellschaft übertragen werden[88].
Ist es gewünscht, die Aktivitäten über eine Kapitalgesellschaft durchzuführen, kann diese Kapitalgesellschaft z.B. als Organgesellschaft einer Organträger GmbH & Co. KG nachgeschaltet werden. Diese Konstruktion ist in der Haftung beschränkt. Trotzdem werden die Steuerermäßigungen und -befreiungen bei Entnahme des Gewinns nicht aufgehoben, außer für den Teil des Gewinns, der auf die Komplementär-GmbH entfällt[89]. Organträger kann ebenso eine OHG sein. Steuervergünstigungen sind nach § 15 Nr. 2 und § 19 KStG nur anzuwenden, wenn der Organträger zu den durch die Vorschriften begünstigten Steuerpflichtigen gehört. Ist der Organträger eine Personengesellschaft, gilt dies für die einzelnen Gesellschafter entsprechend[90].

---

88 Vgl. Brezing, StbJb 1981/82, 397f. und GmbHR 1987, 154; Fischer, Festschrift zur Vollendung des 80. Lebensjahres von Peter Scherpf, S. 280f.; Heibel, DB 1984, 2064; Pöllath, RIW 1979, 763.

89 Vgl. Fischer, Festschrift zur Vollendung des 80. Lebensjahres von Peter Scherpf, S. 281; Haas, Haftungsbegrenzte deutsche Betriebstätten in der EG, S. 77ff.; Hofbauer, DStR 1977, 372; Reuter, DStR 1982, 156; vgl. auch Schmidt, GmbHR 1977, 20.

90 Vgl. Dötsch/Gottstein/Stegmüller/Zenthöfer, Körperschaftsteuer, Rz. 750 und Rz. 772ff..

§6. WIRKUNGSANALYSE DER MASSNAHMEN ZUR VERMEIDUNG BZW. MILDERUNG DER DOPPELBESTEUERUNG IN UNTERSCHIEDLICHEN KÖRPERSCHAFTSTEUERSYSTEMEN

Die Wirkung der Maßnahmen zur Vermeidung bzw. Milderung der Doppelbesteuerung unterscheidet sich je nachdem, welches Körperschaftsteuersystem der Staat anwendet[1]. Die Untersuchung in diesem Abschnitt beschränkt sich aus Vergleichbarkeitsgründen auf die international üblichen Methoden zur Vermeidung bzw. Milderung der Doppelbesteuerung, die in relativ einheitlicher Form angewandt werden. Dies sind die Freistellung und die direkte Anrechnung zur Vermeidung der Doppelbesteuerung und der Steuerabzug zur Milderung.

Der Steuerabzug kann gemeinsam für sämtliche Körperschaftsteuersysteme behandelt werden. Der Steuerabzug sieht den Abzug der ausländischen Steuer von der Bemessungsgrundlage der inländischen Steuer vor[2]. Diese Milderung der Doppelbesteuerung, welche den ausländischen Steuern Kostencharakter beimißt, kommt in allen Körperschaftsteuersystemen den Anteilseignern zugute[3].

A. Wirkung in Körperschaftsteuersystemen ohne Milderung der Doppelbelastung

Im klassischen Körperschaftsteuersystem bleibt die Wirkung der Maßnahmen zur Vermeidung bzw. Milderung der Doppelbesteuerung bei der Ausschüttung voll erhalten[4]. Bei der Ausschüttung tritt zur Besteuerung bei der Kapitalgesellschaft zwar die Besteuerung beim Anteilseigner hinzu, dies ist durch das klassische Körperschaftsteuersystem aber beabsichtigt.

Bei der Freistellung werden die Anteilseigner insgesamt mit der ausländischen Steuer und der Steuer des Anteilseigners belastet. Bei der Anrechnung ausländischer Steuern werden die Anteilseigner, wenn kein Anrechnungsüberhang besteht, insgesamt mit der Körper-

---

[1] Vgl. Pöllath, RIW 1979, 757ff..

[2] Vgl. z.B. Rose, Betrieb und Steuer, Grundzüge des internationalen Steuerrechts, S. 67.

[3] Vgl. dazu bereits §5.B.III. dieser Arbeit (S. 138ff.).

[4] Pöllath, RIW 1979, 761.

schaftsteuer der Kapitalgesellschaft und der Steuer der Anteilseigner belastet. Unter Berücksichtigung der Doppelbelastung des klassischen Körperschaftsteuersystems verwirklicht die Freistellung damit die Kapitalimportneutralität und die Anrechnung die Kapitalexportneutralität. Die Maßnahmen zur Vermeidung der Doppelbesteuerung erreichen im klassischen Körperschaftsteuersystem auch auf der Ebene der Anteilseigner damit die Neutralität der internationalen Besteuerung. Bei mittelbarem Bezug über eine Kapitalgesellschaft werden ausländische Einkünfte gegenüber inländischen nicht benachteiligt. Nicht erreicht wird die Rechtsformneutralität und auch Interessengegensätze zwischen Anteilseignern mit unterschiedlichen Steuersätzen werden nicht vermieden. Dies ist allerdings durch das klassische Körperschaftsteuersystem auch nicht beabsichtigt[5].

B. Wirkung in Körperschaftsteuersystemen mit gemilderter Doppelbelastung

I. Klassische Systeme mit gespaltenem Körperschaftsteuersatz

Vor der Einführung des körperschaftsteuerlichen Vollanrechnungsverfahrens war in der Bundesrepublik ein Körperschaftsteuersystem mit gespaltenem Körperschaftsteuersatz gültig.

Werden ausländische Einkünfte bei der Kapitalgesellschaft freigestellt, wird der Anteilseigner insgesamt mit der eigenen Einkommen- bzw. Körperschaftsteuer und der ausländischen Steuer belastet. Da die Einkünfte bei der Kapitalgesellschaft freigestellt sind, kann diese bei der Ausschüttung den ermäßigten Körperschaftsteuersatz nicht in Anspruch nehmen. Der Anteilseigner erhält daher nicht den Vorteil des ermäßigten Körperschaftsteuersatzes und wird behandelt wie bei einem Körperschaftsteuersystem mit ungemilderter Doppelbelastung. Die Freistellung erreicht daher auf der Ebene der Anteilseigner nicht die Neutralität der internationalen Besteuerung.

---

5 Vgl. Pöllath, RIW 1979, 761.

Bei der Anrechnung ausländischer Steuern war in dem deutschen Körperschaftsteuerrecht, das bis 1977 gültig war, eine Anrechnung bis zum durchschnittlichen Körperschaftsteuersatz möglich[6]. Beträgt die anrechenbare ausländische Steuer weniger als der durchschnittliche Körperschaftsteuersatz, ist die ausländische Steuer vollständig anrechenbar. Die steuerliche Gesamtbelastung des Anteilseigners entspricht dann der Steuerbelastung inländischer Einkünfte, die über eine Kapitalgesellschaft bezogen werden. Die Anrechnung verwirklicht daher auch auf der Ebene der Anteilseigner die Kapitalexportneutralität.

Übersteigt die anrechenbare ausländische Steuer den durchschnittlichen Körperschaftsteuersatz, verbleibt eine gegenüber inländischen Einkünften der Kapitalgesellschaft erhöhte steuerliche Belastung der ausländischen Einkünfte. Im Umfang des Anrechnungsüberhangs geht die Vergünstigung des ermäßigten Ausschüttungskörperschaftsteuersatzes verloren[7]. Durch die Anrechnung wird die Neutralität der internationalen Besteuerung auf der Ebene der Anteilseigner in diesem Fall nicht erreicht.

Je niedriger der Körperschaftsteuersatz für ausgeschüttete Gewinne liegt und je höher der Anteil der ausgeschütteten Gewinne ist, desto eher wird die Neutralität der internationalen Besteuerung auf der Ebene der Anteilseigner nicht erreicht.

Durch einen ermäßigten Körperschaftsteuersatz für ausgeschüttete Gewinne nähert sich aber das Körperschaftsteuersystem der Rechtsformneutralität und schwächt Interessengegensätze zwischen Anteilseignern mit unterschiedlichen Steuersätzen ab.

Daher wird für die Anteilseigner die Neutralität der internationalen Besteuerung um so eher verletzt, je stärker sich das Körperschaftsteuersystem der Rechtsformneutralität nähert und je stärker es Interessengegensätze zwischen Anteilseignern mit unterschiedlichen Steuersätzen vermeidet[8].

---

6 Reuter, FR 1973, 471 und StbJb 1976/77, 335.

7 Vgl. Reuter, FR 1973, 471.

8 Vgl. Pöllath, RIW 1979, 761.

II. Körperschaftsteuersysteme mit einer verminderten Besteuerung beim Anteilseigner

Die Milderung der Doppelbelastung wird z.B. durch die Anwendung eines ermäßigten Steuersatzes bei den Anteilseignern erreicht[9].

Da die Doppelbelastung auf der Ebene der Kapitalgesellschaft nicht gemildert wird, erlangt die Kapitalgesellschaft den vollen Vorteil der Freistellung ausländischer Einkünfte. Dadurch, daß die Doppelbelastung erst auf der Ebene der Anteilseigner durch eine ermäßigte Besteuerung gemildert wird, erlangt auch der Anteilseigner den Vorteil der Freistellung. Ausländische Einkünfte der Kapitalgesellschaft werden insgesamt mit der ausländischen Körperschaftsteuer und der gemilderten Besteuerung beim Anteilseigner belastet. Inländische Einkünfte der Kapitalgesellschaft werden insgesamt mit der inländischen Körperschaftsteuer und der gemilderten Besteuerung beim Anteilseigner belastet. Ist z.B. die Steuerbelastung im Ausland niedriger als im Inland, erhält der Anteilseigner bei ausländischen Einkünften der Kapitalgesellschaft ein höheres Nettoeinkommen als bei inländischen Einkünften der Kapitalgesellschaft. Die Vergünstigung der Freistellung bleibt bei der Ausschüttung damit bestehen. Die Freistellung verwirklicht auch auf der Ebene der Anteilseigner die Kapitalimportneutralität.

Wird die Doppelbesteuerung durch die Anrechnung ausländischer Steuern vermieden und besteht kein Anrechnungsüberhang, entspricht das Nettoeinkommen der Anteilseigner demjenigen, welches sie bei inländischen Einkünften der Kapitalgesellschaft erhalten. Die Vergünstigung der Anrechnung bleibt bei der Ausschüttung also bestehen. Die Anrechnung verwirklicht daher auch auf der Ebene der Anteilseigner die Kapitalexportneutralität.

---

9 Ein solches Körperschaftsteuersystem wendet z.B. Österreich an (Domann in Mennel, Steuern in Europa, USA, Kanada und Japan, Österreich, S. 26; Wundsam/Zöchling, IWB, Fach 5 Österreich, Gruppe 2, 248).

Das Ergebnis gilt ebenso für Körperschaftsteuersysteme, die Ausschüttungen bei den Anteilseignern teilweise freistellen[10].
Körperschaftsteuersysteme mit einer verminderten Besteuerung beim Anteilseigner benachteiligen ausländische gegenüber inländischen Einkünften nicht. Solche Körperschaftsteuersysteme erreichen allerdings nicht die Rechtsformneutralität und vermeiden Interessengegensätze zwischen Anteilseignern mit unterschiedlichen Steuersätzen nicht. Dies ist durch diese Körperschaftsteuersysteme auch nicht beabsichtigt.

III. Körperschaftsteuersysteme mit Teilanrechnungsverfahren

Großbritannien wendet ein Körperschaftsteuersystem mit Teilanrechnungsverfahren an. Schüttet eine Kapitalgesellschaft Gewinne aus, hat sie eine Körperschaftsteuer i.H.v. 1/3 der Ausschüttung zu zahlen. Diese Steuervorauszahlung (advance corporation tax (ACT)) wird später mit der festzusetzenden Körperschaftsteuer verrechnet. Die Verrechnung der ACT mit der Körperschaftsteuer ist auf den Betrag der ACT begrenzt, der bei einer Vollausschüttung des körperschaftsteuerpflichtigen Gewinns entstanden wäre. Übersteigt die ACT diesen Betrag, ist der Überschuß nicht verrechnungsfähig. In diesem Fall ähnelt die ACT der deutschen Körperschaftsteuererhöhung und erhält den Charakter einer Ausgleichsteuer[11].
In dem Umfang, in dem das Teilanrechnungsverfahren Großbritanniens die Doppelbelastung nicht vermeidet, hat Großbritannien das klassische Körperschaftsteuersystem beibehalten[12]. Bei einem Körperschaftsteuersatz i.H.v. 35% und einer Anrechnung von 1/3 der Ausschüt-

---

10 Vgl. Pöllath, RIW 1979, 761.

11 Grotherr, IWB, Fach 5 Großbritannien, Gruppe 2, 263f.; Herzig, StuW 1990, 24f.; Jacobs/Spengel, IStR 1993, 40f.; Pöllath, RIW 1979, 759.
Ein Überschuß an ACT kann zurück- und vorgetragen werden. Dies ändert aber nicht den Charakter der ACT als Herstellung der Ausschüttungsbelastung.

12 Pöllath, RIW 1979, 759.

tung verbleibt bei einem voll ausgeschütteten Gewinn i.H.v. 100 eine Doppelbelastung i.H.v. 13,33[13]. Das Körperschaftsteuersystem Großbritanniens behält damit eine Doppelbelastung i.H.v. 13,33% bei.
Beträgt bei der Anrechnung die anrechenbare ausländische Steuer weniger als 13,33%, bleibt die Anrechnung auch im Ausschüttungsfall voll wirksam[14]. Für die Anteilseigner bleibt die Kapitalexportneutralität gewahrt. Bis zu dieser Grenze werden ausländische gegenüber inländischen Einkünften der Kapitalgesellschaft nicht benachteiligt.
Übersteigt die anrechenbare ausländische Steuer 13,33%, wird die Vergünstigung der Anrechnung für den Teil der ausländischen Steuer im Ausschüttungsfall aufgehoben, der 13,33% übersteigt[15]. Für die Anteilseigner ist die Kapitalexportneutralität nicht mehr gegeben. Betragen die anrechenbaren Steuern mehr als 13,33%, werden ausländische gegenüber inländischen Einkünften der Kapitalgesellschaft benachteiligt. Insoweit ist die Neutralität der internationalen Besteuerung nicht gegeben.
Da das Körperschaftsteuersystem Großbritanniens ein Teilanrechnungsverfahren anwendet, wird die Rechtsformneutralität nicht erreicht und werden Interessengegensätze zwischen Anteilseignern mit unterschiedlichen Steuersätzen nicht vermieden.

C. Wirkung in Körperschaftsteuersystemen mit Beseitigung der Doppelbelastung

I. Freistellung der Ausschüttungen von der Einkommensteuer

Viele Staaten stellen Ausschüttungen von Kapitalgesellschaften in begrenztem Umfang bei den Anteilseignern von der Besteuerung frei. Z.B. werden Ausschüttungen in der Bundesrepublik durch den Freibetrag nach § 20 Abs. 4 EStG von der Einkommensteuer freigestellt.
Werden ausländische Einkünfte bei einer Kapitalgesellschaft von der Besteuerung freigestellt, bleibt im Aus-

---

13 Herzig, StuW 1990, 24.
14 Vgl. Hundt, DB Beilage 17/1980, 10; Pöllath, RIW 1979, 759.
15 Vgl. Hundt, DB Beilage 17/1980, 10; Pöllath, RIW 1979, 759.

schüttungsfall diese Vergünstigung bestehen. Auf der Ebene der Anteilseigner sind die Ausschüttungen dann nur mit der ausländischen Steuer belastet. Die Freistellung verwirklicht damit auch auf der Ebene der Anteilseigner die Kapitalimportneutralität für Investitionen der Kapitalgesellschaft im In- und Ausland.
Auch die Anrechnung ausländischer Steuern auf die Körperschaftsteuer bleibt im Ausschüttungsfall bestehen. Auf der Ebene der Anteilseigner sind die Ausschüttungen dann nur mit der höheren der beiden Steuern des In- oder Auslands belastet. Die Anrechnung verwirklicht daher auf der Ebene der Anteilseigner die Kapitalexportneutralität für Investitionen der Kapitalgesellschaft im In- und Ausland.
Die Freistellung der Ausschüttungen von der Einkommensteuer bei den Anteilseignern verwirklicht damit die Neutralität der internationalen Besteuerung.
Die Rechtsformneutralität wird nur für Anteilseigner verwirklicht, die einem Einkommensteuersatz i.H. des Körperschaftsteuersatzes unterliegen. Interessengegensätze zwischen Anteilseignern mit unterschiedlichen Steuersätzen werden vermieden.

II. Abzug der Ausschüttungen von der körperschaftsteuerlichen Bemessungsgrundlage

Dieses Körperschaftsteuersystem entspricht einem Körperschaftsteuersystem mit gespaltenem Körperschaftsteuersatz mit einem Steuersatz für ausgeschüttete Gewinne i.H.v. 0%.
Wird die Doppelbesteuerung durch die Freistellung der ausländischen Einkünfte von der Körperschaftsteuer vermieden, kann die Kapitalgesellschaft bei der Ausschüttung dieser Einkünfte die Vergünstigung des Ausschüttungskörperschaftsteuersatzes i.H.v. 0% nicht in Anspruch nehmen. Die Vergünstigung der Freistellung wird bei der Ausschüttung damit aufgehoben. Dies verletzt die Neutralität der internationalen Besteuerung. Auch die Rechtsformneutralität wird hinsichtlich der freigestellten ausländischen Einkünfte nicht gewährleistet, obwohl dieses Körperschaftsteuersystem grundsätzlich die Rechtsformneutralität verwirklicht.

Bei mittelbarem Bezug freigestellter ausländischer Einkünfte über eine inländische Kapitalgesellschaft werden diese Einkünfte mit der ausländischen Steuer und der inländischen Steuer der Anteilseigner belastet. Bei unmittelbarem Bezug freigestellter ausländischer Einkünfte werden diese Einkünfte nur mit der ausländischen Steuer belastet. Hinsichtlich der freigestellten ausländischen Einkünfte werden Interessengegensätze zwischen Anteilseignern mit unterschiedlichen Steuersätzen nicht vermieden.
Bei der Anrechnung ausländischer Steuern könnte der Anrechnungshöchstbetrag dergestalt festgelegt werden, daß die Anrechnung bis zum durchschnittlichen Körperschaftsteuersatz möglich ist. Entsteht kein Anrechnungsüberhang, verwirklicht die Anrechnung auf der Ebene der Anteilseigner die Kapitalexportneutralität. Die Steuerbelastung der ausländischen Einkünfte entspricht derjenigen inländischer Einkünfte. Die Rechtsformneutralität wird erreicht, wie von diesem Körperschaftsteuersystem beabsichtigt.
Verbleibt ein Anrechnungsüberhang, werden die ausländischen Einkünfte höher als die inländischen Einkünfte belastet. Bei der Vollausschüttung beträgt der durchschnittliche Körperschaftsteuersatz 0%. Der Vorteil der Anrechnung wird bei der Vollausschüttung damit vollständig aufgehoben. Besteht ein Anrechnungsüberhang, wird auf der Ebene der Anteilseigner die Kapitalexportneutralität nicht erreicht. Für diese ausländischen Einkünfte wird die Rechtsformneutralität nicht erreicht, obwohl dieses Körperschaftsteuersystem die Rechtsformneutralität grundsätzlich verwirklicht. Interessengegensätze zwischen Anteilseignern mit unterschiedlichen Steuersätzen werden nicht vermieden.

III. Körperschaftsteuersysteme mit Vollanrechnungsverfahren

1. Vollanrechnungsverfahren mit nicht differenzierender Ausgleichsteuer

Auch Italien wendet ein Körperschaftsteuersystem mit Vollanrechnungsverfahren an. Bei der Einführung des italienischen Vollanrechnungsverfahrens wurde bei der

Ausschüttung ermäßigt besteuerter bzw. steuerfreier Gewinne keine Ausgleichsteuer erhoben[16]. Später wurde eine Ausgleichsteuer eingeführt, die auf der Ebene der Kapitalgesellschaft sicherstellt, daß der Steuergutschrift eine von der Kapitalgesellschaft entrichtete Körperschaftsteuer gegenübersteht[17].
Werden ausländische Einkünfte auf der Ebene der Kapitalgesellschaft von der Besteuerung freigestellt, wird im Ausschüttungsfall durch die Ausgleichsteuer diese Vergünstigung vollständig aufgehoben. Durch die Freistellung sollte die Neutralität der internationalen Besteuerung in der Form der Kapitalimportneutralität verwirklicht werden. Da das italienische Körperschaftsteuersystem im Fall der Freistellung die italienische Körperschaftsteuer bei der Ausschüttung vollständig nacherhebt, wird die Neutralität der internationalen Besteuerung auf der Ebene der Anteilseigner nicht erreicht.
Werden ausländische Steuern auf die italienische Körperschaftsteuer angerechnet, wird im Ausschüttungsfall durch die Ausgleichsteuer die angerechnete Steuer nacherhoben. Da die Maßnahme zur Vermeidung der Doppelbesteuerung im Ausschüttungsfall aufgehoben wird, ist die Neutralität der internationalen Besteuerung auf der Ebene der Anteilseigner nicht gegeben.
Damit wird beim Bezug freigestellter ausländischer Einkünfte und beim Bezug ausländischer Einkünfte mit anrechenbarer ausländischer Steuer die Rechtsformneutralität nicht erreicht, obwohl das italienische Körperschaftsteuersystem diese grundsätzlich verwirklicht. Durch die Erhebung der Ausgleichsteuer werden Interessengegensätze zwischen Anteilseignern mit unterschiedlichen Steuersätzen nicht vermieden.

---

16 Hundt, DB Beilage 17/1980, 12; Mayr, IWB, Fach 5 Italien, Gruppe 2, 134 und 318; Pöllath, RIW 1979, 760f..

17 Mayr, IWB, Fach 5 Italien, Gruppe 2, 318.
Die Ausgleichsteuer wird in bestimmten Fällen nicht erhoben. Dies gilt für bestimmte Förderungsgesetze für Süditalien. Für bestimmte Steuererleichterungen wird die Ausgleichsteuer auf die Hälfte reduziert. (Mayr, IWB, Fach 5 Italien, Gruppe 2, 319).

2. Vollanrechnungsverfahren mit differenzierender Ausgleichsteuer

Frankreich wendet ebenfalls ein Körperschaftsteuersystem mit Vollanrechnungsverfahren an[18]. Werden Gewinne ausgeschüttet, die von der französischen Körperschaftsteuer befreit waren bzw. die nicht der vollen Körperschaftsteuer unterlagen, wird eine Ausgleichsteuer (précompte mobilier) erhoben[19]. Der précompte mobilier stellt sicher, daß die Ausschüttungsbelastung mindestens der Steuergutschrift entspricht[20]. Um die steuerfreien von den besteuerten Einkünften zu trennen, werden die Einkünfte ähnlich der deutschen Eigenkapitalgliederung aufgegliedert[21].
Eine Besonderheit des französischen Körperschaftsteuersystems besteht darin, daß ausländische Quellensteuern bei der Erhebung des précompte mobilier auf diesen anrechenbar sind[22]. Daher verwirklicht das französische Körperschaftsteuersystem auf der Ebene der Anteilseigner die Neutralität der internationalen Besteuerung. Die Freistellung verwirklicht auf der Ebene der Kapitalgesellschaft die Kapitalimportneutralität. Da bei der Ausschüttung die ausländische Steuer auf den précompte mobilier angerechnet wird, wird auf der Ebene der Anteilseigner die Kapitalexportneutralität verwirklicht.
Durch die Anrechnung ausländischer Steuern auf den précompte mobilier kann es zur Erstattung nicht vereinnahmter Steuern durch den französischen Fiskus kommen.
Bei der Vermeidung der Doppelbesteuerung durch die Anrechnung ausländischer Steuern gelten die anrechen-

---

18 Vgl. Saß, DB 1993, 115f.; Viegener, IWB, Fach 5 Frankreich, Gruppe 2, 933.

19 Herzig, StuW 1990, 23; Pöllath, RIW 1979, 759f.; Tillmanns, IWB, Fach 5 Frankreich, Gruppe 2, 913.

20 Herzig, StuW 1990, 23; Pöllath, RIW 1979, 759; Tillmanns, IWB, Fach 5 Frankreich, Gruppe 2, 913.

21 Herzig, StuW 1990, 23f.; Pöllath, RIW 1979, 759.

22 Vgl. Farnschläder, IWB, Fach 5 Frankreich, Gruppe 2, 863; Hundt, DB Beilage 17/1980, 9; Jacobs/Spengel, IStR 1993, 39; Pöllath, RIW 1979, 760; Tillmanns, IWB, Fach 5 Frankreich, Gruppe 2, 898 und 907; Viegener, IWB, Fach 5 Frankreich, Gruppe 2, 935f..

baren ausländischen Steuern als französische Steuerbelastung. Unterliegen die ausländischen Einkünfte zwar der französischen Körperschaftsteuer, wurde die in Frankreich zu zahlende Körperschaftsteuer aber durch die Anrechnung ausländischer Steuern vermindert, wird kein précompte mobilier erhoben[23]. Die Anrechnung ausländischer Steuern verwirklicht daher für die Anteilseigner die Neutralität zwischen in- und ausländischen Einkünften der Kapitalgesellschaft, d.h. in diesem Fall die Kapitalexportneutralität, da die Vergünstigung der Anrechnung ausländischer Steuern bei der Ausschüttung nicht aufgehoben wird. Da ausländische Steuern, die auf die französischen Steuern angerechnet werden, als französische Steuerbelastung gelten, kann es für den französischen Fiskus zur Erstattung nicht vereinnahmter Steuern kommen.
Das französische Körperschaftsteuersystem wendet ein Vollanrechnungsverfahren an. Daher wird die Rechtsformneutralität erreicht und Interessengegensätze zwischen Anteilseignern mit unterschiedlichen Steuersätzen werden vermieden.

---

23 Hundt, DB Beilage 17/1980, 9; Pöllath, RIW 1979, 759.

§7. DARSTELLUNG UND BEURTEILUNG IN DER BUNDESREPUBLIK UNILATERAL DURCHFÜHRBARER REFORMVORSCHLÄGE

In diesem Abschnitt werden bisher in der Literatur vorgestellte und in dieser Untersuchung neu zu erarbeitende Reformvorschläge dargestellt, die unilateral in das deutsche Steuerrecht eingeführt werden können. Die Reformvorschläge werden mit Hilfe der in §4. (S. 98ff.) erarbeiteten Kriterien beurteilt.
Die Auswirkungen der verschiedenen Reformvorschläge werden für die unterschiedlichen Maßnahmen zur Vermeidung bzw. Milderung der Doppelbesteuerung gesondert dargestellt, um die Auswirkungen deutlicher herauszuarbeiten. Bei der Untersuchung der unilateral einführbaren Reformvorschläge wird davon ausgegangen, daß das Ausland ein klassisches Körperschaftsteuersystem mit ungemilderter Doppelbelastung anwendet.

A. Reformvorschläge für die Behandlung steuerfreier Einkünfte

Nicht behandelt werden in diesem Abschnitt steuerfreie Schachtelausschüttungen und Einkünfte, die durch die Anrechnung ausländischer Steuern faktisch von der inländischen Besteuerung freigestellt sind. Im geltenden Körperschaftsteuerrecht werden steuerfreie ausländische Einkünfte nach § 30 Abs. 2 Nr. 1 KStG dem EK 01 zugeordnet.

I. Einstellung in das EK 50

Dieser Reformvorschlag sieht vor, von der inländischen Besteuerung freigestellte Einkünfte voll in das EK 50 einzustellen, also als mit 50% Tarifbelastung i.S. § 27 Abs. 2 KStG belastet zu behandeln[1].

---

[1] Vgl. die noch auf den alten Körperschaftsteuersatz i.H.v. 56% bezogenen Vorschläge von: Brezing, AG 1979, 257 und GmbHR 1987, 155; Ritter, BB 1983, 326.
Das italienische Vollanrechnungsverfahren sah bei der Einführung vor, steuerfreie Einkünfte als voll mit Körperschaftsteuer belastet zu behandeln. Auf die Erhebung einer Aus-

Die Einstellung in das EK 50 stellt sicher, daß die Ausschüttung bei keinem Anteilseigner zu einer zusätzlichen Steuerbelastung gegenüber der Thesaurierung führt. Damit werden Interessengegensätze zwischen Anteilseignern mit unterschiedlichen Steuersätzen vermieden.
Zur Rechtsformneutralität führt die Einstellung in das EK 50 nur, wenn der Anteilseigner einem Steuersatz i.H.v. 50% unterliegt. Bei Anteilseignern mit einer niedrigeren Steuerbelastung kommt es zu Steuererstattungen, die den mittelbaren Bezug gegenüber dem unmittelbaren besserstellen. Bei einem Anteilseigner mit einem Steuersatz i.H.v. 20% führen steuerfreie Einkünfte i.H.v. 100 bei unmittelbarem Bezug zu einem Nettoeinkommen von 100. Bei mittelbarem Bezug über eine Kapitalgesellschaft erhält dieser Anteilseigner ein Nettoeinkommen von 160, da insgesamt Steuern i.H.v. 60 erstattet werden[2]. Der Bezug steuerfreier Einkünfte über eine Kapitalgesellschaft ist günstiger als der Bezug über eine Personengesellschaft. Nur für Anteilseigner mit einem Steuersatz i.H.v. 50% ist die Rechtsformneutralität gegeben. Der Reformvorschlag ist i.d.R. nicht rechtsformneutral[3].
Die Neutralität der internationalen Besteuerung ist i.d.R. nicht gegeben. Die Neutralität der internationalen Besteuerung ist z.B. nicht gegeben, wenn die ausländische Steuerbelastung freigestellter ausländischer Einkünfte und der Steuersatz des Anteilseigners unter 50% liegen. In diesem Fall liegt die Gesamtsteuerbelastung sowohl unter dem Belastungsniveau des In- als

---

gleichsteuer zur Herstellung einer einheitlichen Ausschüttungsbelastung wurde verzichtet. (Vgl. Mayr, Münchener Schriften zum Internationalen Steuerrecht, Heft 1, S. 20; Müller-Dott, Münchener Schriften zum Internationalen Steuerrecht, Heft 1, S. 25).
Später wurde eine Ausgleichsteuer eingeführt, die sicherstellt, daß auf der Ebene der Kapitalgesellschaft eine Steuer i.H. der Steuergutschrift tatsächlich gezahlt wurde. (Mayr, IWB, Fach 5 Italien, Gruppe 2, 318).

2 Vgl. Brezing, AG 1979, 257.

3 Vgl. Herzig/Dötsch, Festschrift 40 Jahre DER BETRIEB, S. 132; unzutreffend Ritter, BB 1983, 326.

auch des Auslands. Wenn z.B. über eine Kapitalgesellschaft bezogene freigestellte ausländische Einkünfte i.H.v. 100 einer ausländischen Steuer i.H.v. 30 unterliegen, werden 70 in das EK 50 eingestellt und die zu versteuernden Einkünfte des Anteilseigners betragen 140. Unterliegt dieser einem Steuersatz i.H.v. 30%, beläuft sich das Nettoeinkommen auf 98. Die Gesamtsteuerbelastung von 2 unterschreitet sowohl das in- als auch das ausländische Belastungsniveau und ist daher nicht neutral. Bei noch niedrigeren in- und ausländischen Steuersätzen kommt es sogar zu Zuschüssen zu den Einkünften. Betragen z.B. die tatsächliche Steuerbelastung im Ausland und der Steuersatz des Anteilseigners 20%, beträgt der "Steuer"-Zuschuß 28% der Auslandseinkünfte. Die Erstattung nicht vereinnahmter Steuern wird nur vermieden, wenn der Anteilseigner einem Steuersatz i.H.v. mindestens 50% unterliegt. Liegt der Steuersatz des Anteilseigners unter 50%, erstattet der inländische Fiskus Steuern, die dieser niemals eingenommen hat[4]. Unterliegt der Anteilseigner z.B. einem Steuersatz i.H.v. 40%, erstattet der inländische Fiskus 10%, obwohl er die Steuern nicht eingenommen hat.

II. Einstellung in das EK 36

Dieser Reformvorschlag stellt steuerfreie Einkünfte in das EK 36 ein[5], so daß bei der Ausschüttung keine Körperschaftsteuererhöhung nach § 27 Abs. 1 KStG erforderlich ist.

Die Einstellung in das EK 36 wirkt für Anteilseigner mit einem Steuersatz über 36% als Begünstigung thesaurierter Gewinne, da eine Ausschüttung gegenüber der Thesaurierung für sie mit einer zusätzlichen Steuerbelastung verbunden ist. Interessengegensätze zwischen Anteilseignern mit unterschiedlichen Steuersätzen bleiben daher bestehen.

Die Rechtsformneutralität erreicht der Vorschlag nur für Anteilseigner, die einem Steuersatz i.H.v. 36% un-

---

4 Haase/Roßmayer, DStR 1991, 1130f..

5 Vgl. Brezing, AG 1979, 257; Herzig, StuW 1990, 33; Pöllath, RIW 1979, 762; Ritter, BB 1983, 326.

terliegen. Ausschließlich diese Anteilseigner erhalten bei mittel- und unmittelbarem Bezug ein Nettoeinkommen in gleicher Höhe.
Für Anteilseigner mit einem Steuersatz über 36% ist der unmittelbare Bezug günstiger, da für sie der mittelbare Bezug zusätzliche Steuern verursacht. Anteilseigner mit einem Steuersatz unter 36% stellen sich bei mittelbarem Bezug günstiger, da sie dann eine Steuererstattung erhalten, die sie bei unmittelbarem Bezug nicht bekommen. Steuerfreie ausländische Einkünfte i.H.v. 64 führen bei mittelbarem Bezug für einen Anteilseigner mit einem Steuersatz i.H.v. 36% zu einem Nettoeinkommen von 64. Anteilseigner mit einem Steuersatz i.H.v. 50% erhalten ein Nettoeinkommen von 50 und Anteilseigner mit einem Steuersatz i.H.v. 20% ein Nettoeinkommen von 80. Bei unmittelbarem Bezug beläuft sich das Nettoeinkommen unabhängig vom Steuersatz auf 64. Durch diesen Vorschlag wird die Rechtsformneutralität daher nicht erreicht.
Der Vorschlag gewährleistet nicht die Neutralität der internationalen Besteuerung. Das Steuerbelastungsniveau kann sowohl über als auch unter der neutralen Bandbreite liegen, die zwischen der Steuerbelastung des Inlands und der des Auslands liegt. Betragen die ausländische Belastung der freigestellten Einkünfte und der Steuersatz des Anteilseigners mehr als 36%, liegt die Gesamtbelastung über der neutralen Bandbreite. Sind beide Steuersätze kleiner als 36%, liegt die Gesamtbelastung unter der neutralen Bandbreite. Betragen die ausländische Belastung der freigestellten Einkünfte und der Steuersatz des Anteilseigners z.B. 40%, beträgt die Gesamtbelastung 43,75%. Betragen beide Sätze z.B. 20, macht die Gesamtbelastung 0% aus. Auch bei diesem Vorschlag kommt es bei niedrigeren Steuersätzen zu "Steuer"-Zuschüssen zu den ausländischen Einkünften[6].
Die Erstattung nicht vereinnahmter Steuern durch den inländischen Fiskus wird nicht vermieden[7]. Wird der Anteilseigner mit einem Steuersatz unter 36% besteuert, erstattet der inländische Fiskus nicht erhobene Steuern. Unterliegt der Anteilseigner z.B. einem

---

6 Haase/Roßmayer, DStR 1991, 1130; Pumbo, DB 1992, 1994.
7 Haase/Roßmayer, DStR 1991, 1130; Pumbo, DB 1992, 1994.

Steuersatz i.H.v. 20%, erstattet der inländische Fiskus 16% Steuern, die er nicht eingenommen hat.

III. Anrechnung ausländischer Steuern als Tarifbelastung

Dieser Vorschlag sieht vor, ausländische Steuern, die der Steuerpflichtige selbst entrichtet hat, bis zur Höhe des Körperschaftsteuersatzes für einbehaltene Gewinne i.H.v. 50% als Tarifbelastung i.S. § 27 Abs. 2 KStG zu werten[8]. Da die Einkünfte der Kapitalgesellschaft im Inland freigestellt bleiben, können Tarifbelastungen entstehen, die nicht 50% betragen. Wie bisher werden nach § 32 Abs. 2 KStG Tarifbelastungen zwischen 0 und 36% auf das EK 01 und das EK 36 aufgeteilt, Tarifbelastungen zwischen 36 und 50% auf das EK 36 und das EK 50. Liegt die Belastung mit ausländischer Steuer über 50%, wird der Restbetrag in das EK 50 eingestellt. Die Kommission zur Verbesserung der steuerlichen Bedingungen für Investitionen und Arbeitsplätze sieht eine Abwandlung vor. Bei ausländischen Belastungen über 50% wird die Differenz zwischen der ausländischen Steuer und der auf dem Zugang zum EK 50 lastenden Tarifbelastung im Ausschüttungsfall dem Anteilseigner als Einkünfte aus Kapitalvermögen zugerechnet und besteuert. Dadurch ist beabsichtigt, die Erstattung ausländischer Steuern durch den inländischen Fiskus zu vermeiden[9].

---

[8] Vgl. Herzig, StuW 1990, 32f.; Mösbauer, FR 1987, 53; Ritter, BB 1983, 326; Schuler, Körperschaftsteuerliche Aspekte der geplanten Unternehmenssteuerreform, S. 143ff.; im Grundsatz auch Gutachten der Kommission zur Verbesserung der steuerlichen Bedingungen für Investitionen und Arbeitsplätze, Rz. 460ff.. Dieser Vorschlag entspricht der Vorgehensweise des französischen Körperschaftsteuerrechts (Tillmanns, IWB, Fach 5 Frankreich, Gruppe 2, 898; Viegener, IWB, Fach 5 Frankreich, Gruppe 2, 935f.).

[9] Gutachten der Kommission zur Verbesserung der steuerlichen Bedingungen für Investitionen und Arbeitsplätze, Rz. 466. Nicht eingegangen wird in dem Gutachten auf die praktische Durchführung. Da diese Beträge nicht unterscheidbar in das EK 50 eingehen, müssen die einzelnen Einkünfte festgehalten werden,

Beträgt z.B. die ausländische Steuer 60%, werden 40% in das EK 50 eingestellt. Bei der Ausschüttung führen diese 40% mit der Steuergutschrift beim Anteilseigner zu Einnahmen i.H.v. 80%. Zusätzlich werden dem Anteilseigner 20% zugerechnet. Dies ist die Differenz zwischen der ausländischen Steuer und der auf dem Zugang zum EK 50 lastenden Tarifbelastung. Insgesamt betragen die zu versteuernden Einkünfte des Anteilseigners 100%.
Beide Vorschläge vermeiden Interessengegensätze zwischen Anteilseignern mit unterschiedlichen Steuersätzen nicht. Die Einstellung in das EK 01 bzw. EK 36 wirkt für Anteilseigner mit Steuersätzen über 0% bzw. über 36% als Begünstigung thesaurierter Gewinne. Im Ausschüttungsfall entsteht gegenüber der Thesaurierung eine zusätzliche Steuerbelastung.
Der Interessengegensatz wird durch die Abwandlung sogar auf das EK 50 ausgedehnt, wenn die ausländische Steuerbelastung mehr als 50% beträgt. Mit der Ausschüttung von EK 50 wird dann die Differenz zwischen der ausländischen Steuerbelastung und der inländischen Körperschaftsteuer, die auf den Zugang der ausländischen Einkünfte zum EK 50 entfällt, den Anteilseignern als Einkommen zugerechnet. Daher kann die Ausschüttung solcher EK 50 Beträge für den Anteilseigner mit zusätzlichen Steuerbelastungen verbunden sein[10]. Beträgt bei ausländischen Einkünften i.H.v. 100 die ausländische Steuerbelastung 60, resultiert daraus ein EK 50 i.H.v. 40. Der Anteilseigner erhält daraus eine Bruttoausschüttung von 80. Zu versteuern hat der Anteilseigner aber 100, da zu den 80 die Differenz i.H.v. 20 zwischen der ausländischen Steuer und der auf dem EK 50 lastenden Tarifbelastung addiert wird. Bei einem Steuersatz i.H.v. 50% erhält der Anteilseigner ein Nettoeinkommen i.H.v. 30. Die Gesamtsteuerbelastung beträgt 70, 10 mehr als bei Thesaurierung.

---

und eine Verwendungsreihenfolge muß festgelegt werden. Bei einer Zusammenfassung dieser Einkünfte würde es zu einer Durchschnittsbildung kommen, die mit der Intention dieser Maßnahme nicht vereinbar ist.

10 Dies ist der Fall, wenn der Steuersatz des Anteilseigners mehr als (1 - ausländischer Steuersatz) beträgt.

Die Rechtsformneutralität wird durch beide Vorschläge nicht sichergestellt.
Bei unmittelbarem Bezug freigestellter Auslandseinkünfte beläuft sich das Nettoeinkommen auf die ausländischen Einkünfte abzüglich der ausländischen Steuer.
Bei dem Grundvorschlag können sich durch den mittelbaren Bezug für die Anteilseigner je nach Höhe der Steuersätze Vor- und Nachteile ergeben[11].
Nur für Anteilseigner, deren Steuersatz der ausländischen Steuerbelastung entspricht, bewirkt der Reformvorschlag die Rechtsformneutralität. Dies gilt bei ausländischen Steuersätzen über 50% nur für Anteilseigner mit einem Steuersatz i.H.v. 50%.
Anteilseigner, deren Steuersatz geringer als die ausländische Steuerbelastung ist, stellen sich bei mittelbarem Bezug günstiger, da in diesem Fall eine Steuererstattung erfolgt. Betragen die ausländischen Steuern mehr als 50%, gilt dies nur für Anteilseigner, die einem Steuersatz i.H.v. weniger als 50% unterliegen, da die Anrechnung ausländischer Steuern auf den Thesaurierungssteuersatz i.H.v. 50% beschränkt ist.
Für Anteilseigner, deren Steuersatz die ausländische Steuerbelastung übersteigt, ist dagegen der unmittelbare Bezug freigestellter Einkünfte günstiger.
Betragen die ausländischen Einkünfte 100 und die ausländische Steuer 40, beträgt das Nettoeinkommen eines Anteilseigners mit einem Steuersatz i.H.v. 30% bei mittelbarem Bezug 70, eines Anteilseigners mit einem Steuersatz i.H.v. 40% 60 und eines Anteilseigners mit einem Steuersatz i.H.v. 50% 50. Bei unmittelbarem Bezug erhalten dagegen alle drei Anteilseigner 60.
Liegt die ausländische Steuerbelastung bei 60, werden 40 in das EK 50 eingestellt, die beim Anteilseigner zu zu versteuernden Einkünften i.H.v. 80 führen. Anteilseigner mit einem Steuersatz i.H.v. 50% erhalten ein Nettoeinkommen von 40, Anteilseigner mit einem niedrigeren Steuersatz ein Nettoeinkommen von mehr als 40. Bei unmittelbarem Bezug beträgt das Nettoeinkommen in jedem Fall 40.
Die Abwandlung gelangt bei ausländischen Steuersätzen über 50% zu anderen Ergebnissen. Wegen der Aufstockung

---

11 Herzig/Dötsch, Festschrift 40 Jahre DER BETRIEB, S. 132.

der zu versteuernden Einkünfte um den Differenzbetrag sind die Nettoeinkünfte bei mittelbarem Bezug geringer. Die Rechtsformneutralität erreicht die Abwandlung bei ausländischen Steuersätzen über 50% nur für Anteilseigner, die einem Steuersatz i.H.v. (1 - ausländischer Steuersatz) unterliegen. Liegt der Steuersatz darunter, werden sie bei mittelbarem Bezug günstiger als bei unmittelbarem gestellt, liegt er darüber, werden sie bei unmittelbarem Bezug günstiger als bei mittelbarem gestellt. Die Benachteiligung gegenüber dem unmittelbaren Bezug kann die Benachteiligung bei z.Zt. gültiger Rechtslage übertreffen. Betragen die ausländischen Einkünfte 100 und die ausländische Steuer 70, betragen die zu versteuernden Einkünfte 100. Davon fließen dem Anteilseigner allerdings nur 60 als Ausschüttung und Steuerguthaben zu, der Rest wird ihm zugerechnet. Unterliegt der Anteilseigner einem Steuersatz i.H.v. 50%, beläuft sich das Nettoeinkommen auf 10. Nach jetziger Rechtslage bekommt er immerhin 15. Rechnerisch kann sich sogar ein negatives Nettoeinkommen ergeben. Betragen die ausländischen Einkünfte 100 und die ausländische Steuerbelastung 80[12], werden 20 in das EK 50 eingestellt. Der Anteilseigner erhält zu versteuernde Einkünfte i.H.v. 100, von denen ihm nur 40 als Ausschüttung und Steuergutschrift zufließen. 60 werden ihm zugerechnet. Bei Steuersätzen über 40% wird das Nettoeinkommen negativ[13].

Die Neutralität der internationalen Besteuerung ist bei dem Grundvorschlag gegeben. Die Gesamtbelastung beläuft

---

12 Dies ist nicht vollkommen unrealistisch und z.B. in Verbindung mit einer Kostenprogression denkbar. Unter einer Kostenprogression wird verstanden, daß ausländische Quellensteuern auf Einnahmen ohne Berücksichtigung der damit verbundenen Ausgaben erhoben werden. Beispiel: Zinsen eines Darlehens werden mit Quellensteuern belastet, ohne daß Refinanzierungsausgaben berücksichtigt werden. (Menck, Münchener Schriften zum Internationalen Steuerrecht, Heft 7, S. 30f.; Menck in Mössner u.a., Steuerrecht international tätiger Unternehmen, Rz. A 38).

13 Allgemein wird das Nettoeinkommen negativ, wenn der Steuersatz des Anteilseigners höher als 2 * (1 - ausländischer Steuersatz) ist.

sich auf das inländische Belastungsniveau, wenn die ausländische Belastung 50% nicht übersteigt[14]. Betragen die ausländische Steuer 40% und der Steuersatz des Anteilseigners 30%, beträgt das Nettoeinkommen des Anteilseigners 70%. Bei einer ausländischen Belastung über 50% liegt die Gesamtbelastung zwischen dem in- und dem ausländischen Belastungsniveau. Betragen die ausländische Steuer 60% und der Steuersatz des Anteilseigners 30%, beträgt das Nettoeinkommen des Anteilseigners 56%[15].

Bei der Abwandlung ist die Neutralität der internationalen Besteuerung bis zu einer ausländischen Steuerbelastung i.H.v. 50% gegeben. Beträgt der ausländische Steuersatz mehr als 50%, kann die Gesamtsteuerbelastung den neutralen Bereich, d.h. hier die ausländische Steuerbelastung, übersteigen. Dies ist der Fall, wenn der Steuersatz des Anteilseigners höher als (1 - ausländischer Steuersatz) ist. Beträgt z.B. bei ausländischen Einkünften i.H.v. 100 die ausländische Steuerbelastung 60, erhält der Anteilseigner bei einem Steuersatz i.H.v. 50% ein Nettoeinkommen von 30. Dies übertrifft sowohl die inländische (50%) als auch die ausländische Steuerbelastung (60%).

Der Grundvorschlag stellt die Neutralität der internationalen Besteuerung sicher. Bei der Abwandlung ist die Neutralität bei ausländischen Steuerbelastungen über 50% nicht immer gegeben.

Der Grundvorschlag führt zur Erstattung nicht vereinnahmter Steuern, wenn der Steuersatz des Anteilseigners die ausländische Steuerbelastung unterschreitet[16]. Beträgt die ausländische Steuerbelastung mehr als 50%, werden nicht vereinnahmte Steuern erstattet, wenn der Steuersatz des Anteilseigners unter 50% liegt.

Bei der Abwandlung gilt dies bis zu einer ausländischen Steuerbelastung i.H.v. 50% genauso[17]. Beträgt die aus-

---

14 Vgl. Haase/Roßmayer, DStR 1991, 1128; Pumbo, DB 1992, 1993.

15 Einstellung in das EK 50 40%
daraus resultierende zu versteuernde Einkünfte 80%
Nettoeinkommen (Steuersatz 30%) 56%

16 Haase/Roßmayer, DStR 1991, 1128; Pumbo, DB 1992, 1993.

17 Auch die Kommission lehnt eine Erstattung nicht vereinnahmter Steuern ab. (Gutachten der Kommission zur Verbesserung der

ländische Steuerbelastung mehr als 50%, werden nicht vereinnahmte Steuern erstattet, sofern der Steuersatz des Anteilseigners geringer als (1 - ausländischer Steuersatz) ist[18]. Die Erstattung tritt bei ausländischen Steuern über 50% durch die Abwandlung damit erst bei geringeren Steuersätzen auf, wird allerdings nicht vermieden.

IV. Anrechnung ausländischer Steuern auf die Ausschüttungsbelastung

Der Vorschlag sieht vor, von dem Steuersubjekt selbst entrichtete ausländische Steuern bis zur Höhe der Ausschüttungsbelastung auf diese anzurechnen[19]. Ausländische Steuern werden bis zur Höhe von 36% als Tarifbelastung i.S. § 27 Abs. 2 KStG gewertet. Da die ausländischen Einkünfte von der inländischen Besteuerung freigestellt bleiben, können bei diesem Vorschlag nur Eigenkapitalteile mit Tarifbelastungen zwischen 0% und 36% entstehen, die nach § 32 Abs. 2 Nr. 1 KStG auf das EK 01 und das EK 36 aufgeteilt werden.
Die Einstellung in das EK 01 bzw. das EK 36 wirkt für Anteilseigner mit Steuersätzen über 0 bzw. 36% als Begünstigung thesaurierter Gewinne. Interessengegensätze zwischen Anteilseignern mit unterschiedlichen Steuersätzen werden daher nicht vermieden.

---

steuerlichen Bedingungen für Investitionen und Arbeitsplätze, Rz. 466).
In dem Beispiel dieses Gutachtens (vgl. im oben genannten Gutachten, Rz. 462) kann die Erstattung herbeigeführt werden, wenn der Anteilseigner einem Steuersatz von unter 30% unterliegt.

18 Im Beispiel des Gutachtens (vgl. Gutachten der Kommission zur Verbesserung der steuerlichen Bedingungen für Investitionen und Arbeitsplätze, Rz. 463) werden nicht vereinnahmte Steuern erstattet, wenn der Steuersatz des Anteilseigners unter 40% = (1 - 60%) liegt.

19 Vgl. Flick, DB 1977, 34; Greif, RIW 1977, 217; Heibel, DB 1984, 2068; Kuhn, FR 1979, 315; Pöllath, RIW 1979, 762.
Bezogen auf die im Standortsicherungsgesetz vorgesehenen Steuersätze Zeitler/Krebs, DB 1993, 1052ff..

Die Rechtsformneutralität wird durch den Vorschlag nicht gewährleistet.
Bei freigestellten ausländischen Einkünften beläuft sich das Nettoeinkommen bei unmittelbarem Bezug auf die ausländischen Einkünfte abzüglich der ausländischen Steuerbelastung.
Beträgt die ausländische Steuerbelastung nicht mehr als 36%, bewirkt der Reformvorschlag bei mittelbarem Bezug die Rechtsformneutralität nur für Anteilseigner, die einem der ausländischen Steuerbelastung entsprechenden Steuersatz unterliegen. Übersteigt der Steuersatz des Anteilseigners die ausländische Steuerbelastung, ist der unmittelbare Bezug günstiger. Liegt der Steuersatz des Anteilseigners niedriger als die ausländische Steuerbelastung, ist der mittelbare Bezug günstiger. Bei ausländischen Einkünften i.H.v. 100 und einer ausländischen Steuerbelastung i.H.v. 20 beträgt das Nettoeinkommen bei mittelbarem Bezug für Anteilseigner mit einem Steuersatz i.H.v. 10% 90, mit einem Steuersatz i.H.v. 20% 80 und mit einem Steuersatz i.H.v. 50% 50. Bei unmittelbarem Bezug beträgt bei allen Anteilseignern das Nettoeinkommen 80.
Übersteigt die ausländische Steuer 36%, ist für Anteilseigner mit einem Steuersatz i.H.v. 36% die Rechtsformneutralität gegeben. Für Anteilseigner mit einem Steuersatz unter 36% ist der mittelbare Bezug günstiger, für Anteilseigner mit einem Steuersatz über 36% der unmittelbare Bezug. Bei ausländischen Einkünften i.H.v. 100 und einer ausländischen Steuer i.H.v. 40 beträgt das Nettoeinkommen für Anteilseigner mit Steuersätzen i.H.v. 20% 75, für Anteilseigner mit Steuersätzen i.H.v. 36% 60 und für Anteilseigner mit Steuersätzen i.H.v. 50% 46,875. Bei unmittelbarem Bezug würde das Nettoeinkommen bei allen 60 betragen.
Die Neutralität der internationalen Besteuerung wird nicht sichergestellt.
Solange die ausländische Steuerbelastung 36% nicht übersteigt, ist die Neutralität der internationalen Besteuerung gewährleistet. Die Gesamtbelastung entspricht dann dem inländischen Steuersatz des Anteilseigners.
Übersteigt die ausländische Belastung 36%, ist die Besteuerung nur neutral, wenn der Steuersatz des Anteilseigners 36% nicht übersteigt. Die Gesamtbelastung liegt

dann zwischen der in- und der ausländischen Belastung. Übersteigt auch der Steuersatz des Anteilseigners 36%, ist die Neutralität der internationalen Besteuerung nicht mehr gegeben. Die Gesamtbelastung übertrifft dann sowohl die in- als auch die ausländische Belastung. Beträgt z.B. die ausländische Steuer 40 bei Einkünften i.H.v. 100, beträgt das Nettoeinkommen eines Anteilseigners mit einem Steuersatz i.H.v. 40% 56,25.
Die Erstattung nicht vereinnahmter Steuern durch den inländischen Fiskus wird nicht vermieden[20].
Zur Erstattung nicht vereinnahmter Steuern kommt es, solange die ausländischen Steuern 36% nicht übersteigen, wenn der Steuersatz des Anteilseigners niedriger als die ausländische Steuerbelastung ist. Übersteigt die ausländische Steuerbelastung 36%, kommt es zur Erstattung, wenn der Steuersatz des Anteilseigners niedriger als 36% ist. Beträgt z.B. bei ausländischen Einkünften die ausländische Steuer 20% und der Steuersatz des Anteilseigners 0%, erstattet der inländische Fiskus nicht vereinnahmte Steuern i.H.v. 20%. Beträgt die ausländische Steuer 40% und der Steuersatz des Anteilseigners 0%, erstattet der inländische Fiskus nicht vereinnahmte Steuern i.H.v. 33,75%[21].

V. Steuerfreie Durchleitung steuerfreier Einkünfte

Der Vorschlag sieht vor, steuerfreie Einkünfte der Kapitalgesellschaft ohne Körperschaftsteuererhöhung steuerfrei an den Anteilseigner weiterzuleiten[22]. Erforder-

---

20 Pumbo, DB 1992, 1994f..

21 Diese Zahl ergibt sich folgendermaßen:

ausländische Steuer	40%
Einstellung EK 36	60%
Bruttoausschüttung (Ausschüttung + Steuerguthaben)	93,75%

Da der Steuersatz des Anteilseigners 0% beträgt, entspricht die Bruttoausschüttung dem Nettoeinkommen. Da der Zufluß aus dem Ausland 60% beträgt, erstattet der inländische Fiskus 33,75%.

22 Vgl. Brezing, AG 1979, 253f.; Gutachten der Steuerreformkommission, Schriftenreihe des BMF, Heft 17, Rz. IV/239ff.; Institut Finanzen und Steuern, Nr. 249, S. 17ff..

lich ist hierfür die Aufzeichnung steuerfreier Einkünfte in einer gesonderten Eigenkapitalgruppe. Für die Eigenkapitalgruppe wird die Bezeichnung EK 01A vorgeschlagen[23]. Auf der Ausschüttungsbescheinigung wird der steuerfreie Anteil der Ausschüttung gesondert angegeben[24]. Möglich ist dann auch die Berücksichtigung des Progressionsvorbehalts durch einen Hinweis auf der Ausschüttungsbescheinigung[25].
Eine Behandlung entsprechend dem EK 04[26] ist nicht geeignet, steuerfreie Einkünfte endgültig steuerfrei an sämtliche Anteilseigner weiterzuleiten. Wird die Beteiligung im Betriebsvermögen gehalten, ist der Buchwert um den Betrag der Ausschüttung aus dem EK 04 zu vermindern[27]. Bei einer späteren Veräußerung entsteht ein höherer steuerpflichtiger Veräußerungsgewinn bzw. ein geringerer Veräußerungsverlust. Übersteigen die Ausschüttungen aus dem EK 04 den Buchwert, sind sie gewinnerhöhende Betriebseinnahmen. Dies gilt ebenso für wesentliche Beteiligungen i.S. § 17 EStG[28]. Nur für im Privatvermögen gehaltene, i.S. § 17 EStG nicht wesentliche Beteiligungen würde eine Behandlung entsprechend dem EK 04 die steuerfreie Durchleitung gewährleisten.
Die steuerfreie Ausschüttung steuerfreier ausländischer Einkünfte hat für keinen Anteilseigner im Vergleich zur Thesaurierung zusätzliche Steuerzahlungen zur Folge[29]. Interessengegensätze zwischen Anteilseignern mit unterschiedlichen Steuersätzen werden folglich vermieden.

---

23 Vgl. Institut Finanzen und Steuern, Nr. 249, S. 40f..

24 Die gesonderte Angabe freigestellter Einkünfte ist bereits jetzt für die Bekanntmachung ausgeschütteter oder thesaurierter Erträge von Investmentgesellschaften vorgesehen. (Vgl. §§ 41 Abs. 1 und 42 KAGG).

25 Bei Investmentgesellschaften bereits jetzt so vorgesehen. (Vgl. §§ 40 Abs. 3 und 41 Abs. 1 KAGG).

26 Vgl. Brezing, AG 1979, 254; Institut Finanzen und Steuern, Nr. 249, S. 18.

27 BMF v. 9.1.1987, BStBl I 1987, 171.

28 Abschn. 140 Abs. 9 EStR.

29 Vgl. Haase/Roßmayer, DStR 1991, 1131.

Die Rechtsformneutralität wird durch den Vorschlag erreicht[30]. Bei unmittelbarem Bezug beläuft sich das Nettoeinkommen auf die ausländischen Einkünfte abzüglich der ausländischen Steuer. Bei mittelbarem Bezug vereinnahmt die Kapitalgesellschaft die ausländischen Einkünfte abzüglich der ausländischen Steuer. Diese Einkünfte können steuerfrei vom Anteilseigner bezogen werden. Damit beläuft sich auch bei mittelbarem Bezug das Nettoeinkommen auf die Einkünfte abzüglich der ausländischen Steuer.
Bei unmittelbarem Bezug werden ausländische Einkünfte i.d.R. mit Progressionsvorbehalt freigestellt. Wird dies auf der Ausschüttungsbescheinigung angegeben, ist dies auch bei mittelbarem Bezug möglich.
Die Neutralität der internationalen Besteuerung ist gewährleistet, da die Steuerbelastung der ausländischen Steuerbelastung entspricht. Darüber hinaus ist sichergestellt, daß die bei Abschluß des DBA mit der Freistellung angestrebte Art der Neutralität, die Kapitalimportneutralität, bei mittelbarem Bezug ausländischer Einkünfte erhalten bleibt.
Die Erstattung nicht vereinnahmter Steuern wird vermieden, da die Nettoeinkünfte der Kapitalgesellschaft in unveränderter Höhe an die Anteilseigner weitergeleitet werden.

VI. Ergebnis für die Freistellung

Der letzte Vorschlag vermeidet Interessengegensätze zwischen Anteilseignern mit unterschiedlichen Steuersätzen und die Erstattung nicht vereinnahmter Steuern. Zusätzlich erreicht er die Rechtsformneutralität und die Neutralität der internationalen Besteuerung.
Er ermöglicht die Anwendung des Progressionsvorbehalts auch bei mittelbarem Bezug und erhält die durch die Freistellung in den DBA angestrebte Kapitalimportneutralität. Er läßt sich im System der Eigenkapitalgliederung des Körperschaftsteuerrechts realisieren.

---

30 Vgl. Institut Finanzen und Steuern, Nr. 249, S. 18; Pumbo, DB 1992, 1995.

Daher wird empfohlen, steuerfreie Einkünfte steuerfrei an die Anteilseigner weiterzuleiten.

B. Reformvorschläge für die Behandlung angerechneter ausländischer Steuern

I. Direkte Anrechnung

1. Anerkennung direkt angerechneter ausländischer Steuern als Tarifbelastung bis zur Höhe von 50%

Vom Steuerpflichtigen selbst entrichtete ausländische Steuern werden bis zur Höhe von 50% als Tarifbelastung i.S. § 27 Abs. 2 KStG gewertet[31]. Bei der Anrechnung ausländischer Steuern beträgt dann die Tarifbelastung immer 50%. Beträgt die ausländische Steuerbelastung mehr als 50%, wird der Restbetrag in das EK 50 eingestellt und als mit 50% belastet behandelt.
Die Abwandlung der Kommission zur Verbesserung der steuerlichen Bedingungen für Investitionen und Arbeitsplätze für ausländische Belastungen über 50%[32] wird in der Untersuchung berücksichtigt.
Bei dem Grundvorschlag entstehen keine Interessengegensätze zwischen Anteilseignern mit unterschiedlichen

---

31 Vgl. Brezing, AG 1979, 254; Gutachten der Kommission zur Verbesserung der steuerlichen Bedingungen für Investitionen und Arbeitsplätze, Rz. 460ff.; Gutachten der Steuerreformkommission, Schriftenreihe des BMF, Heft 17, Rz. IV/277; Herzig, StuW 1990, 32f.; Mösbauer, FR 1987, 53; Ritter, BB 1983, 326; Schuler, Körperschaftsteuerliche Aspekte der geplanten Unternehmenssteuerreform, S. 143ff..
Eine solche Vorgehensweise sah das italienische Vollanrechnungsverfahren vor. Wurde infolge der Anrechnung ausländischer Steuern nur eine ermäßigte bzw. keine italienische Körperschaftsteuer erhoben, wurden diese Einkünfte trotzdem als voll mit italienischer Körperschaftsteuer belastet behandelt. (vgl. Mayr, Münchener Schriften zum Internationalen Steuerrecht, Heft 1, S. 20f.). Später wurde eine Ausgleichsteuer eingeführt, die sicherstellt, daß die Ausschüttungen mit italienischer Steuer i.H. der Steuergutschrift belastet sind. (Mayr, IWB, Fach 5 Italien, Gruppe 2, 318).

32 Vgl. dazu Abschnitt §7.A.III. dieser Arbeit (S. 178f.).

Steuersätzen, da sämtliche Eigenkapitalteile in das EK 50 eingestellt werden.
Bei der Abwandlung der Kommission zur Verbesserung der steuerlichen Bedingungen für Investitionen und Arbeitsplätze entsteht ein solcher Interessengegensatz allerdings bei der Ausschüttung von Einkünften, deren ausländische Steuerbelastung mehr als 50% beträgt. Bei der Ausschüttung dieser Einkünfte kann es gegenüber der Thesaurierung zu einer zusätzlichen Steuerbelastung kommen[33].
Weder der Grundvorschlag noch die Abwandlung der Kommission zur Verbesserung der steuerlichen Bedingungen für Investitionen und Arbeitsplätze stellen die Rechtsformneutralität sicher.
Beträgt die ausländische Steuerbelastung nicht mehr als 50% und ist der Steuersatz der Anteilseigner nicht niedriger als die ausländische Steuerbelastung, ist die Rechtsformneutralität gegeben. Insgesamt werden die ausländischen Einkünfte bei mittel- und unmittelbarem Bezug mit dem Steuersatz des Anteilseigners belastet.
Übersteigt der ausländische Steuersatz den individuellen Steuersatz des Anteilseigners, stellt sich der Anteilseigner bei mittelbarem Bezug günstiger. Bei unmittelbarem Bezug bleibt ein Anrechnungsüberhang bestehen, und der Anteilseigner wird insgesamt mit der ausländischen Steuer belastet. Bei mittelbarem Bezug wird die Gesamtbelastung vom höheren ausländischen Steuersatz auf den niedrigeren Steuersatz des Anteilseigners abgesenkt, da die den Steuersatz des Anteilseigners übersteigende Steuer erstattet wird.
Beträgt der ausländische Steuersatz z.B. 50% und der inländische Steuersatz des Anteilseigners 30%, beläuft sich das Nettoeinkommen bei unmittelbarem Bezug auf 50% und bei mittelbarem auf 70%.
Beträgt die ausländische Steuer mehr als 50%, ist für Anteilseigner mit einem Steuersatz i.H.v. 50% die Rechtsformneutralität gegeben. Unterschreitet der indi-

---

33 Wird das hohe Steuerniveau der Bundesrepublik berücksichtigt, hat dieser Nachteil wahrscheinlich kein großes Gewicht. Trotzdem können durch Kostenprogressionen entsprechende ausländische Belastungen entstehen.

viduelle Steuersatz des Anteilseigners 50%, ist der mittelbare Bezug vorteilhafter.
Beträgt z.B. die ausländische Steuer 70%, erhält bei mittelbarem Bezug ein Anteilseigner mit einem individuellen Steuersatz i.H.v. 0% ein Nettoeinkommen von 60%, ein Anteilseigner mit einem Steuersatz i.H.v. 50% ein Nettoeinkommen von 30%. Bei unmittelbarem Bezug erhalten beide ein Nettoeinkommen von 30%. Dieses Ergebnis entspricht demjenigen in Abschnitt §7.A.III. dieser Arbeit (S. 178ff.).
Insgesamt entwickelt sich das Nettoeinkommen bei unmittel- und mittelbarem Bezug folgendermaßen:

Beispiel 20: Nettoeinkommen bei Anerkennung direkt angerechneter ausländischer Steuern als Tarifbelastung bis zur Höhe von 50%

Steuersatz der Anteilseigner in %	0	10	20	30	40	50
ausländische Steuerbelastung 30%	(entstehendes EK 50 = 50)					
mittelbarer Bezug (Vorschlag)	100	90	80	70	60	50
unmittelbarer Bezug	70	70	70	70	60	50
ausländische Steuerbelastung 50%	(entstehendes EK 50 = 50)					
mittelbarer Bezug (Vorschlag)	100	90	80	70	60	50
unmittelbarer Bezug	50	50	50	50	50	50
ausländische Steuerbelastung 70%	(entstehendes EK 50 = 30)					
mittelbarer Bezug (Vorschlag)	60	54	48	42	36	30
unmittelbarer Bezug	30	30	30	30	30	30

Aus dem Beispiel ist zu erkennen, daß bei hohen ausländischen Belastungen und niedrigen Steuersätzen der Anteilseigner der mittelbare Bezug günstiger als der unmittelbare ist.
Für ausländische Belastungen bis 50% sind die Ergebnisse für die Abwandlung der Kommission zur Verbesserung der steuerlichen Bedingungen für Investitionen und Arbeitsplätze identisch[34]. Für Steuersätze über 50% entsprechen die Ergebnisse denjenigen bei der Freistellung in Abschnitt §7.A.III. dieser Arbeit (S. 178ff.). Rechtsformneutral ist die Behandlung nur für Anteilseigner mit einem Steuersatz i.H.v. (1 - ausländischer Steuersatz). Für Anteilseigner mit einem niedrigeren Steuersatz ist der mittelbare Bezug günstiger, für An-

34 Vgl. Gutachten der Kommission zur Verbesserung der steuerlichen Bedingungen für Investitionen und Arbeitsplätze, Rz. 460ff..

teilseigner mit einem höheren Steuersatz der unmittelbare. Auch die Schlechterstellung gegenüber der jetzigen Rechtslage und ein negatives Nettoeinkommen ergeben sich unter denselben Bedingungen. Auch die Entwicklung des Nettoeinkommens bei der Abwandlung soll in einem Beispiel dargestellt werden. Deutlich wird die Besserstellung des mittelbaren Bezugs bei niedrigen Steuersätzen der Anteilseigner und die Benachteiligung bei hohen Steuersätzen der Anteilseigner.

Beispiel 21: Nettoeinkommen bei der Abwandlung zur direkten Anrechnung für ausländische Belastungen über 50%

Steuersatz der Anteilseigner in %	0	10	20	30	40	50
ausländische Steuerbelastung 80%						
mittelbarer Bezug (Vorschlag)[35]	40	30	20	10	0	-10
unmittelbarer Bezug	20	20	20	20	20	20

Die Neutralität der internationalen Besteuerung wird durch den Grundvorschlag gewährleistet. Die Abwandlung stellt bei ausländischen Steuersätzen über 50% die Neutralität nicht immer sicher. Die Ergebnisse entsprechen denjenigen bei der Freistellung in Abschnitt §7.A.III. dieser Arbeit (S. 178ff.).
Die Erstattung nicht vereinnahmter Steuern wird weder durch den Grundvorschlag[36] noch durch die Abwandlung vermieden. Allerdings tritt bei der Abwandlung die Erstattung nicht vereinnahmter Steuern bei ausländischen Steuerbelastungen über 50% seltener auf. Auch hier gelten damit die Ergebnisse des Abschnitts §7.A.III. dieser Arbeit (S. 178ff.).

---

35 Es entsteht EK 50 i.H.v. 20. Daher beträgt die Bruttoausschüttung (Ausschüttung + Steuergutschrift) 40. Zusätzlich werden dem Anteilseigner 60 zugerechnet (Differenz ausländische Steuer - auf dem EK 50 lastende Tarifbelastung). Die zu versteuernden Einkünfte betragen 100.

36 Haase/Roßmayer, DStR 1991, 1128; Pumbo, DB 1992, 1993.

2. Anerkennung direkt angerechneter ausländischer Steuern als Tarifbelastung bis zur Höhe von 36%

Der Vorschlag sieht vor, vom Steuerpflichtigen selbst entrichtete ausländische Steuer bis zur Höhe der Ausschüttungsbelastung i.H.v. 36% als Tarifbelastung i.S. § 27 Abs. 2 KStG anzusehen[37]. Die Höhe der Tarifbelastung beträgt damit bei der Anrechnung ausländischer Steuern mindestens 36%. Dies ist der Fall, wenn keine inländischen Steuern gezahlt wurden. Die Tarifbelastung beträgt max. 50%. Dies ist der Fall, wenn die ausländischen Steuern 36% nicht übersteigen.
Interessengegensätze zwischen Anteilseignern mit unterschiedlichen Steuersätzen werden durch diesen Vorschlag nicht vermieden. Durch die Anerkennung ausländischer Steuern bis zur Höhe von 36% als Tarifbelastung wird der Interessengegensatz aber vermindert, da die Tarifbelastung mindestens 36% beträgt und damit kein EK 01 entsteht, sondern entsprechend mehr EK 36 und EK 50. Für Anteilseigner mit einem Steuersatz über 36% bedeutet die Thesaurierung des EK 36 eine Begünstigung, da bei der Ausschüttung zusätzliche Steuern zu zahlen sind.
Der Reformvorschlag stellt die Rechtsformneutralität nicht sicher.
Beträgt die ausländische Steuerbelastung nicht mehr als 36% und liegt der individuelle Steuersatz des Anteilseigners unter der ausländischen Steuerbelastung, ist der mittelbare Bezug günstiger. Ist die individuelle Steuerbelastung des Anteilseigners genauso hoch oder höher als die ausländische Steuerbelastung, ist die Rechtsformneutralität gewährleistet. Beträgt die ausländische Steuerbelastung 30% und der Steuersatz des Anteilseigners 20% bzw. 40%, beläuft sich das Nettoeinkommen bei mittelbarem Bezug auf 80% bzw. 60%. Bei unmittelbarem Bezug beträgt es 70% bzw. 60%.
Übersteigt die ausländische Steuerbelastung 36%, ist die Rechtsformneutralität nur bei einem Steuersatz des

---

[37] Vgl. Flick, DB 1977, 34; Greif, RIW 1977, 217; Heibel, DB 1984, 2068; Kuhn, FR 1979, 315; Pöllath, RIW 1979, 762.
Bezogen auf die im Standortsicherungsgesetz vorgesehenen Steuersätze Zeitler/Krebs, DB 1993, 1052ff..

Anteilseigners i.H.v. 36% gegeben. Liegt der Steuersatz des Anteilseigners unter 36%, ist der mittelbare Bezug günstiger; liegt er über 36%, ist der unmittelbare günstiger.
Die Differenzen werden an einem Beispiel für unterschiedliche Steuersätze deutlich.

Beispiel 22: Nettoeinkommen bei Anerkennung direkt angerechneter ausländischer Steuern als Tarifbelastung bis zur Höhe von 36%

Steuersatz der Anteilseigner in %	0	10	20	30	40	50
ausländische Steuerbelastung 30%						
mittelbarer Bezug (Vorschlag)[38]	100	90	80	70	60	50
unmittelbarer Bezug	70	70	70	70	60	50
ausländische Steuerbelastung 40%						
mittelbarer Bezug (Vorschlag)[39]	96	86,4	76,8	67,2	57,6	48
unmittelbarer Bezug	60	60	60	60	60	50

Der Vorschlag gewährleistet die Neutralität der internationalen Besteuerung nicht. Gegen die Neutralität der internationalen Besteuerung wird verstoßen, wenn sowohl die ausländische Steuerbelastung als auch der Steuersatz des Anteilseigners höher als 36% sind. Belaufen sich z.B. die ausländische Steuerbelastung und der Steuersatz des Anteilseigners auf 40%, beträgt das Nettoeinkommen des Anteilseigners 56,25%. Die Gesamtbelastung von 43,75% überschreitet sowohl die in- als auch die ausländische Belastung.
Nicht vereinnahmte Steuern werden erstattet[40]. Bei einer ausländischen Steuerbelastung von nicht mehr als 36% werden nicht vereinnahmte Steuern erstattet, wenn der Anteilseigner einem Steuersatz unterliegt, der niedriger als der ausländische Steuersatz ist. Belaufen sich die ausländische Steuerbelastung auf 30% und der Steuersatz des Anteilseigners auf 20%, erstattet der Fiskus 10% Steuern, die er nicht vereinnahmt hat. Beträgt die ausländische Steuerbelastung mehr als 36%, kommt es zu einer Erstattung, falls der Anteilseigner

---

[38] Es entsteht EK 50 i.H.v. 50.
[39] Es entsteht EK 50 i.H.v. 40,86 und EK 36 i.H.v. 9,14.
[40] Pumbo, DB 1992; 1994f..

einem Steuersatz von unter 36% unterliegt. Macht bei ausländischen Einkünften i.H.v. 100 die ausländische Steuerbelastung 70 aus und unterliegt der Anteilseigner einem Steuersatz i.H.v. 20%, beziffert sich das Nettoeinkommen auf 37,5. Damit werden 7,5 nicht vereinnahmte Steuern erstattet.

3. Aufteilung ausländischer Einkünfte in steuerfreie und normal zu versteuernde Einkünfte

Dieser Vorschlag sieht vor, durch die Anrechnung ausländischer Steuern ermäßigt besteuerte Einkünfte auf das EK 50 und das EK 01A aufzuteilen[41].
Die in das EK 01A eingestellten Beträge sind mit keiner inländischen Steuer belastet und werden behandelt, wie es für die freigestellten ausländischen Einkünfte in §7.A.V. (S. 185ff.) empfohlen wurde. D.h., diese Beträge werden ohne Herstellung der Ausschüttungsbelastung als steuerfreie Ausschüttungen an die Anteilseigner weitergeleitet. Auf der Ausschüttungsbescheinigung ist dies entsprechend zu vermerken.
Die in das EK 50 eingestellten Beträge sind normal mit inländischer Körperschaftsteuer i.S. § 27 Abs. 2 KStG belastet und werden daher wie im geltenden Recht behandelt. Nach der Herstellung der Ausschüttungsbelastung führen sie bei den Anteilseignern zu steuerpflichtigen Einkünften, die ein Steuerguthaben i.H.v. 9/16 der Ausschüttung gewähren.
Interessengegensätze zwischen Anteilseignern mit unterschiedlichen Steuersätzen werden vermieden. Die Eigenkapitalteile werden in das EK 50 bzw. das EK 01A, das bei den Anteilseignern zu steuerfreien Einkünften führt, eingestellt. Daher kommt es bei der Ausschüttung für keinen Anteilseigner gegenüber der Thesaurierung zu einer zusätzlichen Steuerbelastung.
Der Vorschlag ist rechtsformneutral, wenn die ausländische Steuerbelastung 0% oder 50% und mehr ausmacht. Bei einer ausländischen Steuerbelastung i.H.v. 0% wird der

---

41 Institut Finanzen und Steuern, Nr. 249, S. 20f.; Brezing schlägt diese Vorgehensweise für aus anderen Gründen ermäßigt besteuerte Einkünfte vor (Brezing, AG 1979, 256).

Anteilseigner wie bei unmittelbarem Bezug nur mit seinem individuellen Steuersatz belastet. Bei einer ausländischen Steuer i.H.v. 50% und mehr wird er wie bei unmittelbarem Bezug nur mit der ausländischen Steuer belastet, und im Inland werden die Einkünfte freigestellt.
Liegt die ausländische Steuerbelastung zwischen 0 und 50%, ist der Vorschlag nur für Anteilseigner mit Steuersätzen von 0 oder 50% neutral. Wie bei unmittelbarem Bezug werden Anteilseigner mit einem Steuersatz i.H.v. 0% nur mit der ausländischen Steuer und Anteilseigner mit einem Steuersatz i.H.v. 50% insgesamt mit 50% belastet.
Anteilseigner mit anderen Steuersätzen tragen eine gegenüber dem unmittelbaren Bezug erhöhte Gesamtsteuerbelastung[42]. Betragen z.B. die ausländische Steuerbelastung und der Steuersatz des Anteilseigners 30%, beträgt das Nettoeinkommen des Anteilseigners 58% gegenüber 70% bei unmittelbarem Bezug.
An diesem Beispiel wird deutlich, daß der Vorschlag sich der Rechtsformneutralität im Vergleich zur jetzigen Rechtslage nähert. Der Vorschlag erreicht die Rechtsformneutralität allerdings nicht.
Beispiel 23 verdeutlicht die Differenzen.

42 Vgl. Haase/Roßmayer, DStR 1991, 1131; Institut Finanzen und Steuern, Nr. 249, S. 24f..

Beispiel 23: Nettoeinkommen bei direkter Anrechnung und Aufteilung ausländischer Einkünfte in steuerfreie und normal zu versteuernde Einkünfte

Steuersatz der Anteilseigner in %	0	10	20	30	40	50
ausländische Steuerbelastung 0%						
mittelbarer Bezug (Vorschlag)[43]	100	90	80	70	60	50
mittelbarer Bezug jetzt[44]	100	90	80	70	60	50
unmittelbarer Bezug	100	90	80	70	60	50
ausländische Steuerbelastung 10%						
mittelbarer Bezug (Vorschlag)[45]	90	82	74	66	58	50
mittelbarer Bezug jetzt	90	81	72	63	54	45
unmittelbarer Bezug	90	90	80	70	60	50
ausländische Steuerbelastung 20%						
mittelbarer Bezug (Vorschlag)[46]	80	74	68	62	56	50
mittelbarer Bezug jetzt	80	72	64	56	48	40
unmittelbarer Bezug	80	80	80	70	60	50
ausländische Steuerbelastung 30%						
mittelbarer Bezug (Vorschlag)[47]	70	66	62	58	54	50
mittelbarer Bezug jetzt	70	63	56	49	42	35
unmittelbarer Bezug	70	70	70	70	60	50
ausländische Steuerbelastung 40%						
mittelbarer Bezug (Vorschlag)[48]	60	58	56	54	52	50
mittelbarer Bezug jetzt	60	54	48	42	36	30
unmittelbarer Bezug	60	60	60	60	60	50
ausländische Steuerbelastung 50%						
mittelbarer Bezug (Vorschlag)[49]	50	50	50	50	50	50
mittelbarer Bezug jetzt	50	45	40	35	30	25
unmittelbarer Bezug	50	50	50	50	50	50

---

43 Es entsteht EK 50 i.H.v. 50. Die Einnahmen und die zu versteuernden Einkünfte der Anteilseigner betragen 100.

44 In diesem Zusammenhang bedeutet "jetzt" Behandlung nach dem z.Zt. gültigen Recht.

45 Es entsteht EK 50 i.H.v. 40 und EK 01A i.H.v. 10. Die Einnahmen der Anteilseigner betragen 90 und die zu versteuernden Einkünfte 80.

46 Es entsteht EK 50 i.H.v. 30 und EK 01A i.H.v. 20. Die Einnahmen der Anteilseigner betragen 80 und die zu versteuernden Einkünfte 60.

47 Es entsteht EK 50 i.H.v. 20 und EK 01A i.H.v. 30. Die Einnahmen der Anteilseigner betragen 70 und die zu versteuernden Einkünfte 40.

48 Es entsteht EK 50 i.H.v. 10 und EK 01A i.H.v. 40. Die Einnahmen der Anteilseigner betragen 60 und die zu versteuernden Einkünfte 20.

49 Es entsteht EK 01A i.H.v. 50. Die Einnahmen der Anteilseigner betragen 50 und die zu versteuernden Einkünfte 0.

Bei einer ausländischen Belastung i.H.v. 0 oder 50% und mehr ist die Neutralität der internationalen Besteuerung gegeben. Darüber hinaus ist sie gegeben, wenn der Steuersatz des Anteilseigners 0 oder 50% beträgt. In jedem dieser Fälle liegt die Gesamtbelastung in der Bandbreite, die durch die inländische und die ausländische Steuerbelastung vorgegeben ist.
Bei dazwischen liegenden Steuersätzen ist die Neutralität nicht gegeben. Belaufen sich die ausländische Steuerbelastung und der Steuersatz des Anteilseigners z.B. auf 20%, macht die Gesamtbelastung 32% aus[50].
Aus dem Beispiel 23 ist zu entnehmen, daß dieser Vorschlag die Neutralität der internationalen Besteuerung nicht sicherstellt, dieser aber näher kommt als die jetzige gesetzliche Regelung.
Die Erstattung nicht vereinnahmter Steuer wird vermieden[51]. Ausländische Einkünfte führen zu Zugängen zum EK 50 und zum EK 01A. Da nur inländische Steuern zur Bildung von EK 50 führen, werden ausschließlich vereinnahmte Steuern erstattet. Die Ausschüttung von EK 01A ist mit keinem Steuerguthaben verbunden und kann daher nicht zu Steuererstattungen bei Anteilseignern führen.

---

50 Die maximal mögliche Abweichung entsteht, wenn sich die ausländische Steuerbelastung und der Steuersatz des Anteilseigners auf 25% belaufen. Die Gesamtbelastung beträgt dann nach diesem Vorschlag 37,5%. Verglichen mit der jetzigen Rechtslage, kommt dies der Neutralität der internationalen Besteuerung näher. Nach der z.Zt. gültigen Rechtslage beträgt die Steuerbelastung 43,75%.

51 Vgl. Haase/Roßmayer, DStR 1991, 1132.

4. Differenzierung der Steuergutschrift in einen anrechnungs- und erstattungsfähigen und einen nur anrechnungsfähigen Teil[52]

Ausländische Einkünfte, deren Doppelbesteuerung durch die Anrechnung ausländischer Steuern vermieden wird, werden in eine besondere Eigenkapitalgruppe eingestellt, z.B. das EK 50 Aus[53]. Diese Eigenkapitalteile sind insgesamt mit in- und ausländischer Steuer i.H.v. 50% belastet. Die auf diesen ausländischen Einkünften lastenden inländischen Körperschaftsteuern, die nach der Anrechnung der ausländischen Steuern verbleiben, werden einem Steuerguthabenkonto gutgeschrieben, um diese Beträge aufzusummieren.
Kommt es zu Ausschüttungen aus dieser Eigenkapitalgruppe, sind diese Eigenkapitalteile mit insgesamt 50% Steuern belastet, von denen ein bestimmter Teil, der aufgezeichnet wurde, im Inland gezahlt wurde. Im Gegensatz zu § 27 KStG, der 36% vorsieht, beträgt die Belastung und die Steuergutschrift der Ausschüttungen aus dem EK 50 Aus 50% der Einkünfte. Der Gesamtbetrag der im Inland gezahlten Steuern wird zu dem Bestand des EK 50 Aus ins Verhältnis gesetzt. Nur zu diesem Anteil ist die Steuergutschrift anrechnungs- und erstattungsfähig. Der restliche Anteil der Steuergutschrift ist nur anrechnungsfähig. Damit wird die Erstattungsmöglichkeit auf im Inland gezahlte Steuern beschränkt.
Im Ausschüttungsfall ist die auf der Ausschüttung lastende inländische Steuer, d.h. die anrechnungs- und erstattungsfähige Steuer, vom Steuerguthabenkonto abzusetzen. Dadurch besteht vor und nach der Ausschüttung dasselbe Verhältnis zwischen dem EK 50 Aus und dem Steuerguthabenkonto.

---

52 Die Vorgehensweise dieses Vorschlags entspricht der Behandlung, wie sie das Institut Finanzen und Steuern für ausländische Schachtelausschüttungen vorschlägt (vgl. Institut Finanzen und Steuern, Nr. 249, S. 25ff.). Warum das Institut Finanzen und Steuern unterschiedliche Vorgehensweisen, die nicht miteinander vereinbar sind, für die direkte Anrechnung und die Behandlung ausländischer Schachtelausschüttungen vorschlägt, ist nicht ersichtlich.

53 "Aus" für ausländische Einkünfte.

Da durch diesen Vorschlag die aus verschiedenen Staaten stammenden ausländischen Einkünfte und die darauf lastenden in- und ausländischen Steuern vermischt werden, kommt es zu einer Durchschnittsbildung, die einer overall-limitation entspricht[54]. Um den Vorteil gegenüber dem unmittelbaren Bezug zu begrenzen, bei dem nach § 34c Abs. 1 EStG die per-country-limitation gilt, ist diese overall-limitation mit einer Kappungsgrenze bei 50% versehen. Beträgt die ausländische Steuerbelastung mehr als 50%, wird der Restbetrag in das EK 50 Aus eingestellt. Da dieser Restbetrag als mit 50% Steuern belastet angesehen wird, vermindert sich die Wirkung der overall-limitation erheblich. So gehen mit über 50% belastete ausländische Einkünfte als nur mit 50% belastet in die Durchschnittsbildung ein und werden darüber hinaus nur mit dem Zugang zum EK 50 Aus gewichtet. Trotzdem bleibt diese Regelung für die Anteilseigner vorteilhaft, denn i.H. der durchschnittlichen inländischen Steuerbelastung der Ausschüttung entstehen anrechnungs- und erstattungsfähige Steuern. Durch die Durchschnittsbildung können hohe und niedrige ausländische Steuerbelastungen nivelliert werden.

Die Aufteilung der Steuergutschrift in einen anrechnungs- und erstattungsfähigen und einen nur anrech-

---

54 Bei der per-country-limitation belasten Anrechnungsüberhänge den Steuerpflichtigen. Eine unter dem inländischen Niveau liegende ausländische Steuerbelastung kommt einseitig dem inländischen Fiskus zugute. Daher wird vielfach die Einführung der overall-limitation bzw. die Einführung eines Wahlrechts zwischen der per-country- und der overall-limitation gefordert. (Vgl. Becker, BB 1977, 536; Feuerbaum, StbJb 1982/83, 133f.; IdW, DB 1977, 326; Institut Finanzen und Steuern, Nr. 164, S. 35f.; Jacobs, Internationale Unternehmensbesteuerung, S. 135ff.; Roer, DB 1976, 697; Schieber, DStR 1976, 151).
Die Wirkung der overall-limitation kann durch die Zusammenfassung mehrerer ausländischer Gesellschaften in einer Auslandsholding erreicht werden, falls für diese die overall-limitation gilt. (Fischer/Warneke, Internationale betriebswirtschaftliche Steuerlehre, S. 322; vgl. auch Ellis, Münchener Schriften zum Internationalen Steuerrecht, Heft 3, S. 11; Jacobs, Internationale Unternehmensbesteuerung, S. 622f.; Pöllath, RIW 1979, 763).

nungsfähigen Teil ist auf der Ausschüttungsbescheinigung anzugeben.
Dem Einwand mangelnder Praktikabilität kann entgegengehalten werden, daß das KAGG ähnliche Regelungen enthält. Nach § 40 Abs. 4 KAGG ist hier die Anrechnung oder der Abzug ausländischer Steuern beim Anteilscheininhaber selbst möglich. Auch nach der Regelung des KAGG entspricht der Höchstbetrag der anrechenbaren Steuer der auf diese ausländischen Einkünfte entfallenden Einkommen- oder Körperschaftsteuer. Zu berechnen ist dieser Höchstbetrag nach § 40 Abs. 4 Satz 2 KAGG, indem die Einkommen- oder Körperschaftsteuer im Verhältnis dieser ausländischen Einkünfte zur Summe der Einkünfte[55] aufgeteilt wird. Auch das KAGG sieht dabei abweichend von § 34c Abs. 1 EStG nicht die per-country-limitation, sondern die overall-limitation vor. Dies ergibt sich aus § 40 Abs. 4 Satz 3 KAGG, denn der Höchstbetrag der anrechenbaren Steuer ist für die Ausschüttungen aus jedem einzelnen Wertpapier-Sondervermögen aus Vereinfachungsgründen zusammengefaßt zu berechnen. Dies gilt auch, wenn das Sondervermögen Einkünfte aus mehreren ausländischen Staaten vereinnahmt[56].
Die für diese Berechnungen erforderlichen Angaben sind von der Kapitalanlagegesellschaft bekanntzumachen. In diesem Zusammenhang sind die nach § 34c Abs. 1 EStG anrechenbaren oder auch nach § 34c Abs. 3 EStG abziehbaren ausländischen Steuern nach § 41 Abs. 1 Nr. 7 KAGG anzugeben. Die ausländischen Einkünfte, auf die diese ausländischen Steuern entfallen, sind nach § 41 Abs. 1 Nr. 2e) KAGG anzugeben. Dies wird von international anlegenden Investmentfonds seit Jahren praktiziert.
Die Vorgehensweise des Vorschlags soll anhand eines Beispiels erläutert werden:

---

55 Im Steueränderungsgesetz 1992 wurde diese Vorschrift entsprechend der Änderung in § 34c Abs. 1 EStG ebenfalls geändert. Vorher wurde auf das Verhältnis zum Gesamtbetrag der Einkünfte abgestellt. (Vgl. BTDrucks 12/1108, 14).

56 Vgl. BRDrucks 150/61, Begründung 2; Päsler, Handbuch des Investmentsparens, S. 201.

Beispiel 24: Nettoeinkommen bei direkter Anrechnung und Differenzierung der Steuergutschrift in einen anrechnungs- und erstattungsfähigen und einen nur anrechnungsfähigen Teil

ausländische Einkünfte	ausländische Steuer	inländische Steuer	Zugang zum EK 50 Aus
100	10	40	50
100	30	20	50
100	40	10	50
100	70	0	30
100	80	0	20
Summe	230	70	200

Ausschüttung	200[57]
anrechnungs- und erstattungsfähige Steuer	70 (= 35%)
anrechnungsfähige Steuer	130 (= 65%)[58]
zu versteuernde Einkünfte	400

Nettoeinkommen bei den Ausgangsdaten des Beispiels 24

Steuersatz der Anteilseigner in %	0	10	20	30	40	50
mittelbarer Bezug (Vorschlag)	270	270	270	270	240	200
mittelbarer Bezug jetzt	270	243	216	189	162	135
unmittelbarer Bezug	270	270	260	250	230	200

Interessengegensätze zwischen Anteilseignern mit unterschiedlichen Steuersätzen werden vermieden. Ausländische Einkünfte, deren ausländische Steuer auf die in-

---

57 Möglich ist auch die Ausschüttung von Teilbeträgen. Die Werte vermindern sich dann entsprechend: Z.B. Ausschüttung 100, darauf lastende anrechnungs- und erstattungsfähige Steuer 35 und anrechnungsfähige Steuer 65.

58 In das EK 50 Aus werden insgesamt 200 eingestellt. Bei einer unterstellten Steuerbelastung von 50% führen diese zu Bruttoeinkünften i.H.v. 400. Die Differenz zwischen 400 und 270 (= 200 EK 50 Aus + 70 inländische Steuer) ist daher die anrechnungs- aber nicht erstattungsfähige Steuer. Steuern, die 50% übersteigen, werden nur insoweit berücksichtigt, wie sie dem Zugang zum EK 50 Aus entsprechen. D.h., bei z.B. 70% ausländischer Steuerbelastung werden nur 30% angerechnet, der Rest wird nicht berücksichtigt.

ländische Steuer angerechnet werden kann, sind insgesamt mit mindestens 50% in- und ausländischer Steuer belastet. Da auch die ausländische Steuer auf die Steuerschuld der Anteilseigner angerechnet wird, kommt es bei der Ausschüttung dieser Einkünfte bei keinem Anteilseigner gegenüber der Thesaurierung zu einer zusätzlichen Steuerbelastung.
Der Vorschlag nähert sich im Vergleich zum jetzigen Recht der Rechtsformneutralität, erreicht sie aber nicht.
Bezieht die Kapitalgesellschaft ausländische Einkünfte aus nur einem Staat, ist der Vorschlag rechtsformneutral, da dann die overall-limitation mit der Kappungsgrenze bei 50% wirkungslos ist[59].
Bezieht die Kapitalgesellschaft jedoch aus mehreren Staaten ausländische Einkünfte, ist der mittelbare Bezug für Anteilseigner, die nicht einem Steuersatz i.H.v. 0 oder 50% unterliegen, vorteilhafter. Dies wird aus den Werten des Beispiels 24 deutlich. Die Rechtsformneutralität wird daher nicht erreicht[60]. Trotz des Vorteils aus der overall-limitation kommt der Vorschlag der Rechtsformneutralität aber näher als die jetzige Behandlung ausländischer Einkünfte.
Die Neutralität der internationalen Besteuerung ist beim Bezug ausländischer Einkünfte aus einem Staat gewährleistet. Hier kommt die höhere der beiden Steuerbelastungen des In- oder Auslands zum Tragen.
Auch beim Bezug ausländischer Einkünfte aus mehreren Staaten ist die Neutralität der internationalen Besteuerung gegeben. Im oben aufgestellten Beispiel 24 liegt die Untergrenze der Neutralität bei einer Steuerbelastung i.H.v. 230, dies ist die ausländische Steuerbelastung. Diese Belastung wird bei den verschiedenen Anteilseignern nicht unterschritten. Die zur ausländischen Steuerbelastung hinzutretende inländische Steuer-

---

59 Darüber hinaus ist die overall-limitation wirkungslos, wenn die Einkünfte aus verschiedenen Staaten mit Quellensteuern in gleicher prozentualer Höhe belastet sind.

60 Das Institut Finanzen und Steuern geht auf die Wirkung der Durchschnittsbildung nicht ein. Für das Institut Finanzen und Steuern ist daher die Rechtsformneutralität gegeben. (Vgl. Institut Finanzen und Steuern, Nr. 249, S. 30ff.).

belastung beträgt für Anteilseigner mit einem Steuersatz i.H.v. 50% 70, da die ausländischen Einkünfte mit ausländischen Steuerbelastungen i.H.v. 10, 30 und 40 durch die Anrechnungsmethode auf das höhere inländische Belastungsniveau nachbelastet werden. Dies übersteigt nicht die Obergrenze der Neutralität, da dann der höhere inländische Steuersatz angewandt wird. Die Gesamtbelastung beträgt damit 300 bei ausländischen Einkünften i.H.v. 500. Die über 50% liegende Gesamtbelastung ist auf die ausländischen Belastungen i.H.v. 70 und 80 zurückzuführen, die zu einer um 50 erhöhten Gesamtbelastung führen.
Auch allgemein werden diese Grenzen nicht überschritten, denn im Inland erhobene Steuern sind anrechnungs- und erstattungsfähig und im Ausland erhobene Steuern sind anrechnungsfähig. Beträgt die ausländische Steuerbelastung mehr als 50%, wird sichergestellt, daß die Einkünfte im Inland keiner weiteren Besteuerung unterliegen. Die Gesamtbelastung wird daher durch das höhere Belastungsniveau der beiden Staaten bestimmt[61].
Durch die Aufteilung der Steuergutschrift in einen anrechnungs- und erstattungsfähigen und einen nur anrechnungsfähigen Teil wird die Erstattung nicht vereinnahmter Steuern vermieden. Ausschließlich Steuern, die der inländische Fiskus vereinnahmt hat, führen zu anrechnungs- und erstattungsfähigen Steuergutschriften. Ausländische Steuern führen zu ausschließlich anrechnungs- und nicht erstattungsfähigen Steuergutschriften.

---

61 Liegt der Steuersatz des Anteilseigners unter dem durchschnittlichen ausländischen Steuersatz der Auslandseinkünfte, gewichtet mit dem Zugang zum EK 50 Aus, werden die Einkünfte mit diesem gewichteten, durchschnittlichen ausländischen Steuersatz belastet. Aufgrund der overall-limitation mit der Kappungsgrenze bei 50% gehen allerdings ausländische Einkünfte mit einer Belastung über 50% mit einer 50%igen Belastung ein und werden bei der Durchschnittsbildung nur mit dem Zugang zum EK 50 Aus gewichtet. Liegt der Steuersatz des Anteilseigners über dem gewichteten, durchschnittlichen ausländischen Steuersatz, beläuft sich die Gesamtbelastung auf das inländische Belastungsniveau.

Dies wird durch die Angaben auf der Ausschüttungsbescheinigung sichergestellt[62].

5. Ergebnis für die direkte Anrechnung

Keiner der Reformvorschläge erfüllt alle Kriterien. Aus diesem Grunde ist es erforderlich, den Vorschlag zu ermitteln, der einer solchen Lösung am nächsten kommt.
Der Vorschlag, ausländische Steuern auf die Tarifbelastung bis zur Höhe von 50% anzurechnen (S. 188ff.), vermeidet Interessengegensätze zwischen Anteilseignern und erreicht die Neutralität der internationalen Besteuerung. Er stellt nicht die Rechtsformneutralität sicher und vermeidet nicht die Erstattung nicht vereinnahmter Steuern.
Die Abwandlung (S. 188ff.) erfüllt kein Kriterium. Sie vermeidet auch nicht in jedem Fall die Erstattung nicht vereinnahmter Steuern, obwohl dies das Ziel der Abwandlung war.
Auch die Anrechnung ausländischer Steuern auf die Ausschüttungsbelastung (S. 192ff.) erfüllt keines der vier Kriterien.
Der Vorschlag, die ausländischen Einkünfte in steuerfreie und normal zu versteuernde Teile aufzuteilen (S. 194ff.), vermeidet Interessengegensätze zwischen Anteilseignern und die Erstattung nicht vereinnahmter Steuern. Der Vorschlag erreicht nicht die Rechtsformneutralität und die Neutralität der internationalen Besteuerung. Allerdings nähert sich dieser Vorschlag der Rechtsformneutralität und der Neutralität der internationalen Besteuerung und stellt damit gegenüber der jetzigen Rechtslage eine Verbesserung dar. Im folgenden wird dieser Vorschlag mit Vorschlag 3 bezeichnet.
Der Vorschlag, die Steuergutschrift in einen anrechnungs- und erstattungsfähigen und einen nur anrechnungsfähigen Teil zu differenzieren (S. 198ff.), vermeidet Interessengegensätze zwischen Anteilseignern und die Erstattung nicht vereinnahmter Steuern. Der Vorschlag stellt die Neutralität der internationalen Besteuerung sicher, erreicht aber nicht die Rechtsform-

---

62 Institut Finanzen und Steuern, Nr. 249, S. 35ff..

neutralität. Auch dieser Vorschlag nähert sich der Rechtsformneutralität und stellt daher gegenüber der jetzigen Rechtslage eine Verbesserung dar. Im folgenden wird dieser Vorschlag mit Vorschlag 4 bezeichnet.
Die Vorschläge 3 und 4 kommen der Zielvorstellung am nächsten. Beide weisen Abweichungen von der Rechtsformneutralität auf, nähern sich aber gegenüber der jetzigen Rechtslage der Rechtsformneutralität.

Abb. 8: Nettoeinkommen bei direkter Anrechnung in Prozent der ausländischen Einkünfte bei unmittelbarem Bezug, bei Vorschlag 3, bei Vorschlag 4 und bei der jetzigen Rechtslage auf der Grundlage der Daten des Beispiels 24

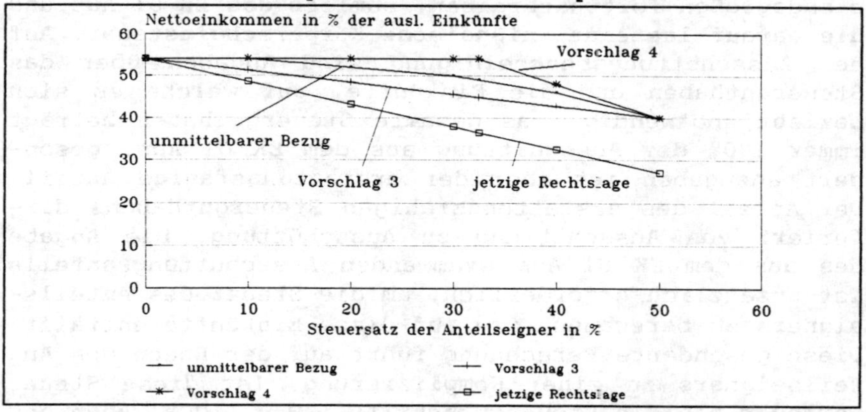

Vorschlag 3 stellt den mittelbaren Bezug ungünstiger als den unmittelbaren. Vorschlag 4 stellt den mittelbaren Bezug günstiger als den unmittelbaren.
Vorschlag 3 stellt darüber hinaus die Neutralität der internationalen Besteuerung nicht sicher, nähert sich ihr aber.
Ein Vorteil des Vorschlags 3 ist, daß diese Vorgehensweise zu der Behandlung freigestellter Einkünfte paßt. Steuerfreie ausländische Einkünfte werden in das EK 01A eingestellt. In das EK 01A können auch die beim Vorschlag 3 entstehenden steuerfreien Einkunftsteile eingestellt werden, die durch die Anrechnung ausländischer Steuern entstehen. Einzige Voraussetzung ist, daß für beide Arten steuerfreier Ausschüttungen, die originär steuerfreien und die durch die Anrechnung ausländischer Steuern entstehenden steuerfreien Ausschüttungen, ein-

heitlich festgelegt wird, ob ein Progressionsvorbehalt angewandt wird.
Auf der Ebene der Kapitalgesellschaft bedeutet Vorschlag 3 keine Komplizierung des Körperschaftsteuerrechts. Nur auf den Ausschüttungsbescheinigungen ist der steuerfreie Anteil der Ausschüttungen anzugeben. Auch auf der Ebene der Anteilseigner hat Vorschlag 3 zwar eine andere Behandlung der Ausschüttungen zur Folge, aber keine Komplizierung.
Vorschlag 4 hat eine Komplizierung des Körperschaftsteuerrechts zur Folge. Auf der Ebene der Kapitalgesellschaft sind bei diesem Vorschlag zwei neue Bestandsgrößen fortzuschreiben, nämlich das EK 01 Aus und die darauf lastende inländische Körperschaftsteuer. Auf der Ausschüttungsbescheinigung sind Angaben über das Steuerguthaben und die Einkünfte, auf welche es sich bezieht, notwendig. Das gesamte Steuerguthaben beträgt immer 100% der Ausschüttung aus dem EK 01 Aus, gesondert anzugeben ist aber der erstattungsfähige Anteil. Der Anteil des erstattungsfähigen Steuerguthabens differiert von Ausschüttung zu Ausschüttung. Die Angabe des aus dem EK 01 Aus stammenden Ausschüttungsanteils ist zusätzlich erforderlich, um die Steuer des Anteilseigners zu berechnen, die auf diese Einkünfte entfällt. Diese gesonderte Berechnung führt auf der Ebene des Anteilseigners zu einer Komplizierung. Ist diese Steuer geringer als die Steuergutschrift i.H.v. 100%, kann der erstattungsfähige Teil der Steuergutschrift ganz oder teilweise erstattet werden.
Da beide Vorschläge vom Ergebnis her fast gleichwertig sind, Vorschlag 3 aber nicht so kompliziert ist, wird Vorschlag 3 bevorzugt.

II. Indirekte Anrechnung

Da die indirekte Anrechnung nur Kapitalgesellschaften gewährt wird, ist fraglich, ob dieser Vorteil bei Ausschüttung entsprechender Einkünfte den Anteilseignern zugute kommen soll. Um nicht vorschnell mit dem Hinweis auf die Rechtsformneutralität die Durchleitung des Vorteils abzulehnen, werden existierende Vorschläge zur

Durchleitung der indirekten Anrechnung und eigene Vorschläge untersucht.
Sofern dies möglich ist, greift die Untersuchung auf die Ergebnisse bei der direkten Anrechnung zurück.

1. Weiterleitung des Vorteils der indirekten Anrechnung bei der Ausschüttung

a) Anerkennung indirekt angerechneter ausländischer Steuern als Tarifbelastung bis zur Höhe von 50%

Dieser Vorschlag wertet indirekt angerechnete ausländische Steuern bis zur Höhe von 50% als Tarifbelastung i.S. § 27 Abs. 2 KStG[63]. Übersteigt die ausländische Körperschaftsteuer 50%, wird der Restbetrag in das EK 50 eingestellt und als mit 50% Steuern belastet behandelt.
Da dieser Vorschlag bei der Inanspruchnahme der indirekten Anrechnung ausschließlich EK 50 entstehen läßt, werden Interessengegensätze zwischen Anteilseignern mit unterschiedlichen Steuersätzen vermieden.
Die Rechtsformneutralität ist nicht gewährleistet, da die indirekte Anrechnung nur bei mittelbarem Bezug über eine inländische Kapitalgesellschaft gewährt wird. Aufgrund der Durchleitung dieser Vergünstigung durch die Kapitalgesellschaft wird der mittelbare Bezug über die Kapitalgesellschaft gegenüber dem unmittelbaren bessergestellt. Der Vorteil entspricht der indirekt angerechneten Steuer[64], multipliziert mit (1 - individueller Steuersatz). Dies wird im Beispiel 25 deutlich:

---

[63] Vgl. Herzig, StuW 1990, 32f.; Ritter, BB 1983, 326; Schuler, Körperschaftsteuerliche Aspekte der geplanten Unternehmenssteuerreform, S. 143ff..

[64] Die indirekt angerechnete Steuer kann höchstens 100% des in das EK 50 eingestellten Eigenkapitals betragen.

Beispiel 25: Nettoeinkommen bei Anerkennung indirekt angerechneter Steuern als Tarifbelastung bis zur Höhe von 50%

ausländische Einkünfte der Tochtergesellschaft (vor Steuern) 100

ausländische Körperschaftsteuer der Tochtergesellschaft 40

Steuersatz der Anteilseigner in %	0	10	20	30	40	50
mittelbarer Bezug (Vorschlag)	100	90	80	70	60	50
unmittelbarer Bezug	60	54	48	42	36	30

Die Neutralität der internationalen Besteuerung ist gewährleistet, denn bei diesem Vorschlag werden ausländische Einkünfte i.H. des Steuersatzes der Anteilseigner belastet, wenn die ausländische Körperschaftsteuer 50% nicht übersteigt. Dies entspricht der Belastung inländischer Einkünfte[65].

Übersteigt die ausländische Körperschaftsteuer 50%, liegt die Gesamtbelastung zwischen dem Steuersatz des Anteilseigners und der ausländischen Körperschaftsteuer. Die Gesamtbelastung liegt damit in der neutralen Bandbreite.

Nicht vereinnahmte Steuern werden erstattet.

Macht die ausländische Körperschaftsteuer weniger als 50% aus, erstattet der inländische Fiskus nicht vereinnahmte Steuern, wenn der Steuersatz des Anteilseigners unter dem ausländischen Körperschaftsteuersatz liegt.

---

65 Die Neutralität der internationalen Besteuerung ist daher sowohl bei der Anerkennung der direkt angerechneten ausländischen Steuer als Tarifbelastung als auch bei der Anerkennung der direkt und indirekt angerechneten ausländischen Steuer als Tarifbelastung gegeben. Mit diesen beiden Alternativen werden jeweils die Grenzen der Neutralitätsdefinition erreicht.
Werden die direkt und die indirekt angerechnete ausländische Steuer als Tarifbelastung angesehen, werden die ausländischen Einkünfte insgesamt mit dem Steuersatz des Anteilseigners belastet. Dies entspricht der Belastung inländischer Einkünfte.
Wird nur die direkt angerechnete ausländische Steuer als Tarifbelastung angesehen, werden die ausländischen Einkünfte mit der ausländischen Körperschaftsteuer und dem Steuersatz des Anteilseigners belastet. Da bei der Untersuchung der unilateral einführbaren Maßnahmen unterstellt wird, daß das Ausland ein klassisches Körperschaftsteuersystem anwendet, ist auch diese Belastung neutral.

Aus Beispiel 25 ist zu entnehmen, daß z.B. bei einem ausländischen Körperschaftsteuersatz i.H.v. 40% und einem Steuersatz des Anteilseigners i.H.v. 10% nicht vereinnahmte Steuern i.H.v. 30% erstattet werden.
Beträgt die ausländische Körperschaftsteuer 50% oder mehr, werden nicht vereinnahmte Steuern erstattet, wenn der Steuersatz des Anteilseigners unter 50% liegt.

b) Anerkennung indirekt angerechneter ausländischer Steuern als Tarifbelastung bis zur Höhe von 36%

Der Vorschlag betrachtet indirekt angerechnete ausländische Steuern bis zur Höhe von 36% als Tarifbelastung i.S. § 27 Abs. 2 KStG[66].
Da die Thesaurierung des EK 36 für Anteilseigner mit einem Steuersatz über 36% eine Begünstigung darstellt, werden Interessengegensätze nicht vermieden. Der Interessengegensatz zwischen Anteilseignern mit unterschiedlichen Steuersätzen vermindert sich aber, da bei diesem Vorschlag die Tarifbelastung mindestens 36% beträgt. Dadurch entsteht kein EK 01 und entsprechend mehr EK 36 und EK 50.
Die Rechtsformneutralität ist nicht gegeben.
Der Vorteil der indirekten Anrechnung wird an die Anteilseigner weitergeleitet. Daher ist der mittelbare gegenüber dem unmittelbaren Bezug vorteilhafter, denn bei unmittelbarem Bezug ist die indirekte Anrechnung nicht möglich[67].
Der Vorteil des mittelbaren Bezugs entspricht bei diesem Vorschlag der indirekt angerechneten ausländischen Steuer, multipliziert mit (1 - individueller Steuersatz). Die indirekt angerechnete ausländische Steuer

---

66 Bezogen auf die im Standortsicherungsgesetz vorgesehenen Steuersätze Zeitler/Krebs, DB 1993, 1052ff..
Ähnlich Ruding-Ausschuß, DB Beilage 5/1992, 9.

67 Der Ruding-Ausschuß sieht vor, bei unmittelbarem Bezug von Ausschüttungen ausländischer Kapitalgesellschaften genau wie bei Ausschüttungen inländischer Kapitalgesellschaften ein Steuerguthaben an inländische Anteilseigner zu gewähren. (Ruding-Ausschuß, DB Beilage 5/1992, 9).

beträgt maximal 9/16 der Ausschüttung der Tochtergesellschaft. Dies wird an folgendem Beispiel deutlich:

Beispiel 26: Nettoeinkommen bei Anerkennung indirekt angerechneter Steuern als Tarifbelastung bis zur Höhe von 36%

ausländische Einkünfte der Tochtergesellschaft (vor Steuern)	100
ausländische Körperschaftsteuer der Tochtergesellschaft	68

Steuersatz der Anteilseigner in %	0	10	20	30	40	50
mittelbarer Bezug (Vorschlag)[68]	50	45	40	35	30	25
unmittelbarer Bezug	32	28,8	25,6	22,4	19,2	16

Die Neutralität der internationalen Besteuerung ist gewährleistet. Beträgt die ausländische Körperschaftsteuer nicht mehr als 36%, werden die Einkünfte insgesamt i.H. des Steuersatzes der Anteilseigner belastet. Liegt der ausländische Körperschaftsteuersatz über 36%, übersteigt die Gesamtbelastung den Steuersatz des Anteilseigners. Die Gesamtbelastung bleibt aber unter der ungemilderten Doppelbelastung, die eintritt, wenn die Tochtergesellschaft mit ausländischer Körperschaftsteuer und die Ausschüttung mit dem Steuersatz des Anteilseigners belastet wird.

Nicht vereinnahmte Steuern werden erstattet.

Beläuft sich der ausländische Körperschaftsteuersatz auf 36% oder weniger, erstattet der inländische Fiskus nicht vereinnahmte Steuern, wenn der Steuersatz des Anteilseigners unter dem ausländischen Körperschaftsteuersatz liegt.

Beträgt die ausländische Körperschaftsteuer 36% oder mehr, erstattet der inländische Fiskus nicht vereinnahmte Steuern, wenn der Steuersatz des Anteilseigners unter 36% liegt. In Beispiel 26 beträgt das Nettoeinkommen bei einem Steuersatz des Anteilseigners von z.B. 10% 45, obwohl der Nettozufluß aus dem Ausland nur 32 beträgt. Nicht vereinnahmte Steuern i.H.v. 13 werden erstattet.

---

68 Es entsteht EK 36 i.H.v. 32.

c) Aufteilung ausländischer Einkünfte in steuerfreie und normal zu versteuernde Einkünfte

Der Vorschlag entspricht demjenigen in Abschnitt §7.B.I.3. dieser Arbeit (S. 194ff.) für die Behandlung direkt angerechneter ausländischer Steuern. Durch die indirekte Anrechnung ausländischer Steuern in der Bundesrepublik ermäßigt besteuerte ausländische Einkünfte werden auf das EK 50 und das EK 01A aufgeteilt. Die in das EK 01A eingestellten Einkünfte werden ohne Herstellung der Ausschüttungsbelastung als steuerfreie Einkünfte an die Anteilseigner ausgeschüttet. Die in das EK 50 eingestellten Einkünfte werden wie im geltenden Recht behandelt[69].

Interessengegensätze zwischen Anteilseignern mit unterschiedlichen Steuersätzen werden vermieden. Die in das EK 01A eingestellten Einkünfte sind bei der Ausschüttung von der Besteuerung beim Anteilseigner freigestellt. Deshalb führt die Ausschüttung dieser Einkünfte bei keinem Anteilseigner gegenüber der Thesaurierung zu einer zusätzlichen Steuerbelastung.

Beispiel 27: Nettoeinkommen bei Weiterleitung des Vorteils der indirekten Anrechnung und Aufteilung ausländischer Einkünfte in steuerfreie und normal zu versteuernde Einkünfte

ausländische Einkünfte der Tochtergesellschaft (vor Steuern) 100
ausländische Körperschaftsteuer der Tochtergesellschaft 40

Steuersatz der Anteilseigner in %	0	10	20	30	40	50
mittelbarer Bezug (Vorschlag)[70]	60	58	56	54	52	50
unmittelbarer Bezug	60	54	48	42	36	30

---

69 Die Vorgehensweise entspricht der vom Institut Finanzen und Steuern für die direkte Anrechnung vorgeschlagenen Vorgehensweise. (Vgl. Institut Finanzen und Steuern, Nr. 249, S. 20f.).

70 Es entsteht EK 50 i.H.v. 10 und EK 01A i.H.v. 40. Die Einnahmen der Anteilseigner betragen 60 und die zu versteuernden Einkünfte 20.

Die Rechtsformneutralität ist nicht gegeben[71]. Da die indirekte Anrechnung nur bei mittelbarem Bezug in Anspruch genommen werden kann, ist der mittelbare Bezug bei Durchleitung dieser Vergünstigung günstiger als der unmittelbare Bezug. Nur wenn der Steuersatz des Anteilseigners 0% beträgt, ist das Nettoeinkommen bei mittel- und unmittelbarem Bezug gleich.
Die Neutralität der internationalen Besteuerung ist gewährleistet.
Beträgt die ausländische Körperschaftsteuerbelastung 50% und mehr, entspricht die Gesamtbelastung der ausländischen Körperschaftsteuer, denn im Inland tritt keine weitere Steuerbelastung hinzu. Die Gesamtbelastung übersteigt dann zwar die Gesamtbelastung entsprechender inländischer Einkünfte[72], unterschreitet aber die ausländische Belastung, denn dort käme zu der Belastung durch die Körperschaftsteuer noch die Belastung durch die Steuer des Anteilseigners hinzu.
Beläuft sich der ausländische Körperschaftsteuersatz auf weniger als 50%, tragen Anteilseigner mit einem Steuersatz i.H.v. 50% eine Gesamtbelastung i.H.v. 50%. Anteilseigner mit einem Steuersatz unter 50% tragen eine über ihrem Steuersatz liegende Gesamtbelastung. Die Belastung liegt aber unter der ungemilderten Doppelbelastung mit der ausländischen Körperschaftsteuer und der Besteuerung beim Anteilseigner, wie sie klassische Körperschaftsteuersysteme vorsehen. Damit bleibt die Belastung innerhalb der neutralen Bandbreite.
Nicht vereinnahmte Steuern werden nicht erstattet, da nur inländische Steuern zu einem Zugang zum EK 50 und damit zu Ausschüttungen mit erstattungsfähigem Steuerguthaben führen. Ausländische Körperschaftsteuern führen zur Bildung von EK 01A. Ausschüttungen aus dem

---

71 Vgl. Institut Finanzen und Steuern, Nr. 249, S. 31f. und Anlagen 9 und 13.

72 Ausnahme: Die Belastung übersteigt in einem Fall nicht die Belastung entsprechender inländischer Einkünfte. Wenn der ausländische Körperschaftsteuersatz 50% beträgt, beläuft sich die Gesamtbelastung auf 50%. Unterliegt der Anteilseigner einem Steuersatz i.H.v. 50%, werden inländische Einkünfte ebenfalls mit 50% belastet.

EK 01A sind beim Anteilseigner steuerfrei und gewähren kein Steuerguthaben.

2. Aufhebung des Vorteils der indirekten Anrechnung bei der Ausschüttung

a) Aufteilung ausländischer Einkünfte in steuerfreie und normal zu versteuernde Einkünfte

Bei der Untersuchung der vorhergehenden Vorschläge ist deutlich geworden, daß die Durchleitung der Vergünstigung der indirekten Anrechnung an die Anteilseigner Kapitalgesellschaften gegenüber Personengesellschaften bevorteilt[73].

Daher wird ein weiterer Vorschlag untersucht, der die Begünstigung nicht an die Anteilseigner weiterleitet und der hinsichtlich der Vorgehensweise zu der in §7.B.I.3. (S. 194ff.) vorgeschlagenen Behandlung für die direkte Anrechnung paßt[74]. Dies ist vorteilhaft, da dann die direkte Anrechnung auch bei kumulativer Inanspruchnahme mit der indirekten Anrechnung in gleicher Weise behandelt wird[75].

Bereits nach z.Zt. gültigem Körperschaftsteuerrecht wird der Vorteil der indirekten Anrechnung nicht an die Anteilseigner weitergeleitet[76]. Die Aufteilungsregel des § 32 Abs. 2 KStG paßt jedoch nicht zu dem Vorschlag in §7.B.I.3. (S. 194ff.). Dieser Vorschlag zur Behandlung direkt angerechneter ausländischer Steuern teilt die entstehenden Eigenkapitalteile auf das EK 50 und das EK 01A auf und leitet das EK 01A steuerfrei an die Anteilseigner weiter. Damit dies bei der Kumulierung der direkten und indirekten Anrechnung möglich bleibt, ist es auch bei der indirekten Anrechnung erforderlich, die im Inland ermäßigt besteuerten ausländischen Ein-

---

73 Institut Finanzen und Steuern, Nr. 249, S. 31f..

74 Die Vorgehensweise entspricht der bei der direkten Anrechnung empfohlenen und damit dem Vorschlag des Instituts Finanzen und Steuern, Nr. 249, S. 20f..

75 Vgl. §3.C.II.2. dieser Arbeit (S. 82ff.).

76 Vgl. §5.B.II.2. dieser Arbeit (S. 127ff.); Institut Finanzen und Steuern, Nr. 249, S. 31.

künfte nur auf das EK 50 und unbelastete Eigenkapitalgruppen aufzuteilen.
Bei der Aufteilungsregel des § 32 Abs. 2 KStG ist es möglich, daß in solchem Umfang EK 36 entsteht, daß nicht mehr genügend Eigenkapital in das EK 01A eingestellt werden kann, welches steuerfrei an die Anteilseigner ausgeschüttet wird[77].
Die für die direkte Anrechnung in §7.B.I.3. (S. 194ff.) genutzte Eigenkapitalgruppe EK 01A leitet ausländische Einkunftsteile steuerfrei an Anteilseigner weiter. Für nicht besteuerte Eigenkapitalteile, die durch die indirekte Anrechnung entstehen, ist eine zusätzliche Eigenkapitalgruppe notwendig, da die steuerfreie Weiterleitung an die Anteilseigner nicht beabsichtigt ist.
Nicht belastete Eigenkapitalteile, die in diese Eigenkapitalgruppe eingestellt werden, führen bei den Anteilseignern zu normal zu versteuernden Einkünften, für welche bei der Ausschüttung die Ausschüttungsbelastung herzustellen ist. Die Behandlung entspricht der Behandlung des jetzigen EK 01. Zur deutlicheren Trennung wird für diese Eigenkapitalgruppe die Bezeichnung EK 01B vorgeschlagen[78]. Im Gegensatz dazu wurde die Eigenkapitalgruppe, die bei den Anteilseignern zu steuerfreien Einkünften führt, bereits mit EK 01A bezeichnet[79].
Die Vorgehensweise des Vorschlags paßt zu dem Vorschlag für die Behandlung der direkten Anrechnung und leitet den Vorteil der indirekten Anrechnung nicht an die Anteilseigner weiter.
Bei der indirekten Anrechnung ausländischer Steuern werden die entstehenden Eigenkapitalteile i.H. der inländischen Steuerbelastung in das EK 50 und i.H. der indirekt angerechneten ausländischen Steuer in das EK

---

77 Beispiel:

ausländische Einkünfte der Tochtergesellschaft			110
ausländische Körperschaftsteuer			10
ausländische Quellensteuer			20
entstehendes Eigenkapital		55	
nach § 32 Abs. 2 KStG in das EK 36 einzustellen		44,44	
verbleiben für das EK 01A		10,56	

Nach dem Vorschlag in §7.B.I.3. (S. 194ff.) sind 20 steuerfrei an die Anteilseigner weiterzuleiten.

78 Vgl. Institut Finanzen und Steuern, Nr. 249, S. 40f..

79 Vgl. Institut Finanzen und Steuern, Nr. 249, S. 40f..

01B eingestellt. In das EK 01B wird maximal der Nettozufluß aus dem Ausland eingestellt.
Bei der kumulativen direkten und indirekten Anrechnung ausländischer Steuern werden Eigenkapitalteile i.H. der inländischen Steuerbelastung in das EK 50, i.H. der direkt angerechneten ausländischen Steuer in das EK 01A und i.H. der indirekt angerechneten ausländischen Steuer in das EK 01B eingestellt. Betragen die direkt und indirekt anrechenbaren ausländischen Steuern 50% und mehr, werden in das EK 01A und das EK 01B Eigenkapitalteile i.H. des Nettozuflusses aus dem Ausland eingestellt. Die in das EK 01A einzustellenden Eigenkapitalteile entsprechen den direkt angerechneten ausländischen Steuern. In das EK 01B wird der Rest des Nettozuflusses eingestellt.
Interessengegensätze zwischen Anteilseignern mit unterschiedlichen Steuersätzen werden nicht vermieden, da EK 01B entsteht. Die Ausschüttung von EK 01B führt bei Anteilseignern mit einem Steuersatz über 0% gegenüber der Thesaurierung zu einer zusätzlichen Steuerbelastung.
Der Vorschlag leitet die Vergünstigung der indirekten Anrechnung nicht an die Anteilseigner weiter. Dies wird erreicht, da die Steuerfreiheit des EK 01B bei der Ausschüttung aufgehoben wird. Für das EK 01B ist auf der Ebene der Kapitalgesellschaft die Ausschüttungsbelastung i.H.v. 36% herzustellen, und auf der Ebene der Anteilseigner gehört die Ausschüttung zu den steuerpflichtigen Einkünften.

Beispiel 28: Nettoeinkommen bei Aufhebung des Vorteils der indirekten Anrechnung und Aufteilung ausländischer Einkünfte in steuerfreie und normal zu versteuernde Einkünfte

ausländische Einkünfte der Tochtergesellschaft (vor Steuern)	150
ausländische Körperschaftsteuer der Tochtergesellschaft	50
ausländische Quellensteuer auf die Ausschüttung	10

Steuersatz der Anteilseigner in %	0	10	20	30	40	50
mittelbarer Bezug (Vorschlag)[80]	90	82	74	66	58	50
unmittelbarer Bezug	90	90	80	70	60	50

80 Es entsteht EK 50 i.H.v. 15, EK 01A i.H.v. 10 und EK 01B i.H.v. 50. Die Einnahmen der Anteilseigner betragen 90 und die zu versteuernden Einkünfte 80.

Da die Vergünstigung der indirekten Anrechnung bei der Ausschüttung aufgehoben wird, entspricht die Belastung dieser Einkünfte der Belastung bei unmittelbarem Bezug, da dann die indirekte Anrechnung nicht möglich ist[81]. Unterschiedliche Nettoeinkünfte bei mittel- und unmittelbarem Bezug sind auf die Behandlung der direkt anrechenbaren ausländischen Steuern zurückzuführen[82]. Die Behandlung direkt anrechenbarer ausländischer Steuern entspricht der in §7.B.I.3. (S. 194ff.) vorgeschlagenen Behandlung, die sich der Rechtsformneutralität nähert. Bezogen auf die indirekte Anrechnung, ist die Rechtsformneutralität damit gewährleistet[83].
Die Aufhebung des Vorteils der indirekten Anrechnung bei der Ausschüttung führt dazu, daß Ausschüttungen ausländischer Kapitalgesellschaften an inländische Anteilseigner einer ungemilderten Doppelbelastung mit ausländischer Körperschaftsteuer und inländischer Einkommen- oder Körperschaftsteuer des Anteilseigners unterliegen. Diese ungemilderte Doppelbelastung entspricht dem Belastungsniveau des Auslands, da bei der Untersuchung unilateral einführbarer Maßnahmen von einem klassischen Körperschaftsteuersystem im Ausland ausgegangen wird.
Geringe Abweichungen von der Neutralität der internationalen Besteuerung sind auf die Behandlung der direkt anrechenbaren Steuern zurückzuführen. Die Behandlung der direkt anrechenbaren Steuern entspricht der für die direkte Anrechnung vorgeschlagenen Behandlung.
Die Neutralität der internationalen Besteuerung wird daher, bezogen auf die indirekte Anrechnung, erreicht.
Auf der Ebene der Anteilseigner entstehen bei der Ausschüttung von EK 01B, das auf der Ebene der Kapitalgesellschaft durch die indirekte Anrechnung ausländischer

---

81 Vgl. Baranowski, Besteuerung von Auslandsbeziehungen, S. 393; Wilke, Lehrbuch des internationalen Steuerrechts, Rz. 130.

82 Vgl. Haase/Roßmayer, DStR 1991, 1131; Institut Finanzen und Steuern, Nr. 249, S. 24.

83 Diese Untersuchung geht von einer sofortigen Ausschüttung aus. Während der Thesaurierung besteht für die Kapitalgesellschaft durch die indirekte Anrechnung ein Liquiditätsvorteil. Der Zinsgewinn aus diesem Liquiditätsvorteil bleibt für die Kapitalgesellschaft auch bei Ausschüttung bestehen.

Steuern steuerfrei war, normal zu versteuernde Einkünfte. Direkt anrechenbare ausländische Steuern führen zu EK 01A. Nur inländische Steuern führen zu EK 50. Die Erstattung nicht vereinnahmter Steuern wird folglich vermieden.

b) Differenzierung der Steuergutschrift in einen anrechnungs- und erstattungsfähigen und einen nur anrechnungsfähigen Teil

Das Institut Finanzen und Steuern lehnt die Durchleitung des Vorteils der indirekten Anrechnung an die Anteilseigner ab, solange diese Vergünstigung nicht auch bei unmittelbarem Bezug gewährt wird[84]. Aus nicht erkennbaren Gründen wählt das Institut Finanzen und Steuern bei der kumulativen Inanspruchnahme der direkten und indirekten Anrechnung aber eine andere Vorgehensweise, um den Vorteil der direkten Anrechnung an die Anteilseigner durchzuleiten, als bei der ausschließlichen Inanspruchnahme der direkten Anrechnung.
Wie bei Vorschlag 4 (S. 198ff.) für die direkte Anrechnung wird die Steuergutschrift in einen anrechnungs- und erstattungsfähigen und einen nur anrechnungsfähigen Teil unterteilt[85]. Dies erfolgt, indem der Eigenkapitalzugang auf das EK 50 und das EK 01B aufgeteilt wird. Wie im geltenden Recht wird bei der Ausschüttung für das EK 50 und das EK 01B die Ausschüttungsbelastung hergestellt. Beide führen bei den Anteilseignern zu steuerpflichtigen Einkünften. Zusätzlich zum normalen Steuerguthaben i.H.v. 9/16 der Ausschüttung wird den Anteilseignern die auf diesen Einkünften lastende, direkt angerechnete ausländische Steuer als anrechnungsfähiges, aber nicht erstattungsfähiges Steuerguthaben gewährt.
Die praktische Durchführung für einzelne ausländische Einkünfte wurde vom Institut Finanzen und Steuern dargestellt[86]. Wie der Vorschlag für mehrere Einkünfte

---

[84] Institut Finanzen und Steuern, Nr. 249, S. 32.

[85] Vgl. Institut Finanzen und Steuern, Nr. 249, S. 25ff. und Anlage 15.

[86] Institut Finanzen und Steuern, Nr. 249, Anlage 15.

ohne Aufzeichnung der einzelnen Einkünfte durchgeführt werden soll, wird nicht dargestellt.
Folgendermaßen könnte der Vorschlag praktisch umgesetzt werden[87]:
Für die Durchführung der kumulativen direkten und indirekten Anrechnung ist ein EK 50 Konto, ein EK 01B Konto und ein Steuerguthabenkonto, dem die direkt angerechneten Steuern zugeschrieben werden, erforderlich. Diese Konten können aber nur für die indirekte Anrechnung genutzt werden, da nur so das Verhältnis zwischen den direkt angerechneten Steuern und den zugrundeliegenden Ausschüttungen der ausländischen Tochtergesellschaften unverändert bleibt. Aus demselben Grund ist es notwendig, bei Ausschüttungen diese drei Konten im gleichen Verhältnis zu vermindern. Da die einzelnen Einkünfte wegen des damit verbundenen Aufwands nicht einzeln aufgezeichnet werden sollten, kommt es durch die Vermischung zu der bereits von der direkten Anrechnung bekannten overall-limitation[88]. Die Vorgehensweise wird anhand eines Beispiels erläutert:

Beispiel 29: Nettoeinkommen bei Aufhebung des Vorteils der indirekten Anrechnung und Aufteilung der Steuergutschrift in einen anrechnungs- und erstattungsfähigen und einen nur anrechnungsfähigen Teil

			Summe
Gewinn der ausländischen Tochtergesellschaften vor Steuern	100	100	
ausländische Körperschaftsteuer	20	25	
ausländische Quellensteuer	10	20	30
inländische Körperschaftsteuer	20	5	25
EK 50	20	5	25
EK 01B	30	45	75
Steuerguthabenkonto	10	20	30

87 Für steuerfreie ausländische Schachtelausschüttungen hat das Institut Finanzen und Steuern die Behandlung mehrerer Einkünfte dargestellt. Aus dieser Darstellung wurde die Anregung des Steuerguthabens übernommen. Vgl. Institut Finanzen und Steuern, Nr. 249, S. 42ff..
Das Institut Finanzen und Steuern geht nicht auf die entstehende overall-limitation ein.

88 Vgl. §7.B.I.4. dieser Arbeit (S. 198ff.).

Ausschüttung[89]	80
anrechnungs- und erstattungsfähiges	
Steuerguthaben (9/16 von 80)	45
anrechnungsfähiges Steuerguthaben (Steuerguthabenkonto)	30
zu versteuernde Einkünfte	155

Steuersatz der Anteilseigner in %	0	10	20	30	40	50
mittelbarer Bezug (Vorschlag)	125	125	124	108,5	93	77,5
unmittelbarer Bezug	125	125	119	108,5	93	77,5

Aus dem Beispiel 29 ist ersichtlich, daß der Vorteil der indirekten Anrechnung bei der Ausschüttung aufgehoben wird und daß der mittelbare Bezug durch die overall-limitation der direkt angerechneten ausländischen Steuer begünstigt wird.
Da der Vorteil der indirekten Anrechnung bei der Ausschüttung aufgehoben wird, entsteht durch die Ausschüttung bei Anteilseignern mit einem Steuersatz oberhalb einer bestimmten Grenze gegenüber der Thesaurierung eine zusätzliche Steuerbelastung. Im Beispiel 29 liegt diese Grenze bei 35,48%. Interessengegensätze zwischen Anteilseignern mit unterschiedlichen Steuersätzen werden deshalb nicht vermieden.
Der Vorschlag leitet die Vergünstigung der indirekten Anrechnung nicht an die Anteilseigner weiter. Daher ist die Rechtsformneutralität, bezogen auf die indirekte Anrechnung, gegeben. Unterschiede der Nettoeinkünfte bei mittel- und unmittelbarem Bezug sind auf die Behandlung der direkt anrechenbaren ausländischen Steuern zurückzuführen, die dem Vorschlag 4 (S. 198ff.) für die Behandlung direkt anrechenbarer ausländischer Steuern

---

89 Die Ausschüttung ergibt sich folgendermaßen:

EK 01B	75
- Herstellung der Ausschüttungsbelastung (36% von 75)	-27=48
EK 50	25
+ Herstellung der Ausschüttungsbelastung (14/50 von 25)	+7=32
= Ausschüttung	80

entspricht. Dieser Vorschlag erreicht die Rechtsformneutralität nicht, nähert sich ihr aber[90].
Die Einkünfte werden insgesamt mit der ausländischen Körperschaftsteuer und der Steuerbelastung der Anteilseigner belastet. Bei der Untersuchung unilateral einführbarer Reformvorschläge wird von einem klassischen Körperschaftsteuersystem im Ausland ausgegangen. Deswegen entspricht dies dem Belastungsniveau des Auslands. Die Neutralität der internationalen Besteuerung ist folglich gewährleistet.
Nicht vereinnahmte Steuern werden in keinem Fall erstattet, da die Vergünstigung der indirekten Anrechnung bei der Ausschüttung aufgehoben wird und die direkt anrechenbaren ausländischen Steuern nur zu einem anrechnungs-, aber nicht erstattungsfähigen Steuerguthaben führen.

c) Anerkennung direkt anrechenbarer ausländischer Steuern als Tarifbelastung bis zur Höhe von 50%

Auch die Kommission zur Verbesserung der steuerlichen Bedingungen für Investitionen und Arbeitsplätze lehnt die Durchleitung der Vergünstigung der indirekten Anrechnung an die Anteilseigner ab[91]. Sie schlägt daher vor, direkt anrechenbare ausländische Quellensteuern als Tarifbelastung i.S. § 27 Abs. 2 KStG anzuerkennen. Die indirekte Anrechnung ausländischer Steuern führt dann zu EK 01B, dessen Steuerfreiheit im Ausschüttungsfall aufgehoben wird[92].

---

90 Da das Institut Finanzen und Steuern nicht auf die entstehende overall-limitation eingeht, ist für das Institut die Rechtsformneutralität gegeben. (Vgl. Institut Finanzen und Steuern, Nr. 249, S. 41).

91 Gutachten der Kommission zur Verbesserung der steuerlichen Bedingungen für Investitionen und Arbeitsplätze, Rz. 467ff..

92 Gutachten der Kommission zur Verbesserung der steuerlichen Bedingungen für Investitionen und Arbeitsplätze, Rz. 467ff.; Bereits der zweite Referentenentwurf des KStG 1977 vom 20.1.1972 sah eine Anerkennung im Ausland durch Steuerabzug erhobener Körperschaftsteuern als Tarifbelastung vor. Diese Behandlung ausländischer Quellensteuern wurde damals wegen

Wie die beiden vorhergehenden Vorschläge, welche den Vorteil der indirekten Anrechnung nicht an die Anteilseigner weiterleiten, vermeidet dieser Vorschlag, bezogen auf die indirekt angerechneten ausländischen Steuern, Interessengegensätze zwischen Anteilseignern mit unterschiedlichen Steuersätzen nicht. Bezogen auf die indirekte Anrechnung, wird die Rechtsformneutralität und die Neutralität der internationalen Besteuerung erreicht und die Erstattung nicht vereinnahmter Steuern vermieden.
Die Nachteile dieser Vorgehensweise, bezogen auf direkt angerechnete ausländische Steuern, bleiben bei der kumulativen Inanspruchnahme der direkten und indirekten Anrechnung bestehen[93].
Bezogen auf die direkte Anrechnung, vermeidet der Grundvorschlag, d.h. der Vorschlag ohne die abgewandelte Behandlung direkt angerechneter ausländischer Steuern über 50%, Interessengegensätze zwischen Anteilseignern und erreicht die Neutralität der internationalen Besteuerung. Die Rechtsformneutralität wird nicht erreicht und nicht vereinnahmte Steuern werden erstattet.
Die Abwandlung mit der gesonderten Behandlung direkt anrechenbarer Steuern über 50% erfüllt keines der hier aufgestellten Kriterien.

3. Ergebnis für die indirekte Anrechnung

Bevor ein Vorschlag für die Behandlung der indirekten Anrechnung ausgewählt wird, soll auf die Entstehungsgeschichte der indirekten Anrechnung, die Wirkung im Körperschaftsteuerrecht vor 1977 und den Wirkungswandel durch die Einführung des Vollanrechnungsverfahrens eingegangen werden.

---

der Ungleichbehandlung wirtschaftlich gleicher Sachverhalte nicht realisiert (Maenner in Kläschen, § 27 KStG Rz. 7f.; Riedel, Die steuerpolitische Willensbildung bei der Körperschaftsteuerreform 1977, S. 155).

93 Vgl. zur Behandlung der direkten Anrechnung §7.B.I.1. dieser Arbeit (S. 188ff.).

Das vor 1977 geltende Körperschaftsteuerrecht sah systembedingt eine Doppelbelastung der Ausschüttungen mit Körperschaftsteuer bei der Kapitalgesellschaft und Einkommensteuer bei dem Anteilseigner vor. Um Belastungen zu vermeiden, die über diese systembedingte Doppelbelastung hinausgingen, wurde für inländische Beteiligungen inländischer Kapitalgesellschaften ein Schachtelprivileg gewährt, welches Ausschüttungen von Tochtergesellschaften bei der Muttergesellschaft freistellte[94]. Dieses Schachtelprivileg verhinderte, daß Ausschüttungen sowohl bei der Tochtergesellschaft als auch bei der Muttergesellschaft mit Körperschaftsteuer und beim Anteilseigner mit Einkommensteuer belastet wurden, insgesamt also drei Mal besteuert wurden.
Um diese Vergünstigung auch für ausländische Tochtergesellschaften zu gewähren, wurde die indirekte Anrechnung eingeführt[95]. Insgesamt wurden die Ausschüttungen bei der Tochter- und Muttergesellschaft mindestens i.H. der inländischen Körperschaftsteuer belastet. Dies wurde erreicht, indem die ausländische Körperschaftsteuer von der inländischen abgezogen werden konnte. Wie bei der Anrechnung üblich, war die anrechenbare Steuer auf die inländische Steuer beschränkt, die auf diese Einkünfte entfiel. Dadurch kam insgesamt die höhere der beiden Belastungen zum Tragen. Auch bei Ausschüttungen, die von ausländischen Tochtergesellschaften stammten, wurde damit durch die indirekte Anrechnung eine über die übliche Doppelbelastung hinausgehende Belastung vermieden. Ausschüttungen wurden nicht mehr bei der Tochter- und Muttergesellschaft mit Körperschaftsteuer und beim Anteilseigner mit Einkommensteuer belastet, sondern nur noch mit der höheren Körperschaftsteuer der Tochter- oder Muttergesellschaft und der Einkommensteuer des Anteilseigners.
Durch die Einführung des körperschaftsteuerlichen Vollanrechnungsverfahrens wurde das innerstaatliche Schachtelprivileg grundsätzlich überflüssig[96].

---

94 Gutachten der Steuerreformkommission, Schriftenreihe des BMF, Heft 17, Rz. IV/29.

95 Vgl. BTDrucks 6/2883, 21.

96 Vgl. Wrede, DStZ 1976, 415; Daß ein innerstaatliches Schachtelprivileg im Einzelfall nicht überflüssig ist, zeigt das Pro-

Im Verhältnis zum Ausland wurde die indirekte Anrechnung beibehalten. Die Wirkung der indirekten Anrechnung wird im Ausschüttungsfall aufgehoben. Deshalb bleibt es wie vor Einführung des körperschaftsteuerlichen Anrechnungsverfahrens bei der Weiterausschüttung von Ausschüttungen ausländischer Tochtergesellschaften bei der Doppelbelastung mit der ausländischen Körperschaftsteuer und der Einkommensteuer des Anteilseigners[97].
Hierin ist keine Benachteiligung von Kapital- gegenüber Personengesellschaften zu sehen, denn auch bei unmittelbarem Bezug von Ausschüttungen ausländischer Kapitalgesellschaften entsteht eine Doppelbelastung mit ausländischer Körperschaftsteuer und inländischer Einkommensteuer der Anteilseigner. Die Ursache liegt darin, daß ausländische Körperschaftsteuer nicht auf die Einkommensteuer der Anteilseigner angerechnet wird[98]. Nur bei Ausschüttungen inländischer Kapitalgesellschaften wird inländische Körperschaftsteuer auf die Einkommensteuer der Anteilseigner angerechnet und ggf. erstattet.
Da die Vergünstigung der indirekten Anrechnung bei der Ausschüttung der ausländischen Einkünfte aufgehoben wird, erfolgt weder bei mittel- noch bei unmittelbarem

---

blem der Ausschüttung steuerfreier oder ermäßigt besteuerter Einkünfte von der Tochter- an die Muttergesellschaft. Aufgrund dieser Problematik wird in der Literatur teilweise die Einführung eines körperschaftsteuerlichen Schachtelprivilegs gefordert. (Vgl. Kuhn, FR 1979, 316; Mayer-Wegelin, BB 1976, 1601 und BB 1978, 1404ff.; Merkert, DB 1977, 1819ff.; Müller-Dott, BB 1977, 1267ff. und Handelsblatt v. 15.5.1990, 10; Ritter, BB 1983, 326). Vgl. auch Jonas, RIW 1991, 46.

97 Eine geringfügige Änderung hat sich ergeben: Eine ggf. nach der indirekten Anrechnung noch verbleibende inländische Körperschaftsteuer ist im körperschaftsteuerlichen Anrechnungsverfahren auf die Einkommensteuer der Anteilseigner anrechenbar. Daher kommt es heute nur noch zu einer Doppelbelastung i.H. der ausländischen Körperschaftsteuer und der Einkommensteuer der Anteilseigner. Vorher kam es zu einer Doppelbelastung i.H. der höheren der beiden Körperschaftsteuern des In- und Auslands und der Einkommensteuer der Anteilseigner.

98 Vgl. Vogel, DB 1975, 758.

Bezug eine Anrechnung ausländischer Körperschaftsteuer auf die Einkommensteuer der Anteilseigner. Ausländische Einkünfte werden insoweit gegenüber inländischen Einkünften benachteiligt[99]. Nur bei Bezug inländischer Einkünfte kommt den Anteilseignern der Vorteil des Anrechnungsverfahrens zugute[100]. Dies steht der Neutralität der internationalen Besteuerung jedoch nicht entgegen, da im Ausland unterschiedliche Körperschaftsteuersysteme angewandt werden, darunter auch klassische Systeme[101]. Bei der Untersuchung unilateral einführbarer Maßnahmen zur Durchleitung der Steuervergünstigungen wird von klassischen Körperschaftsteuersystemen im Ausland ausgegangen. Diese Körperschaftsteuersysteme sehen eine Doppelbelastung mit Körperschaft- und Einkommensteuer vor. Insoweit entspricht die derzeitige steuerliche Behandlung des mittel- und unmittelbaren Bezugs von Ausschüttungen ausländischer Kapitalgesellschaften der hier aufgestellten Neutralitätsdefinition, wenn von der Behandlung der direkten Anrechnung abgesehen wird.

Wenn die Bundesrepublik unilateral die Vergünstigung des Vollanrechnungsverfahrens auch auf ausländische Kapitalgesellschaften ausdehnt, entspricht dies ebenfalls der Neutralität der internationalen Besteuerung, da das inländische Belastungsniveau nicht unterschritten wird. Die Einkünfte werden dann nur mit der Einkommensteuer der Anteilseigner belastet.

Diese Grundsatzentscheidung kann sich dann aber nicht auf den mittelbaren Bezug beschränken, sondern muß den unmittelbaren Bezug einschließen[102]. Die unilaterale

---

99 Greif, RIW 1977, 217; Pöllath, RIW 1979, 762f..

100 So bereits Gutachten der Steuerreformkommission, Schriftenreihe des BMF, Heft 17, Rz. IV/282.

101 Vgl. Kuhn, FR 1979, 318.

102 Vgl. Greif, RIW 1977, 217; Gutachten der Steuerreformkommission, Schriftenreihe des BMF, Heft 17, Rz. IV/240; Salditt, RIW 1971, 398; Thiel, Die Reform der Körperschaftsteuer und die gesetzestechnische Gestaltung der Grundvorschriften für das Anrechnungsverfahren, S. 19f.; Wöhe, DStR 1972, 338.
Schuler fordert die Anrechnung ausländischer Körperschaftsteuer bei mittel- und unmittelbarem Bezug. Er beurteilt konsequenterweise auch die Behandlung des unmittelbaren Bezugs

Durchführung ist, abgesehen von den Steuerausfällen[103], schwierig.
Die Belastung der Ausschüttungen mit ausländischer Körperschaftsteuer ist bei Beteiligungen i.H.v. 10%[104] mit vertretbarem Aufwand feststellbar.
Bei inländischem Streubesitz ist die Feststellung der Belastung mit ausländischer Körperschaftsteuer unilateral nicht praktikabel[105]. Möglich ist dies eventuell in Zusammenarbeit mit dem ausländischen Fiskus aufgrund einer bilateralen Vereinbarung. Eine weitere Möglichkeit ist eine pauschalierende Anrechnung ausländischer Körperschaftsteuer, die aber wohl kaum vor Mißbrauch zu schützen wäre.
Die unilaterale indirekte Anrechnung ausländischer Körperschaftsteuer bei unmittelbarem Bezug ist damit nicht möglich. Daher ist es bei Beibehaltung der indirekten Anrechnung im Körperschaftsteuerrecht folgerichtig, diese Vergünstigung bei der Ausschüttung aufzuheben[106].
Ziel bei der Auswahl der Reformvorschläge ist es aus diesem Grund, den Vorteil der direkten Anrechnung an die Anteilseigner weiterzuleiten und den Vorteil der indirekten Anrechnung bei der Ausschüttung aufzuheben.
Bei Beibehaltung der indirekten Anrechnung sind Interessengegensätze zwischen Anteilseignern mit unterschiedlichen Steuersätzen deswegen nicht vermeidbar,

---

ausländischer Ausschüttungen als nicht systemgerecht. (Vgl. Schuler, Körperschaftsteuerliche Aspekte der geplanten Unternehmenssteuerreform, S. 162).
Der Ruding-Ausschuß schlägt vor, bei mittelbarem Bezug von Ausschüttungen ausländischer Kapitalgesellschaften die ausländische Körperschaftsteuer auf die Ausschüttungsbelastung der inländischen Kapitalgesellschaft anzurechnen. Bei unmittelbarem Bezug von Ausschüttungen ausländischer Kapitalgesellschaften soll den inländischen Anteilseignern wie bei Ausschüttungen inländischer Kapitalgesellschaften ein Steuerguthaben gewährt werden. (Ruding-Ausschuß, DB Beilage 5/1992, 9).

103 Vgl. Vogel, DB 1975, 758.

104 Dies ist die Mindestbeteiligung für die indirekte Anrechnung nach § 26 Abs. 2 KStG.

105 So bereits Salditt, RIW 1971, 398.

106 Vgl. Flick, DB 1977, 34; Wöhe, DStR 1972, 337.

denn bei der Ausschüttung wird dieser Vorteil nicht an die Anteilseigner weitergeleitet.
Vorschlag b (S. 217ff.) sieht vor, die Steuergutschrift in einen anrechnungs- und erstattungsfähigen und einen nur anrechnungsfähigen Teil aufzuteilen. Bereits bei der Behandlung der direkten Anrechnung wurde diese Vorgehensweise als zu kompliziert angesehen. Vorschlag b, der diese Aufteilung bei der kumulativen Inanspruchnahme der direkten und indirekten Anrechnung durchführen will, erweist sich als noch komplizierter. Darüber hinaus wären nur für die indirekte Anrechnung gesonderte Eigenkapitalkonten einzurichten, nämlich ein EK 50, ein EK 01B und ein Steuerguthabenkonto.
Die Grundentscheidung, die Vorteile der indirekten Anrechnung nicht an die Anteilseigner weiterzuleiten, trifft auch Vorschlag c (S. 220f.). Bereits bei der Untersuchung der Reformvorschläge für die direkte Anrechnung wies diese Vorgehensweise bei der Behandlung direkt anrechenbarer ausländischer Steuern schwerwiegende Nachteile auf. Diese Nachteile lassen die unilaterale Anwendung dieser Vorgehensweise für die Weiterleitung des Vorteils der direkten Anrechnung bei der kumulativen Inanspruchnahme der direkten und indirekten Anrechnung als nicht sinnvoll erscheinen.
Vorschlag a (S. 213ff.) teilt Ausschüttungen bei der kumulativen Inanspruchnahme der direkten und indirekten Anrechnung in einen steuerpflichtigen und einen steuerfreien Teil auf. Der Vorschlag ist einfach durchzuführen, erfordert keine zusätzlichen Konten und paßt hinsichtlich der Vorgehensweise zu der hier vorgeschlagenen Behandlung der steuerfreien Einkünfte und der direkten Anrechnung. Zusätzlich wurde diese Vorgehensweise bereits bei der direkten Anrechnung als die am besten zur Durchleitung dieses Vorteils geeignete empfohlen.
Empfohlen wird daher die Einführung des Vorschlags a, der Ausschüttungen in einen steuerpflichtigen und einen steuerfreien Teil aufteilt.

III. Fiktive Anrechnung

1. Quasi-Schachtelprivileg

Das Quasi-Schachtelprivileg entspricht formal einer indirekten Anrechnung. Es wird nach § 26 Abs. 3 KStG nur die Fiktion aufgestellt, daß die anrechenbare Steuer der inländischen Steuer entspricht, die auf diese Einkünfte entfällt. Das Quasi-Schachtelprivileg wird wie die indirekte Anrechnung nur im Körperschaftsteuerrecht gewährt[107]. Die Einführung des Quasi-Schachtelprivilegs beruhte auf den Überlegungen, die zur Einführung der indirekten Anrechnung geführt haben. Die besonderen Verhältnisse in Entwicklungsländern haben den Gesetzgeber bewogen, gegenüber diesen Staaten die indirekte Anrechnung in der Form des Quasi-Schachtelprivilegs einzuführen[108].
Aus diesem Grund kann die Entscheidung, ob diese Vergünstigung an die Anteilseigner weiterzuleiten ist, nicht anders ausfallen als bei der indirekten Anrechnung. Ziel der Reformvorschläge ist es daher, den Vorteil der indirekten Anrechnung bei der Ausschüttung aufzuheben und den Vorteil der direkten Anrechnung an die Anteilseigner weiterzuleiten.
Wie bereits in Abschnitt §7.B.II.2. dieser Arbeit (S. 213ff.) untersucht, eignet sich hierzu am besten Vorschlag a aus dem Abschnitt §7.B.II.2..
Durch das Quasi-Schachtelprivileg von der inländischen Besteuerung freigestellte Ausschüttungen von ausländischen Tochtergesellschaften werden nach dieser Vorgehensweise folgendermaßen behandelt:
Sind die Ausschüttungen mit keiner Quellensteuer belastet, werden sie vollständig in das EK 01B eingestellt.
Sind die Ausschüttungen mit einer ausländischen Quellensteuer belastet, werden sie i.H. der Quellensteuer in das EK 01A eingestellt[109]. Der restliche Nettozufluß aus dem Ausland wird in das EK 01B eingestellt.

---

107 Vgl. Rose, Betrieb und Steuer, Grundzüge des internationalen Steuerrechts, S. 72.

108 Vgl. BTDrucks 6/2883, 21.

109 Die Behandlung der ausländischen Quellensteuer entspricht der Behandlung, die vom Institut Finanzen und Steuern für die di-

Da dieser Vorschlag die Vergünstigung des Quasi-Schachtelprivilegs bei der Ausschüttung aufhebt, werden Interessengegensätze zwischen Anteilseignern mit unterschiedlichen Steuersätzen ebenso wie bei der indirekten Anrechnung[110] nicht vermieden.
Die Rechtsformneutralität ist gewährleistet, da das Quasi-Schachtelprivileg bei der Ausschüttung aufgehoben wird[111]. Verbleibende Differenzen zwischen dem Nettoeinkommen bei mittel- und unmittelbarem Bezug sind auf die Behandlung direkt anrechenbarer Quellensteuern zurückzuführen[112].
Die Neutralität der internationalen Besteuerung wird erreicht[113]. Verbleibende Differenzen sind auch hier auf die Behandlung direkt anrechenbarer Quellensteuern zurückzuführen.
Nicht vereinnahmte Steuern werden nicht erstattet[114].

2. Fiktive direkte Anrechnung

Die fiktive direkte Anrechnung wird bei unmittelbarem Bezug wie die direkte Anrechnung behandelt. Daher liegt es nahe, bei mittelbarem Bezug die für die direkte Anrechnung vorgeschlagene Vorgehensweise auch bei der fiktiven direkten Anrechnung anzuwenden.
Zur Durchleitung der Vergünstigung der fiktiven direkten Anrechnung werden die ausländischen Einkünfte in steuerfreie und normal zu versteuernde aufgeteilt. I.H. der auf diesen Einkünften lastenden inländischen Körperschaftsteuer wird das entstehende Eigenkapital in das EK 50 eingestellt. Der Restbetrag des entstehenden verwendbaren Eigenkapitals wird in das EK 01A eingestellt, das ohne Herstellung der Ausschüttungsbelastung

---

rekte Anrechnung vorgeschlagen wurde. (Vgl. Institut Finanzen und Steuern, Nr. 249, S. 20f.).

110 Vgl. §7.B.II.2.a) dieser Arbeit (S. 213ff.).

111 Vgl. Institut Finanzen und Steuern, Nr. 249, S. 31f..

112 Vgl. Haase/Roßmayer, DStR 1991, 1131; Institut Finanzen und Steuern, Nr. 249, S. 24.

113 Vgl. §7.B.II.2.a) dieser Arbeit (S. 213ff.).

114 Vgl. §7.B.II.2.a) dieser Arbeit (S. 213ff.).

als nicht zu versteuernde Ausschüttung an die Anteilseigner weitergeleitet werden kann.
Der Vorschlag stellt das entstehende Eigenkapital in das EK 50 und das EK 01A ein. Wird dieses Eigenkapital ausgeschüttet, kommt es gegenüber der Thesaurierung bei keinem Anteilseigner zu einer zusätzlichen Steuerbelastung. Interessengegensätze zwischen Anteilseignern mit unterschiedlichen Steuersätzen werden deshalb vermieden.
Der Vorschlag ist rechtsformneutral, wenn die anrechenbare ausländische Steuer 50% und mehr ausmacht. Bei mittelbarem Bezug erhält der Anteilseigner dann den Nettozufluß aus dem Ausland steuerfrei. Bei unmittelbarem Bezug werden die ausländischen Einkünfte de facto freigestellt, da die anrechenbare Steuer mindestens 50% beträgt.
Beträgt die anrechenbare ausländische Steuer weniger als 50%, wird die Rechtsformneutralität nur für Anteilseigner mit einem Steuersatz i.H.v. 0 oder 50% erreicht. Anteilseigner mit einem zwischen 0 und 50% liegenden Steuersatz tragen eine im Vergleich zum unmittelbaren Bezug erhöhte Gesamtbelastung.
Belastungsunterschiede veranschaulicht Beispiel 30:

Beispiel 30: Nettoeinkommen bei fiktiver direkter Anrechnung und Aufteilung ausländischer Einkünfte in steuerfreie und normal zu versteuernde Einkünfte

Steuersatz der Anteilseigner in %	0	10	20	30	40	50
anrechenbare Steuer 10% / gezahlte Steuer 0%						
mittelbarer Bezug (Vorschlag)[115]	100	92	84	76	68	60
mittelbarer Bezug jetzt	100	90	80	70	60	50
unmittelbarer Bezug	100	100	90	80	70	60
anrechenbare Steuer 20% / gezahlte Steuer 10%						
mittelbarer Bezug (Vorschlag)[116]	90	84	78	72	66	60
mittelbarer Bezug jetzt	90	81	72	63	54	45
unmittelbarer Bezug	90	90	90	80	70	60

115 Es entsteht EK 50 i.H.v. 40 und EK 01A i.H.v. 20. Die Einnahmen der Anteilseigner betragen 100 und die zu versteuernden Einkünfte 80.

116 Es entsteht EK 50 i.H.v. 30 und EK 01A i.H.v. 30. Die Einnahmen der Anteilseigner betragen 90 und die zu versteuernden Einkünfte 60.

Aus dem Beispiel wird deutlich, daß der Vorschlag der Rechtsformneutralität näher kommt als die jetzige Rechtslage. Die Rechtsformneutralität wird aber nicht erreicht. Geringfügige Abweichungen sind auf die Behandlung der direkt anrechenbaren effektiv gezahlten und fiktiven Quellensteuern zurückzuführen[117]. Die Behandlung entspricht der für die direkte Anrechnung empfohlenen Vorgehensweise.
Bei der fiktiven direkten Anrechnung ist die Neutralität der internationalen Besteuerung ein ungeeignetes Kriterium. Die fiktive direkte Anrechnung zielt darauf ab, Investitionen in Entwicklungsländern zu fördern[118]. Bei unmittelbarem Bezug wird dieses Ziel erreicht, denn der Einkunftsbezieher erlangt ein um die fiktive Anrechnung erhöhtes Nettoeinkommen.
Der Vorschlag erreicht dieses Ziel. Bei mittelbarem Bezug erhöht sich das Nettoeinkommen des Anteilseigners gegenüber der normalen direkten Anrechnung um den Betrag der fiktiven Anrechnung[119]. Für die normale direkte Anrechnung wird dabei die in dieser Arbeit empfohlene Vorgehensweise unterstellt.
Nur inländische Steuern führen zu Zugängen zum EK 50, dessen Ausschüttung mit einem Steuerguthaben verbunden ist. Ausländische Steuern führen zu Zugängen zum EK 01A, das beim Anteilseigner zu steuerfreien Ausschüttungen ohne Steuerguthaben führt. Nicht vereinnahmte Steuern werden deshalb nicht erstattet.
Bereits bei der Untersuchung der Reformvorschläge für die direkte Anrechnung in §7.B.I. dieser Arbeit (S. 188ff.) wurde herausgearbeitet, daß kein Reformvorschlag alle Kriterien erfüllt. Für die fiktive direkte Anrechnung fallen die Ergebnisse entsprechend aus.
Der Vorschlag für die Behandlung der fiktiven direkten Anrechnung vermeidet sowohl Interessengegensätze zwi-

---

117 Vgl. Haase/Roßmayer, DStR 1991, 1131; Institut Finanzen und Steuern, Nr. 249, S. 24.

118 Denkl, RIW 1979, 322.

119 Vgl. §7.B.I.3. dieser Arbeit (S. 196). Wird z.B. in Beispiel 23 die Zeile "ausländische Steuerbelastung 10%" mit der Zeile "anrechenbare Steuer 10% / gezahlte Steuer 0%" in Beispiel 30 verglichen, ergibt sich für alle Anteilseigner ein um 10 erhöhtes Nettoeinkommen.

schen Anteilseignern mit unterschiedlichen Steuersätzen als auch die Erstattung nicht vereinnahmter Steuern. Das Ziel der fiktiven Anrechnung wird durch diesen Vorschlag erreicht. Der Vorschlag erreicht die Rechtsformneutralität nicht, nähert sich ihr aber und stellt in dieser Hinsicht gegenüber der jetzigen Rechtslage einen Fortschritt dar. Die gliederungstechnische Vorgehensweise paßt zu den bisherigen Reformvorschlägen.

C. Steuerabzug

Ein Reformvorschlag für die Durchleitung des Vorteils des Steuerabzugs ist nicht erforderlich, da bereits nach jetzigem Körperschaftsteuerrecht der Vorteil bei der Ausschüttung erhalten bleibt[120].

D. Pauschalierung

Statt der Anrechnung oder des Abzugs ausländischer Steuern kann sowohl im Einkommen- als auch im Körperschaftsteuerrecht unter bestimmten Voraussetzungen die Pauschalierung der inländischen Steuer nach § 34c Abs. 5 EStG und § 26 Abs. 6 KStG i.V.m. dem Pauschalierungserlaß gewählt werden. Da die Vergünstigung bei mittel- und unmittelbarem Bezug gewährt wird, ist sie bei der Ausschüttung an die Anteilseigner weiterzuleiten.
Da die Pauschalierung statt der Anrechnung oder des Abzugs gewählt werden kann, ist bei der Untersuchung der Rechtsformneutralität zu berücksichtigen, daß der Anteilseigner bei unmittelbarem Bezug je nach seinem persönlichen Steuersatz die Anrechnung, die Pauschalierung oder auch den Abzug wählt[121]. Vergleichsmaßstab bei der Untersuchung der Rechtsformneutralität des mittelbaren Bezugs muß daher die günstigere Alternative des unmittelbaren Bezugs, die Pauschalierung oder die Anrechnung sein.

---

120 Vgl. §5.B.III. dieser Arbeit (S. 138ff.).

121 Auf die Behandlung des Steuerabzugs wird verzichtet, da dieser nur in Verlustsituationen relevant ist oder wenn die ausländische Steuer die Einkünfte übersteigt.

Bei der Untersuchung der Neutralität der internationalen Besteuerung ist zu beachten, daß die Pauschalierung die Wettbewerbsfähigkeit der deutschen Wirtschaft im Ausland stärken und die Aufhebung ausländischer Steuervergünstigungen durch die inländische Besteuerung vermeiden soll[122]. Ziel sollte daher bei diesem Kriterium sein, die Vergünstigung der Pauschalierung an die Anteilseigner weiterzuleiten. D.h., wenn für die Kapitalgesellschaft die Pauschalierung günstiger ist, sollte sich dies auch für die Anteilseigner in einem höheren Nettoeinkommen niederschlagen.

I. Vermeidung der Definitivbelastung ausländischer Steuern

Dieser Vorschlag orientiert sich weitgehend an der jetzigen gesetzlichen Regelung. Allerdings vermeidet der Vorschlag die Definitivbelastung ausländischer Steuern mit inländischer Körperschaftsteuer[123]. Das entstehende verwendbare Eigenkapital wird i.H. der inländischen Körperschaftsteuer in das EK 50 eingestellt. Der Rest wird in das EK 01B eingestellt.
Die Ausschüttung des EK 01B führt i.d.R. gegenüber der Thesaurierung zu einer zusätzlichen Steuerbelastung, da Ausschüttungen aus dem EK 01B bei den Anteilseignern steuerpflichtig sind. Interessengegensätze zwischen Anteilseignern mit unterschiedlichen Steuersätzen werden daher nicht vermieden.
Gegenüber der jetzigen gesetzlichen Regelung kommt der Reformvorschlag der Rechtsformneutralität näher. Wie aus Beispiel 31 ersichtlich, erreicht der Vorschlag die Rechtsformneutralität aber nicht.

---

122 BVerfGE Bd. 48, 210, 225f.; Debatin, DStZ 1959, 303f. und FR 1970, 5; Ebling, Unilaterale Maßnahmen gegen die internationale Doppelbesteuerung bei den Steuern vom Ertrag, S. 135; Flick/Wassermeyer/Lüdicke in Flick/Wassermeyer/Becker, § 34c EStG Rz. 252f.; Haberstock, Die Steuerplanung der internationalen Unternehmung, S. 44f.; Wilke, Lehrbuch des internationalen Steuerrechts, Rz. 86.

123 Vgl. Herzig, RIW 1978, 173f.; Piltz, DB 1977, 327; Telkamp, FR 1977, 317.

Beispiel 31: Nettoeinkommen bei Pauschalierung und Vermeidung der Definitivsteuer auf ausländische Steuern

ausländische Einkünfte	100
ausländische Steuer	20

Steuersatz der Anteilseigner in %	0	10	20	30	40	50
mittelbarer Bezug (Vorschlag)[124]	80	72	64	56	48	40
mittelbarer Bezug jetzt	73,3	66	58,7	51,3	44	36,7
unmittelbarer Bezug[125]	80	80	80	70	60	55

Die Rechtsformneutralität wird nicht erreicht, da die ausländische Steuer sich bei der Ausschüttung in eine abziehbare Steuer wandelt.

Deswegen wird auch das Ziel nicht erreicht, die Vergünstigung an die Anteilseigner weiterzuleiten. Da sich die ausländische Steuer in eine abziehbare Steuer wandelt, ist die Pauschalierung bei mittelbarem Bezug in jedem Fall ungünstiger als die direkte Anrechnung[126], wenn die für die direkte Anrechnung empfohlene Vorgehensweise[127] realisiert wird. Dies widerspricht der Zielsetzung der Pauschalierung, die Wettbewerbsfähigkeit der deutschen Wirtschaft zu stärken und Steuervergünstigungen des Auslands durch die inländische Besteuerung nicht aufzuheben[128].

Da nur inländische Steuern zur Bildung von EK 50 führen und ausländische Steuern zur Bildung von EK 01B, wird die Erstattung nicht vereinnahmter Steuern vermieden.

---

124 Es entsteht EK 50 i.H.v. 25 und EK 01B i.H.v. 30. Die Einnahmen und die zu versteuernden Einkünfte der Anteilseigner betragen 80.

125 Ab einem Steuersatz des Anteilseigners i.H.v. über 45% ist die Pauschalierung vorteilhafter als die Anrechnung der ausländischen Steuer.

126 Sofortige Ausschüttung unterstellt.

127 Vgl. §7.B.I.3. dieser Arbeit (S. 194ff.).

128 Vgl. z.B. Flick/Wassermeyer/Lüdicke in Flick/Wassermeyer/Becker, § 34c EStG Rz. 252f.; Wilke, Lehrbuch des internationalen Steuerrechts, Rz. 86.

II. Aufteilung ausländischer Einkünfte in steuerfreie und normal zu versteuernde Einkünfte

Dieser Vorschlag stellt das entstehende verwendbare Eigenkapital i.H. der inländischen Steuerbelastung in das EK 50 ein. Der Rest des Nettozuflusses aus dem Ausland wird in das EK 01A eingestellt[129].

Beispiel 32: Nettoeinkommen bei Pauschalierung und Aufteilung ausländischer Einkünfte in steuerfreie und normal zu versteuernde Einkünfte

Steuersatz der Anteilseigner in %	0	10	20	30	40	50
ausländische Steuer 0%						
mittelbarer Bezug (Vorschlag)[130]	100	95	90	85	80	75
mittelbarer Bezug jetzt	100	90	80	70	60	50
unmittelbarer Bezug[131]	100	90	80	75	75	75
ausländische Steuer 10%						
mittelbarer Bezug (Vorschlag)[132]	90	85	80	75	70	65
mittelbarer Bezug jetzt	86,7	78	69,3	60,7	52	43,3
unmittelbarer Bezug[133]	90	90	80	70	65	65
ausländische Steuer 20%						
mittelbarer Bezug (Vorschlag)[134]	80	75	70	65	60	55
mittelbarer Bezug jetzt	73,3	66	58,7	51,3	44	36,7
unmittelbarer Bezug[135]	80	80	80	70	60	55

129 Vgl. die Vorgehensweise bei Brezing, AG 1979, 256.

130 Es entsteht EK 50 i.H.v. 25 und EK 01A i.H.v. 50. Die Einnahmen der Anteilseigner betragen 100 und die zu versteuernden Einkünfte 50.

131 Ab einem Steuersatz des Anteilseigners i.H.v. über 25% ist die Pauschalierung vorteilhafter als die Anrechnung der ausländischen Steuer.

132 Es entsteht EK 50 i.H.v. 25 und EK 01A i.H.v. 40. Die Einnahmen der Anteilseigner betragen 90 und die zu versteuernden Einkünfte 50.

133 Ab einem Steuersatz des Anteilseigners i.H.v. über 35% ist die Pauschalierung vorteilhafter als die Anrechnung der ausländischen Steuer.

134 Es entsteht EK 50 i.H.v. 25 und EK 01A i.H.v. 30. Die Einnahmen der Anteilseigner betragen 80 und die zu versteuernden Einkünfte 50.

135 Ab einem Steuersatz des Anteilseigners i.H.v. über 45% ist die Pauschalierung vorteilhafter als die Anrechnung der ausländischen Steuer.

Da das entstehende Eigenkapital in das EK 50 und das EK 01A eingestellt wird, entsteht gegenüber der Thesaurierung bei keinem Anteilseigner durch die Ausschüttung eine zusätzliche Steuerbelastung. Interessengegensätze zwischen Anteilseignern mit unterschiedlichen Steuersätzen werden folglich vermieden.
Verglichen mit der jetzigen Rechtslage, nähert sich der Reformvorschlag der Rechtsformneutralität, erreicht sie aber nicht. Dies verdeutlicht Beispiel 32. Aus dem Beispiel wird deutlich, daß für die Anteilseigner teilweise der mittel- und teilweise der unmittelbare Bezug günstiger ist.
Aus Beispiel 32 wird darüber hinaus deutlich, daß das Ziel erreicht wird, die Vergünstigung der Pauschalierung an die Anteilseigner durchzuleiten. Die Vergünstigung der Pauschalierung weist bei mittelbarem Bezug nicht denselben Umfang wie bei unmittelbarem Bezug auf, wird im Gegensatz zur jetzigen Rechtslage aber an die Anteilseigner weitergeleitet.
Die Pauschalierung stellt gegenüber der Anrechnung ggf. eine Vergünstigung dar[136]. Ist für die Kapitalgesellschaft die Pauschalierung günstiger als die Anrechnung, erhöht sich bei diesem Vorschlag das Nettoeinkommen der Anteilseigner, wenn die Kapitalgesellschaft die Pauschalierung statt der Anrechnung in Anspruch nimmt. Für die Anrechnung wird dabei die in §7.B.I.3. (S. 194ff.) vorgeschlagene Behandlung unterstellt.
Inländische Steuern führen zur Entstehung von EK 50. Der restliche Nettozufluß aus dem Ausland wird in das EK 01A eingestellt, das bei den Anteilseignern zu steuerfreien Ausschüttungen ohne Steuerguthaben führt. Nicht vereinnahmte Steuern werden daher nicht erstattet.

---

136 Wenn bei der Inanspruchnahme der Anrechnung die noch zu zahlenden inländischen Steuern mehr als 25% betragen, ist die Pauschalierung günstiger.

III. Aufteilung des entstehenden Eigenkapitals auf das EK 50, EK 01A und EK 01B

Dieser Vorschlag vermeidet, daß der mittelbare Bezug günstiger als der unmittelbare ist, wie dies bei Vorschlag II möglich ist, und daß sich im Ausschüttungsfall die ausländische Steuer zu einer nur abziehbaren Steuer wandelt, wie dies in Vorschlag I geschieht.
Der Vorschlag stellt das entstehende verwendbare Eigenkapital i.H. der pauschalierten inländischen Steuer in das EK 50 ein und i.H. der ausländischen Steuer in das EK 01A. Der restliche Nettozufluß aus dem Ausland wird in das EK 01B eingestellt.
Interessengegensätze zwischen Anteilseignern mit unterschiedlichen Steuersätzen werden nicht vermieden. Die Ausschüttung von EK 01B verursacht bei Anteilseignern mit einem Steuersatz über 0% gegenüber der Thesaurierung eine zusätzliche Steuerbelastung. Gegenüber Vorschlag I vermindert sich aber der Umfang des in das EK 01B eingestellten Eigenkapitals.
Der Vorschlag kommt der Rechtsformneutralität näher als Vorschlag I und vermeidet im Gegensatz zu Vorschlag II die Besserstellung des mittelbaren Bezugs. Aus Beispiel 33 wird deutlich, daß der Vorschlag die Rechtsformneutralität nicht erreicht, ihr aber im Vergleich zur jetzigen Rechtslage näher kommt.
Bei dem Vorschlag ist das Nettoeinkommen bei mittelbarem Bezug und Pauschalierung ebenso hoch wie bei mittelbarem Bezug und der Anrechnung ausländischer Steuern, wenn die bei der direkten Anrechnung empfohlene Vorgehensweise realisiert wird[137]. Dies entspricht nicht dem Ziel der Pauschalierung, die Wettbewerbsfähigkeit der deutschen Wirtschaft zu stärken und Steuervergünstigungen des Auslands durch die inländische Besteuerung nicht aufzuheben[138]. Für die Anteilseigner hat es keine Erhöhung des Nettoeinkommens zur Folge, wenn die Kapitalgesellschaft statt der Anrechnung die Pauschalierung in Anspruch nimmt, vorausgesetzt die Pauschalierung ist für die Kapitalgesellschaft günsti-

---

137 Vgl. §7.B.I.3. dieser Arbeit (S. 194ff.).

138 Debatin, DStZ 1959, 303f. und FR 1970, 5; Flick/Wassermeyer/ Lüdicke in Flick/Wassermeyer/Becker, § 34c EStG Rz. 252f..

ger. Die Vergünstigung der Pauschalierung wird damit nicht an die Anteilseigner weitergeleitet.

Beispiel 33: Nettoeinkommen bei Pauschalierung und Aufteilung des entstehenden Eigenkapitals auf das EK 50, EK 01A und EK 01B

Steuersatz der Anteilseigner in %	0	10	20	30	40	50
ausländische Steuer 0%						
mittelbarer Bezug (Vorschlag)[139]	100	90	80	70	60	50
mittelbarer Bezug jetzt	100	90	80	70	60	50
unmittelbarer Bezug[140]	100	90	80	75	75	75
ausländische Steuer 10%						
mittelbarer Bezug (Vorschlag)[141]	90	82	74	66	58	50
mittelbarer Bezug jetzt	86,7	78	69,3	60,7	52	43,3
unmittelbarer Bezug[142]	90	90	80	70	65	65
ausländische Steuer 20%						
mittelbarer Bezug (Vorschlag)[143]	80	74	68	62	56	50
mittelbarer Bezug jetzt	73,3	66	58,7	51,3	44	36,7
unmittelbarer Bezug[144]	80	80	80	70	60	55

Da ausschließlich inländische Steuern zur Bildung von EK 50 führen, werden nicht vereinnahmte Steuern nicht erstattet.

---

139 Es entsteht EK 50 i.H.v. 25 und EK 01B i.H.v. 50. Die Einnahmen und die zu versteuernden Einkünfte der Anteilseigner betragen 100.

140 Ab einem Steuersatz des Anteilseigners i.H.v. über 25% ist die Pauschalierung vorteilhafter als die Anrechnung der ausländischen Steuer.

141 Es entsteht EK 50 i.H.v. 25, EK 01A i.H.v. 10 und EK 01B i.H.v. 30. Die Einnahmen der Anteilseigner betragen 90 und die zu versteuernden Einkünfte 80.

142 Ab einem Steuersatz des Anteilseigners i.H.v. über 35% ist die Pauschalierung vorteilhafter als die Anrechnung der ausländischen Steuer.

143 Es entsteht EK 50 i.H.v. 25, EK 01A i.H.v. 20 und EK 01B i.H.v. 10. Die Einnahmen der Anteilseigner betragen 80 und die zu versteuernden Einkünfte 60.

144 Ab einem Steuersatz des Anteilseigners i.H.v. über 45% ist die Pauschalierung vorteilhafter als die Anrechnung der ausländischen Steuer.

IV. Einstellung in das EK 50

Dieser Vorschlag sieht vor, das entstehende verwendbare Eigenkapital bei der Steuerpauschalierung in das EK 50 einzustellen[145].

Da das entstehende verwendbare Eigenkapital vollständig in das EK 50 eingestellt wird, kommt es bei keinem Anteilseigner bei der Ausschüttung gegenüber der Thesaurierung zu einer zusätzlichen Steuerbelastung. Interessengegensätze zwischen Anteilseignern mit unterschiedlichen Steuersätzen werden deshalb vermieden.

Der Vorschlag stellt die Rechtsformneutralität nicht sicher. Ausschließlich Anteilseigner mit einem Steuersatz i.H.v. 50% erhalten bei mittel- und unmittelbarem Bezug dasselbe Nettoeinkommen. Für Anteilseigner mit einem Steuersatz unter 50% ist der mittelbare Bezug günstiger.

Beispiel 34: Nettoeinkommen bei Pauschalierung und Einstellung des entstehenden Eigenkapitals in das EK 50

ausländische Einkünfte	100
ausländische Steuer	20

Steuersatz der Anteilseigner in %	0	10	20	30	40	50
mittelbarer Bezug (Vorschlag)[146]	110	99	88	77	66	55
unmittelbarer Bezug[147]	80	80	80	70	60	55

Der Vorschlag bringt bei niedrigen ausländischen Steuersätzen eine durch die Pauschalierung nicht beabsichtigte Besserstellung von Anteilseignern mit niedrigen Steuersätzen. Im Beispiel liegt die Gesamtbelastung bis zu einem Steuersatz der Anteilseigner i.H.v. 27% unter der ausländischen Steuerbelastung[148]. Bis zu einem Steuersatz der Anteilseigner i.H.v. 9% wird im Beispiel

---

145 Vgl. Ritter, BB 1983, 326.

146 Es entsteht EK 50 i.H.v. 55. Die Einnahmen und die zu versteuernden Einkünfte der Anteilseigner betragen 110.

147 Ab einem Steuersatz des Anteilseigners i.H.v. über 45% ist die Pauschalierung vorteilhafter als die Anrechnung der ausländischen Steuer.

148 D.h., es werden durch den inländischen Fiskus nicht vereinnahmte Steuern erstattet.

die ausländische Investition steuerlich bezuschußt, d.h., die steuerliche Gesamtbelastung ist negativ. Das entstehende verwendbare Eigenkapital wird in das EK 50 eingestellt, ohne daß eine entsprechende Tarifbelastung besteht. Nicht vereinnahmte Steuern werden folglich erstattet.

V. Ergebnis für die Steuerpauschalierung

Vorschlag I (S. 232f.) vermeidet Interessengegensätze zwischen Anteilseignern mit unterschiedlichen Steuersätzen nicht. Der Vorschlag nähert sich der Rechtsformneutralität im Vergleich zur jetzigen Rechtslage, erreicht diese aber nicht. Das Ziel, die Vergünstigung der Pauschalierung an die Anteilseigner weiterzuleiten, wird nicht erreicht, denn im Ausschüttungsfall ist die Pauschalierung im Vergleich zur Anrechnung nachteilig. Für die Anrechnung wird unterstellt, daß die hier vorgeschlagene Vorgehensweise verwirklicht wird. Nicht vereinnahmte Steuern werden nicht erstattet.
Vorschlag IV (S. 238f.) vermeidet Interessengegensätze zwischen Anteilseignern mit unterschiedlichen Steuersätzen. Er erreicht die Rechtsformneutralität nicht und stellt in dieser Hinsicht gegenüber der jetzigen Rechtslage keine Verbesserung dar, denn der mittelbare Bezug wird einseitig bevorteilt. Auch die Zielsetzung der Pauschalierung wird nicht verwirklicht, denn durch diesen Vorschlag kann die Gesamtbelastung die ausländische Steuerbelastung unterschreiten. Die Gesamtbelastung kann auch negativ werden, d.h., das Nettoeinkommen der Anteilseigner liegt über den ausländischen Einkünften. Nicht vereinnahmte Steuern werden erstattet.
Vorschlag II (S. 234f.) vermeidet Interessengegensätze zwischen Anteilseignern mit unterschiedlichen Steuersätzen. Er kommt der Rechtsformneutralität näher als die jetzige Rechtslage, erreicht sie aber nicht. Die Abweichungen von der Rechtsformneutralität können sich sowohl zugunsten des mittel- als auch zugunsten des unmittelbaren Bezugs ergeben. Vorschlag II verwirklicht die Zielsetzung der Pauschalierung. Die Vergünstigung wird bei mittelbarem Bezug an die Anteilseigner weitergeleitet, wenn auch in teilweise anderer Höhe als bei

unmittelbarem Bezug. Wenn für die Kapitalgesellschaft die Pauschalierung gegenüber der Anrechnung vorteilhaft ist, erhöht sich durch die Inanspruchnahme der Pauschalierung auch das Nettoeinkommen der Anteilseigner. Für die Anrechnung wird unterstellt, daß die hier empfohlene Vorgehensweise verwirklicht wird. Die Erstattung nicht vereinnahmter Steuern wird vermieden.
Vorschlag III (S. 236f.) vermeidet Interessengegensätze zwischen Anteilseignern mit unterschiedlichen Steuersätzen nicht. Er kommt der Rechtsformneutralität näher als die jetzige Rechtslage, erreicht die Rechtsformneutralität aber nicht. Vorschlag III gelingt es nicht, die Zielsetzung der Pauschalierung zu erreichen. Die Vergünstigung der Pauschalierung wird nicht an die Anteilseigner weitergeleitet. Das Nettoeinkommen der Anteilseigner entspricht in jedem Fall demjenigen, welches sie erhalten, wenn die Kapitalgesellschaft ausländische Steuern anrechnet. Auch wenn für die Kapitalgesellschaft die Pauschalierung günstiger ist und sie diese auch in Anspruch nimmt, erhalten die Anteilseigner ein Nettoeinkommen, als ob die Kapitalgesellschaft die ausländischen Steuern anrechnet. Für die Anrechnung wird unterstellt, daß die hier empfohlene Vorgehensweise realisiert wird. Nicht vereinnahmte Steuern werden nicht erstattet.
Ein Nachteil des Vorschlags III gegenüber den anderen Vorschlägen ist, daß für die Durchführung die Höhe der ausländischen Steuern festgestellt werden muß.
Keiner der Vorschläge erfüllt alle Anforderungen vollständig. Vorschlag II kommt den Anforderungen nahe. Für die Pauschalierung wird daher die Realisierung des Vorschlags II empfohlen.

E. Internationales Schachtelprivileg

Für die Untersuchung von Reformmöglichkeiten für die Behandlung des internationalen Schachtelprivilegs wird auf die indirekte Anrechnung verwiesen, die ähnliche Zielsetzungen aufweist[149].

---

149 Vgl. §7.B.II. dieser Arbeit (S. 206ff.).

Vor der Auswahl eines Vorschlags wird die Wirkungsweise des internationalen Schachtelprivilegs in verschiedenen Körperschaftsteuersystemen erläutert.
Im vor 1977 gültigen Körperschaftsteuerrecht wurde im innerstaatlichen Bereich eine über die normale Doppelbelastung hinausgehende drei- oder mehrfache Steuerbelastung durch das innerstaatliche Schachtelprivileg vermieden[150]. Das Schachtelprivileg stellte Ausschüttungen von Tochtergesellschaften bei der Muttergesellschaft von der Besteuerung frei.
Um eine über die übliche Doppelbelastung hinausgehende drei- oder mehrfache Besteuerung auch im internationalen Bereich zu vermeiden und um Auslandsbeteiligungen gegenüber Inlandsbeteiligungen nicht zu benachteiligen, wurde bilateral in DBA das internationale Schachtelprivileg vereinbart[151]. Unilateral wurde die indirekte Anrechnung gewährt.
Durch die Einführung des körperschaftsteuerlichen Anrechnungsverfahrens wurde das innerstaatliche Schachtelprivileg grundsätzlich überflüssig. Das internationale Schachtelprivileg und die indirekte Anrechnung wurden beibehalten.
Auf der Ebene der Kapitalgesellschaft bringen das internationale Schachtelprivileg und die indirekte Anrechnung bei der Thesaurierung ausländischer Einkünfte auch im jetzigen Körperschaftsteuerrecht Vorteile, da sie die Steuerbelastung auf der Ebene der Kapitalgesellschaft vermindern. Im Ausschüttungsfall verlieren sie jegliche Wirkung, da nur inländische Steuern beim Anteilseigner anrechenbar sind[152].
Daher veränderte die Einführung des körperschaftsteuerlichen Anrechnungsverfahrens nicht die Belastung von ausländischen Einkünften, die durch das internationale

---

150 Vgl. Bühler, Prinzipien des internationalen Steuerrechts, S. 97f.; Grützner, DBA, Rz. 62ff.; Gutachten der Steuerreformkommission, Schriftenreihe des BMF, Heft 17, Rz. IV/29; Wöhe, Betriebswirtschaftliche Steuerlehre, Bd. I, 4. Aufl., S. 119.

151 Vgl. Grützner, DBA, Rz. 336f.; Rose, Betrieb und Steuer, Grundzüge des internationalen Steuerrechts, S. 163ff..

152 Vgl. §5.B.II.2. (S. 127ff.) und §5.B.V. (S. 145ff.) dieser Arbeit.

Schachtelprivileg freigestellt werden[153]. Wie im vor 1977 gültigen Körperschaftsteuerrecht werden diese ausländischen Einkünfte bei der Ausschüttung insgesamt mit der ausländischen Körperschaftsteuer, der ausländischen Quellensteuer und der Einkommensteuer des Anteilseigners belastet[154].
Durch diese Regelung werden auf der Ebene des Anteilseigners Investitionen im Ausland schlechtergestellt als Investitionen im Inland[155]. Die steuerliche Belastung des mittel- und des unmittelbaren Bezugs solcher Einkünfte wird durch diese Vorgehensweise aber gleichgestellt, wenn keine ausländische Quellensteuer erhoben wird. Bei mittel- und unmittelbarem Bezug wird die Ausschüttung der ausländischen Kapitalgesellschaft dann mit der ausländischen Körperschaftsteuer der Kapitalgesellschaft und der Einkommensteuer des Anteilseigners belastet.
Wenn keine ausländische Quellensteuer erhoben wird, verstößt diese Regelung auch nicht gegen die Neutralität der internationalen Besteuerung, da das Belastungsniveau des Auslands nicht überschritten wird. Das Ausland wendet annahmegemäß ein Körperschaftsteuersystem ohne Milderung der Doppelbelastung an.
Die Durchleitung der Vergünstigung des internationalen Schachtelprivilegs erfordert aufgrund der Rechtsformneutralität, daß das internationale Schachtelprivileg auch bei unmittelbarem Bezug gewährt wird[156].

---

153 Vgl. Brezing, StbJb 1981/82, 396f..

154 Sichergestellt wird dies durch die Behandlung dieser Einkünfte in der Eigenkapitalgliederung.

155 Kuhn, FR 1979, 318.

156 Vgl. Institut Finanzen und Steuern, Nr. 249, S. 31f..
Die Steuerreformkommission 1971 fordert das internationale Schachtelprivileg auch für die Einkommensteuer. (Gutachten der Steuerreformkommission, Schriftenreihe des BMF, Heft 17, Rz. VI/26). Da sich die Behandlung steuerfreier Einkünfte im Körperschaftsteuerrecht an der Behandlung bei Personengesellschaften orientieren soll (Gutachten der Steuerreformkommission, Schriftenreihe des BMF, Heft 17, Rz. IV/240), wäre die Vergünstigung des internationalen Schachtelprivilegs dann auch bei mittelbarem Bezug an die Anteilseigner weiterzuleiten.

Schuler plädiert für die Abschaffung des internationalen Schachtelprivilegs. Er fordert dafür die Ausdehnung der indirekten Anrechnung auf den unmittelbaren Bezug und die Weiterleitung der Vergünstigung der indirekten Anrechnung bei mittelbarem Bezug an die Anteilseigner[157]. Durch diese Lösung wäre eine Gleichbehandlung zwischen mittel- und unmittelbarem Bezug sichergestellt. In beiden Fällen wären die Einkünfte nur mit der individuellen Steuer der Anteilseigner belastet.
Solange im Einkommensteuerrecht das internationale Schachtelprivileg nicht gewährt wird, sollte dieser Vorteil nicht an die Anteilseigner weitergeleitet werden[158]. Dies entspricht dem Ergebnis für die indirekte Anrechnung[159], die auf unilateraler Ebene ähnliche Zielsetzungen verfolgt.
Bei unmittelbarem Bezug ausländischer Einkünfte kann der inländische Steuerpflichtige eine ggf. erhobene ausländische Quellensteuer nach § 34c Abs. 1 EStG auf die inländische Steuer direkt anrechnen, die auf diese ausländischen Einkünfte entfällt. Dieser Vorteil sollte bei mittelbarem Bezug an die Anteilseigner weitergeleitet werden.
Die Anforderungen an einen Reformvorschlag entsprechen damit denjenigen, die bei der indirekten Anrechnung gestellt wurden. Deswegen bietet sich die Übernahme des Reformvorschlags für die indirekte Anrechnung bei dem internationalen Schachtelprivileg an. Der Reformvor-

---

Salditt spricht von einem allgemeinen Beteiligungsprivileg, das auf die allgemeine Steuerfreiheit ausländischer Ausschüttungen hinausläuft. Diese Steuerfreiheit soll auch bei mittelbarem Bezug über eine inländische Kapitalgesellschaft erhalten bleiben. (Salditt, RIW 1971, 399).

157 Vgl. Schuler, Körperschaftsteuerliche Aspekte der geplanten Unternehmenssteuerreform, S. 156ff..

158 Vgl. Brezing, GmbHR 1987, 155; Gutachten der Steuerreformkommission, Schriftenreihe des BMF, Heft 17, Rz. IV/240; Institut Finanzen und Steuern, Nr. 249, S. 31f.; Thiel, Die Reform der Körperschaftsteuer und die gesetzestechnische Gestaltung der Grundvorschriften für das Anrechnungsverfahren, S. 19f.; Vogel, Festschrift für Kuno Barth, S. 281; Wöhe, DStR 1972, 338.

159 Vgl. §7.B.II.3. dieser Arbeit (S. 221ff.).

schlag für die indirekte Anrechnung sieht vor, das entstehende verwendbare Eigenkapital i.H. der inländischen Steuerbelastung in das EK 50, i.H. der direkt anrechenbaren ausländischen Steuer in das EK 01A und i.H. der indirekt anrechenbaren ausländischen Steuer in das EK 01B einzustellen. Bei Inanspruchnahme des internationalen Schachtelprivilegs entsteht keine inländische Steuer. Das entstehende verwendbare Eigenkapital wird daher i.H. der direkt anrechenbaren ausländischen Steuer in das EK 01A eingestellt. Der Restbetrag wird in das EK 01B eingestellt[160].
Die Untersuchungsergebnisse dieses Vorschlags entsprechen den Ergebnissen bei der indirekten Anrechnung in Abschnitt §7.B.II.2.a) dieser Arbeit (S. 213ff.). Interessengegensätze zwischen Anteilseignern mit unterschiedlichen Steuersätzen lassen sich nicht vermeiden, da der Vorteil des internationalen Schachtelprivilegs bei der Ausschüttung aufgehoben wird. Geringe Abweichungen von der Rechtsformneutralität sind auf die Behandlung der direkt anrechenbaren Steuern zurückzuführen[161]. Die Behandlung der direkt anrechenbaren Steuern entspricht dem Vorschlag, der in §7.B.I.3. dieser Arbeit (S. 194ff.) empfohlen wurde.
Darüber hinaus werden für Schachtelausschüttungen in DBA i.d.R. nach Art. 10 Abs. 2 OECD-Muster-DBA ermäßigte Quellensteuersätze vereinbart[162]. Dadurch wird der mittelbare Bezug bei niedrigen Steuersätzen der Anteilseigner bevorteilt. Dieser Vorteil tritt sowohl bei dem hier empfohlenen Reformvorschlag als auch bei der z.Zt. gültigen gesetzlichen Regelung auf.

---

160 Die Vorgehensweise ähnelt der vom Institut Finanzen und Steuern für die direkte Anrechnung vorgeschlagenen. Auch dieser Vorschlag sieht vor, ausländische Einkünfte in steuerfreie und normal zu versteuernde Einkünfte aufzuteilen. (Vgl. Institut Finanzen und Steuern, Nr. 249, S. 20f.).

161 Vgl. Haase/Roßmayer, DStR 1991, 1131; Institut Finanzen und Steuern, Nr. 249, S. 24.

162 Vgl. zu den Quellensteuersätzen für Streubesitz- und Schachtelausschüttungen sowie den Mindestbeteiligungsquoten, die in den DBA der Bundesrepublik vereinbart wurden, Vogel, DBA, Art. 10 Rz. 88.

Die Behandlung der direkt anrechenbaren ausländischen Quellensteuer bevorteilt geringfügig den unmittelbaren Bezug ausländischer Ausschüttungen. Der niedrigere Quellensteuersatz für ausländische Schachtelausschüttungen bevorteilt geringfügig den mittelbaren Bezug über eine inländische Kapitalgesellschaft, die das internationale Schachtelprivileg in Anspruch nehmen kann. Dies gilt nur für Anteilseigner mit niedrigen Steuersätzen. Die Wirkungen dieser beiden gegenläufigen Effekte werden durch ein Beispiel dargestellt.

Beispiel 35: Nettoeinkommen bei Aufhebung des Vorteils des internationalen Schachtelprivilegs und Berücksichtigung direkt anrechenbarer ausländischer Steuern

ausländische Ausschüttung	100
ausländische Quellensteuer (bei Schachtelprivileg)	5%
ausländische Quellensteuer (bei Streubesitz)	15%

Steuersatz der Anteilseigner in %	0	10	20	30	40	50
mittelbarer Bezug (Vorschlag)[163]	95	86	77	68	59	50
mittelbarer Bezug jetzt	95	85,5	76	66,5	57	47,5
unmittelbarer Bezug	85	85	80	70	60	50

Da die Untersuchung unilateral durchführbarer Reformvorschläge davon ausgeht, daß das Ausland ein klassisches Körperschaftsteuersystem anwendet, ist die Neutralität der internationalen Besteuerung gewährleistet. Die Ausschüttungen werden mit der ausländischen Körperschaftsteuer und der Einkommensteuer der Anteilseigner belastet[164].

Nicht vereinnahmte Steuern werden nicht erstattet.

---

163 Es entsteht EK 01A i.H.v. 5 und EK 01B i.H.v. 90. Die Einnahmen der Anteilseigner betragen 95 und die zu versteuernden Einkünfte 90.

164 Geringe Abweichungen sind auf die Behandlung der direkt anrechenbaren ausländischen Steuern zurückzuführen, die der in §7.B.I.3. (S. 194ff.) empfohlenen entspricht.

§8. DARSTELLUNG UND BEURTEILUNG BILATERAL DURCHFÜHRBARER REFORMVORSCHLÄGE

In §7. wurden Reformvorschläge für die nach jetzigem Recht bestehenden Maßnahmen zur Vermeidung bzw. Milderung der Doppelbesteuerung untersucht. Diese Maßnahmen machen deutlich, daß die internationale Steuerordnung heute noch von der Vorstellung eines klassischen Körperschaftsteuersystems ohne Milderung der Doppelbelastung geprägt ist[1]. Gegenüber Staaten, welche die Doppelbelastung mildern bzw. vermeiden, sind weitergehende Maßnahmen erforderlich, um die Neutralität der internationalen Besteuerung zu erreichen.
Die Neutralität der internationalen Besteuerung wurde so definiert, daß die steuerliche Gesamtbelastung die Belastung des Landes mit dem höheren Steuerbelastungsniveau nicht übersteigen und die Belastung des Landes mit dem niedrigeren Belastungsniveau nicht unterschreiten sollte[2].
Die in §7. empfohlenen Reformvorschläge erreichen die Neutralität der internationalen Besteuerung bzw. nähern sich dieser im Vergleich zur jetzigen gesetzlichen Regelung. In §7. wird für Einkünfte aus ausländischen Kapitalgesellschaften davon ausgegangen, daß im Ausland ein klassisches Körperschaftsteuersystem mit ungemilderter Doppelbelastung angewandt wird. In der Bundesrepublik wird die Doppelbelastung durch das Vollanrechnungsverfahren beseitigt. Gegenüber Staaten mit klassischen Körperschaftsteuersystemen ist die Neutralität der internationalen Besteuerung deswegen für die gesamte Bandbreite von der ungemilderten Doppelbelastung bis zur vollen Beseitigung der Doppelbelastung gegeben. Die ungemilderte Doppelbelastung übersteigt nicht das Belastungsniveau des Auslands und die vollständige Vermeidung der Doppelbelastung unterschreitet nicht das Belastungsniveau des Inlands.
In diesem Abschnitt wird untersucht, ob gegenüber Staaten, die für Einkünfte aus Kapitalgesellschaften die Doppelbelastung mildern bzw. beseitigen, eine Ände-

---

1 Menck in Mössner u.a., Steuerrecht international tätiger Unternehmen, Rz. A 57.

2 Vgl. §4.C. dieser Arbeit (S. 104ff.).

rung dieser Reformvorschläge erforderlich ist. Gegenüber diesen Staaten ist die Bandbreite der Neutralität der internationalen Besteuerung entsprechend geringer.
Ziel der Reformvorschläge ist es, die Wirkung von Maßnahmen des ausländischen Körperschaftsteuersystems zur Milderung der Doppelbelastung an inländische Ausschüttungsempfänger weiterzuleiten. Dieses Problem stellt sich sowohl bei unmittelbarem Bezug von Ausschüttungen ausländischer Kapitalgesellschaften durch inländische Anteilseigner als auch bei mittelbarem Bezug über eine inländische Kapitalgesellschaft. Beide Problemstellungen werden untersucht.
Maßnahmen zur Milderung bzw. Vermeidung der Doppelbelastung können grundsätzlich auf zwei Ebenen ansetzen, auf der Ebene der Kapitalgesellschaft oder auf der Ebene der Anteilseigner.
Setzen die Maßnahmen auf der Ebene der Kapitalgesellschaft an, sind keine Veränderungen der Reformvorschläge erforderlich, da auch nicht im Staat des Sitzes der Kapitalgesellschaft unbeschränkt steuerpflichtige Anteilseigner diese Vergünstigung erhalten[3]. Ein Fiskalausgleich vom Ausland ins Inland ist nicht erforderlich, da nur das Ausland durch die Vergünstigung auf der Ebene der Kapitalgesellschaft auf Steuereinnahmen verzichtet.
Setzt die Milderung bzw. Vermeidung der Doppelbelastung auf der Ebene der Anteilseigner an, ist die Durchleitung dieser Vergünstigung an die inländischen Anteilseigner erforderlich[4]. Auf der Ebene des inländischen Anteilseigners kann nur der inländische Fiskus die Steuerbelastung vermindern. Da der inländische Fiskus auf Steuereinnahmen verzichtet, sollte diese Vergünstigung nur in Verbindung mit dem Abschluß eines DBA gewährt werden, um zu einer angemessenen Verteilung der Steuereinnahmen zu gelangen bzw. um möglicherweise einen Fiskalausgleich zu vereinbaren.
Der hier vorgeschlagene Fiskalausgleich geht von einer Finanzierung der Vergünstigung durch den ausländischen

---

[3] Vgl. Menck in Mössner u.a., Steuerrecht international tätiger Unternehmen, Rz. A 57.

[4] Wrede weist darauf hin, daß diese Maßnahmen nicht über Staatsgrenzen hinaus wirken. (Wrede, DStZ 1974, 185).

Fiskus aus[5]. Dies ist eine der möglichen Lastenverteilungen. So wie im DBA Frankreich auch der vom französischen Fiskus nicht erstattete Teil des avoir fiscal vom deutschen Fiskus an die inländischen Anteilseigner ggf. erstattet wird, ist dies auch in anderen DBA denkbar. Möglich ist allerdings auch, daß die entstehenden Steuerausfälle bzw. Erstattungen vom Wohnsitzstaat getragen werden[6]. Diese Lastenverteilung wäre entgegengesetzt zu der hier angenommenen. Da diese Regelungen Bestandteil eines DBA sind, ist im Rahmen des DBA insgesamt eine angemessene Verteilung der Steuereinnahmen zu gewährleisten.

Auslandsengagements sind darüber hinaus auch in der Form einer Betriebstätte möglich. Die nachfolgend erarbeiteten Reformvorschläge gegenüber Staaten, welche die Doppelbelastung mildern bzw. vermeiden, beziehen sich auf Auslandsengagements in der Form einer Kapitalgesellschaft. Dadurch kommt es u.U. zur Benachteiligung ausländischer Betriebstätten gegenüber ausländischen Kapitalgesellschaften, wenn die Betriebstätten im Ausland der Körperschaftsteuer unterliegen. Ob eine Benachteiligung entsteht, hängt von der Ausgestaltung der Maßnahmen zur Milderung bzw. Vermeidung der Doppelbelastung und von der Ausgestaltung der Besteuerung der ausländischen Betriebstätte durch die Körperschaftsteuer ab.

Entsteht eine solche Benachteiligung, sollte für ausländische Betriebstätten eine ähnliche Vorgehensweise wie für ausländische Kapitalgesellschaften vereinbart werden. Diese Vereinbarung kann z.B. vorsehen, ausländische Betriebstätten hinsichtlich ihres Gewinns so zu behandeln, als seien sie Kapitalgesellschaften, die ihren Gewinn vollständig ausschütten.

Eine solche Vorgehensweise sah der zurückgezogene Richtlinienvorschlag zur Harmonisierung der Körperschaftsteuersysteme in der EG vor[7]. Dieser Vorschlag beinhaltete die Einführung eines harmonisierten Körper-

---

5 So z.B. vorgesehen von der Kommission der EG (vgl. BTDrucks 7/3981, 2 und 13).

6 So vom Ruding-Ausschuß vorgesehen (Ruding-Ausschuß, DB Beilage 5/1992, 9); ebenso Ritter, BB 1992, 367.

7 Vgl. BTDrucks 7/3981, 5 und 12; Saß, DStZ 1977, 62.

schaftsteuersystems mit Teilanrechnungsverfahren. Die Steuergutschrift, die mit Ausschüttungen ausländischer Kapitalgesellschaften verbunden war, sollte bei unmittelbarem Bezug und auch bei mittelbarem Bezug über eine inländische Kapitalgesellschaft an inländische Anteilseigner weitergeleitet werden. Um der Körperschaftsteuer unterliegende ausländische Betriebstätten nicht schlechter zu stellen, sollten diese hinsichtlich ihres Gewinns wie Kapitalgesellschaften behandelt werden, die ihren Gewinn vollständig ausschütten.
Für ausländische Betriebstätten werden in diesem Abschnitt keine gesonderten Vorschläge erarbeitet. Werden die Betriebstätten gegenüber ausländischen Kapitalgesellschaften benachteiligt, sollte sich die Behandlung von Betriebstätten an der Behandlung von Kapitalgesellschaften orientieren.

A. Bilateral durchführbare Maßnahmen gegenüber Staaten mit gemilderter Doppelbelastung

I. Klassische Systeme mit gespaltenem Körperschaftsteuersatz

Die Milderung der Doppelbelastung erreichen diese Körperschaftsteuersysteme durch eine verminderte Besteuerung auf der Ebene der Kapitalgesellschaft. Diese Vergünstigung wird an alle Anteilseigner weitergeleitet[8]. Die in §7. empfohlenen Reformvorschläge sind daher ohne Änderung auf ausländische Einkünfte aus Staaten übertragbar, die ein klassisches Körperschaftsteuersystem mit gespaltenem Körperschaftsteuersatz anwenden.

---

8 Vgl. Menck in Mössner u.a., Steuerrecht international tätiger Unternehmen, Rz. A 57, der darauf hinweist, daß durch den gespaltenen Körperschaftsteuersatz der Bundesrepublik ein Teil der Entlastung "exportiert" wird.

II. Körperschaftsteuersysteme mit einer verminderten Besteuerung beim Anteilseigner

Diese Körperschaftsteuersysteme mildern die Doppelbelastung dadurch, daß Ausschüttungen beim Anteilseigner mit einem ermäßigten Steuersatz besteuert werden bzw. ermäßigt in die steuerliche Bemessungsgrundlage eingehen[9].

1. Anwendung eines ermäßigten Steuersatzes beim Anteilseigner

Gegenüber Österreich, das Ausschüttungen von Kapitalgesellschaften mit dem halben durchschnittlichen Steuersatz besteuert[10], wäre folgende Lösung möglich:
Bei unmittelbarem Bezug von Ausschüttungen österreichischer Kapitalgesellschaften werden zusätzlich zur direkten Anrechnung der ausländischen Quellensteuer diese Ausschüttungen nur mit dem halben durchschnittlichen Steuersatz besteuert[11].
Bei mittelbarem Bezug von Ausschüttungen österreichischer Kapitalgesellschaften werden diese Ausschüttungen auch bei inländischen Kapitalgesellschaften nur mit dem halben Körperschaftsteuersatz i.H.v. 25% besteuert. Durch die Behandlung des entstehenden verwendbaren Eigenkapitals wird sichergestellt, daß auch die Anteilseigner in den Genuß der Milderung der Doppelbelastung gelangen. I.H. der inländischen Steuer wird das entstehende Eigenkapital in das EK 50 und i.H. der halben Ausschüttung in das EK 01A eingestellt.
Interessengegensätze zwischen Anteilseignern mit unterschiedlichen Steuersätzen werden dadurch vermieden.
Diese Behandlung stellt die Rechtsformneutralität zwischen mittel- und unmittelbarem Bezug sicher.
Da die Milderung der Doppelbelastung durch das ausländische Körperschaftsteuersystem an die Anteilseigner bei mittel- und unmittelbarem Bezug weitergeleitet

---

9 Vgl. §2.B.II.2. dieser Arbeit (S. 50f.).

10 Wundsam/Zöchling, IWB, Fach 5 Österreich, Gruppe 2, 248.

11 Damit ist für den unmittelbaren Bezug die Neutralität der internationalen Besteuerung sichergestellt, wenn kein Anrechnungsüberhang besteht.

wird, ist in beiden Fällen die Neutralität der internationalen Besteuerung gegeben. In beiden Fällen entspricht die Gesamtbelastung der vom ausländischen Körperschaftsteuersystem vorgesehenen[12].

Das Besteuerungsrecht für Ausschüttungen von Kapitalgesellschaften steht nach Art. 10 OECD-Muster-DBA dem Wohnsitzstaat zu. Der Quellenstaat kann eine Quellensteuer erheben.

Indem die Bundesrepublik die durch das ausländische Körperschaftsteuersystem vorgesehene Vergünstigung auch inländischen Anteilseignern bei mittel- und unmittelbarem Bezug gewährt, schränkt sie ihr Besteuerungsrecht ein. Im DBA sollte hierfür ein Ersatz oder ein Fiskalausgleich vereinbart werden.

a) Direkte Anrechnung

Bei unmittelbarem Bezug wird die direkt anrechenbare ausländische Quellensteuer auf die inländische Steuer angerechnet. Die Neutralität der internationalen Besteuerung wird deshalb erreicht.

Auch bei mittelbarem Bezug wird die direkt anrechenbare ausländische Quellensteuer auf die inländische Steuer angerechnet. Das entstehende verwendbare Eigenkapital wird i.H. der halben Ausschüttung der österreichischen Kapitalgesellschaft zuzüglich der direkt anrechenbaren Steuer in das EK 01A eingestellt und i.H. der inländischen Körperschaftsteuer in das EK 50[13].

Da das entstehende Eigenkapital in das EK 50 und das EK 01A eingestellt wird, entsteht bei keinem Anteilseigner

---

12 Besteht bei unmittelbarem Bezug bei der direkten Anrechnung ein Anrechnungsüberhang, liegt die Gesamtbelastung über der neutralen Bandbreite.

13 Damit ist das gesamte entstehende verwendbare Eigenkapital aufgeteilt. Besteht ein Anrechnungsüberhang, wird das entstehende verwendbare Eigenkapital vollständig in das EK 01A eingestellt.
Grundsätzlich entspricht die Behandlung der direkt anrechenbaren ausländischen Quellensteuern damit der vom Institut Finanzen und Steuern vorgeschlagenen Vorgehensweise. (Vgl. Institut Finanzen und Steuern, Nr. 249, S. 20f.).

durch die Ausschüttung gegenüber der Thesaurierung eine zusätzliche Steuerbelastung. Interessengegensätze zwischen Anteilseignern mit unterschiedlichen Steuersätzen werden vermieden.
Beträgt die ausländische Quellensteuer 0% oder 25% und mehr, ist auch bei der direkten Anrechnung die Rechtsformneutralität unabhängig vom Steuersatz des Anteilseigners gegeben. Bei Quellensteuern über 0 und unter 25% kommt der Vorschlag der Rechtsformneutralität nahe, erreicht sie aber nicht. Dies ist auf die Behandlung der direkt anrechenbaren ausländischen Quellensteuer zurückzuführen[14], die der in §7.B.I.3. (S. 194ff.) empfohlenen entspricht.

Beispiel 36: Bilaterale Regelung der direkten Anrechnung gegenüber Österreich

ausländische Einkünfte	100
ausländische Quellensteuer	5%

Steuersatz der Anteilseigner in %	0	10	20	30	40	50
unmittelbarer Bezug (Vorschlag)	95	95	90	85	80	75
mittelbarer Bezug (Vorschlag)[15]	95	91	87	83	79	75

Die Neutralität der internationalen Besteuerung ist bei einer Quellensteuer über 0% für Anteilseigner mit einem Steuersatz unter 50% nicht gegeben, da die Gesamtbelastung die vom ausländischen Körperschaftsteuersystem vorgesehene gemilderte Doppelbelastung etwas übersteigt. Dies ist auf die Behandlung der direkt anrechenbaren Steuern zurückzuführen, die der in §7.B.I.3. (S. 194ff.) empfohlenen entspricht. Der Vorschlag nähert sich der Neutralität der internationalen Besteuerung aber an.
Da nur inländische Körperschaftsteuer zu EK 50 führt, wird die Erstattung nicht vereinnahmter Steuern vermieden.

---

14 Vgl. Haase/Roßmayer, DStR 1991, 1131; Institut Finanzen und Steuern, Nr. 249, S. 24.

15 Es entsteht EK 50 i.H.v. 20 und EK 01A i.H.v. 55 (halbe Ausschüttung (50) + direkte Anrechnung (5)). Die Einnahmen der Anteilseigner betragen 95 und die zu versteuernden Einkünfte 40.

b) Internationales Schachtelprivileg

Wird die Ausschüttung bei der Kapitalgesellschaft durch ein internationales Schachtelprivileg[16] freigestellt, wird das entstehende verwendbare Eigenkapital i.H. der halben Ausschüttung der Tochtergesellschaft zuzüglich der ausländischen Quellensteuer in das EK 01A eingestellt[17]. Der Rest des entstehenden Eigenkapitals wird in das EK 01B eingestellt.

Beispiel 37: Bilaterale Regelung eines internationalen Schachtelprivilegs gegenüber Österreich
unmittelbarer Bezug: Besteuerung mit dem halben durchschnittlichen Steuersatz
mittelbarer Bezug: Freistellung durch das internationale Schachtelprivileg

Ausschüttung der Tochtergesellschaft 100
ausländische Quellensteuer 5%

Steuersatz der Anteilseigner in %	0	10	20	30	40	50
unmittelbarer Bezug (Vorschlag)	95	95	90	85	80	75
mittelbarer Bezug (Vorschlag)[18]	95	91	87	83	79	75

---

[16] Dieses ist im z.Zt. gültigen DBA Österreich nicht vereinbart. (Vogel, DBA, Art. 23 Rz. 118)

[17] Die Behandlung der direkt anrechenbaren ausländischen Quellensteuer entspricht der vom Institut Finanzen und Steuern für die direkte Anrechnung vorgeschlagenen. (Vgl. Institut Finanzen und Steuern, Nr. 249, S. 20f.).

[18] Es entsteht EK 01A i.H.v. 55 (halbe Ausschüttung (50) + direkte Anrechnung (5)) und EK 01B i.H.v. 40. Die Einnahmen der Anteilseigner betragen 95 und die zu versteuernden Einkünfte 40.
Die Aufteilung des verwendbaren Eigenkapitals kann auch durch folgendes Gleichungssystem ermittelt werden:
EK 01A + EK 01B = entstehendes verwendbares Eigenkapital
EK 01A + 0,5 EK 01B = Nettoeinkommen eines Anteilseigners mit einem Steuersatz i.H.v. 50% bei unmittelbarem Bezug (Der Faktor 0,5 stammt vom Steuersatz des Anteilseigners i.H.v. 50%.)
Aus der Auflösung der zwei Gleichungen mit zwei Unbekannten ergibt sich folgende Aufteilung: EK 01A = 55 und EK 01B = 40.

Das Nettoeinkommen der Anteilseigner bei mittelbarem Bezug entspricht dem bei der ausschließlichen Inanspruchnahme der direkten Anrechnung. Die Rechtsformneutralität wird erreicht, da der Vorteil des internationalen Schachtelprivilegs bei der Ausschüttung aufgehoben wird[19]. Die verbleibenden geringen Abweichungen sind auf die Behandlung der direkten Anrechnung zurückzuführen[20].
Da der Vorteil des internationalen Schachtelprivilegs bei der Ausschüttung aufgehoben wird, können Interessengegensätze zwischen Anteilseignern mit unterschiedlichen Steuersätzen nicht vermieden werden.
Die Neutralität der internationalen Besteuerung ist gewährleistet, da die Gesamtbelastung der vom ausländischen Körperschaftsteuersystem vorgesehenen gemilderten Doppelbelastung entspricht. Die geringfügig über der neutralen Bandbreite liegenden Belastungen sind auf die Behandlung der direkten Anrechnung zurückzuführen.
Da kein EK 50 entsteht, werden nicht vereinnahmte Steuern nicht erstattet.

c) Indirekte Anrechnung[21]

Ist die Inanspruchnahme des internationalen Schachtelprivilegs nicht möglich, kann ggf. die österreichische Körperschaftsteuer indirekt angerechnet werden. Da der österreichische Körperschaftsteuersatz 30% beträgt, der halbe inländische Körperschaftsteuersatz aber nur 25%, entspricht dies einer faktischen Freistellung. Das ent-

---

19 Vgl. Brezing, GmbHR 1987, 155; Thiel, Die Reform der Körperschaftsteuer und die gesetzestechnische Gestaltung der Grundvorschriften für das Anrechnungsverfahren, S. 19f.; Wöhe, DStR 1972, 338.

20 Vgl. Haase/Roßmayer, DStR 1991, 1131; Institut Finanzen und Steuern, Nr. 249, S. 24.

21 Das internationale Schachtelprivileg wird vor der indirekten Anrechnung behandelt, da die Ermittlung des entstehenden verwendbaren Eigenkapitals anhand des internationalen Schachtelprivilegs leichter darzustellen ist.

stehende Eigenkapital ist wie bei Inanspruchnahme des internationalen Schachtelprivilegs zu ermitteln[22].
Das Nettoeinkommen der Anteilseigner wird durch die Inanspruchnahme der indirekten Anrechnung nicht verändert. Es entspricht dem Nettoeinkommen, das sie erhalten, wenn die Kapitalgesellschaft nur die direkte Anrechnung in Anspruch nimmt. Der Vorteil der indirekten Anrechnung wird nicht an die Anteilseigner weitergeleitet.
Die Beurteilungskriterien werden von diesem Vorschlag für die indirekte Anrechnung in demselben Umfang

---

22 Sollten auch andere Staaten dieses System eines ermäßigten Steuersatzes beim Anteilseigner einführen und weist die ausländische Körperschaftsteuer nicht eine solche Höhe auf, daß diese Einkünfte durch die indirekte Anrechnung faktisch freigestellt werden, wird das entstehende Eigenkapital i.H. der inländischen Körperschaftsteuer in das EK 50 eingestellt. I.H. der halben Ausschüttung der Tochtergesellschaft (bei Besteuerung der Ausschüttungen mit dem halben durchschnittlichen Steuersatz) zuzüglich der ausländischen Quellensteuer wird entstehendes Eigenkapital in das EK 01A eingestellt. Das restliche entstehende Eigenkapital wird in das EK 01B eingestellt.
Die Eigenkapitalteile können auch durch ein Gleichungssystem ermittelt werden. I.H. der inländischen Körperschaftsteuer wird das Eigenkapital in das EK 50 eingestellt. Der Rest wird so aufgeteilt, daß das entstehende EK 01A und EK 01B dem restlichen entstehenden Eigenkapital entspricht und das Nettoeinkommen eines Anteilseigners, der normalerweise mit einem Steuersatz i.H.v. 50% besteuert wird, bei mittel- und unmittelbarem Bezug gleich ist.
Diese Vorgehensweise entspricht der beim internationalen Schachtelprivileg. Folgende drei Gleichungen werden für die Ermittlung der Aufteilung aufgestellt:
EK 50 = inländische Körperschaftsteuer
EK 50 + EK 01A + EK 01B = entstehendes verwendbares Eigenkapital
EK 50 + EK 01A + 0,5 EK 01B = Nettoeinkommen eines Anteilseigners mit einem Steuersatz i.H.v. 50% bei unmittelbarem Bezug
Aus diesen drei Gleichungen mit drei Unbekannten können die Eigenkapitalgrößen ermittelt werden.

erfüllt wie durch den Vorschlag für die Behandlung des internationalen Schachtelprivilegs.

2. Verminderte Einbeziehung der Ausschüttung in die steuerliche Bemessungsgrundlage

Bei der zweiten Möglichkeit, die Doppelbelastung zu mildern, geht die Ausschüttung der ausländischen Kapitalgesellschaft bei den ausländischen Anteilseignern vermindert in die steuerliche Bemessungsgrundlage ein.
Bei unmittelbarem Bezug kann die Wertung des ausländischen Steuersystems übernommen werden, indem ein bestimmter Anteil der Ausschüttung der ausländischen Kapitalgesellschaft steuerfrei bleibt. Die Neutralität der internationalen Besteuerung ist damit bei unmittelbarem Bezug sichergestellt[23].
Auch bei mittelbarem Bezug der Ausschüttungen von ausländischen Kapitalgesellschaften bleibt dieser Anteil bei der inländischen Kapitalgesellschaft steuerfrei. Durch die gliederungsmäßige Behandlung des entstehenden Eigenkapitals wird sichergestellt, daß die Anteilseigner den Vorteil der vom ausländischen Körperschaftsteuersystem vorgesehenen Milderung der Doppelbelastung erlangen. Bei der Kapitalgesellschaft wird der steuerfreie Anteil der Ausschüttung in das EK 01A eingestellt.
Durch die Einstellung in das EK 01A werden Interessengegensätze zwischen Anteilseignern mit unterschiedlichen Steuersätzen vermieden.
Die vorgeschlagene Behandlung stellt die Rechtsformneutralität zwischen mittel- und unmittelbarem Bezug sicher, wenn auch bei unmittelbarem Bezug der Vorschlag verwirklicht wird.
Durch die Weiterleitung der vom ausländischen Körperschaftsteuersystem vorgesehenen Milderung der Doppelbelastung an inländische Anteilseigner bei mittel- und unmittelbarem Bezug ist in beiden Fällen die Neutralität der internationalen Besteuerung gewährleistet. Die

---

23 Ausnahme: Durch die Erhebung einer Quellensteuer entsteht ein Anrechnungsüberhang.

Gesamtbelastung entspricht in beiden Fällen der vom ausländischen Körperschaftsteuersystem vorgesehenen. Grundsätzlich steht nach Art. 10 OECD-Muster-DBA dem Wohnsitzstaat das Besteuerungsrecht für Ausschüttungen von Kapitalgesellschaften zu. Der Quellenstaat darf eine Quellensteuer erheben.
Durch die Weiterleitung der vom ausländischen Körperschaftsteuersystem vorgesehenen Milderung der Doppelbelastung an die Anteilseigner bei mittel- und unmittelbarem Bezug schränkt die Bundesrepublik ihr Besteuerungsrecht ein. In einem abzuschließenden DBA sollte hierfür ein Ersatz gewährt oder ein Fiskalausgleich vereinbart werden.

a) Direkte Anrechnung

Bei unmittelbarem Bezug wird die direkt anrechenbare ausländische Quellensteuer auf die inländische Steuer angerechnet, die auf den zu versteuernden Teil der Ausschüttung entfällt. Die Neutralität der internationalen Besteuerung wird daher erreicht.
Bei mittelbarem Bezug von Ausschüttungen ausländischer Kapitalgesellschaften über eine inländische Kapitalgesellschaft ist der nach dem ausländischen Körperschaftsteuersystem steuerfrei zu belassende Anteil der Ausschüttung bei der inländischen Kapitalgesellschaft steuerfrei zu stellen. I.H. dieses steuerfreien Teils der Ausschüttung und i.H. der direkt anrechenbaren ausländischen Quellensteuer wird Eigenkapital in das EK 01A eingestellt[24]. I.H. der inländischen Körperschaftsteuer wird entstehendes Eigenkapital in das EK 50 eingestellt.
Das entstehende verwendbare Eigenkapital wird in das EK 50 und das EK 01A eingestellt. Ausschüttungen aus diesen Eigenkapitalgruppen führen gegenüber der Thesaurierung bei keinem Anteilseigner zu einer zusätzlichen Steuerbelastung. Interessengegensätze zwischen Anteils-

---

24 Die Behandlung der direkt anrechenbaren ausländischen Quellensteuer entspricht der Vorgehensweise des Instituts Finanzen und Steuern. (Vgl. Institut Finanzen und Steuern, Nr. 249, S. 20f.).

eignern mit unterschiedlichen Steuersätzen werden vermieden.
Der Vorschlag kommt der Rechtsformneutralität nahe, erreicht sie aber nicht.

Beispiel 38: Bilaterale Regelung der direkten Anrechnung bei verminderter Einbeziehung in die Bemessungsgrundlage

ausländische Einkünfte	100
steuerpflichtiger Anteil	80
ausländische Quellensteuer	10

Steuersatz der Anteilseigner in %	0	10	20	30	40	50
unmittelbarer Bezug (Vorschlag)	90	90	84	76	68	60
mittelbarer Bezug (Vorschlag)[25]	90	84	78	72	66	60

Die leichten Abweichungen von der Rechtsformneutralität beruhen auf der Behandlung der direkt anrechenbaren Steuer[26]. Diese Behandlung entspricht der in §7.B.I.3. (S. 194ff.) für die direkte Anrechnung empfohlenen.
Bei einer ausländischen Quellensteuer über 0% tragen Anteilseigner mit einem Steuersatz unter 50% eine leicht über der neutralen Bandbreite liegende Gesamtbelastung, die auf die Behandlung der direkt anrechenbaren Steuer zurückzuführen ist.
Da nur inländische Steuern zu EK 50 führen, wird die Erstattung nicht vereinnahmter Steuern vermieden.

b) Indirekte Anrechnung

Der Vorschlag sieht auch bei der indirekten Anrechnung vor, den steuerfreien Anteil der Ausschüttung zusätzlich zur direkt anrechenbaren Steuer in das EK 01A einzustellen. Ansonsten entspricht der Vorschlag der im §7. für die indirekte Anrechnung empfohlenen Vorgehens-

---

25 Das Eigenkapital wird folgendermaßen aufgeteilt:
EK 01A = 30 (steuerfreier Teil (20) + direkt anrechenbare Steuer (10))
EK 50 = 30 (inländische Körperschaftsteuer)
Die Einnahmen der Anteilseigner betragen 90 und die zu versteuernden Einkünfte 60.

26 Vgl. Haase/Roßmayer, DStR 1991, 1131; Institut Finanzen und Steuern, Nr. 249, S. 24.

weise. Das entstehende verwendbare Eigenkapital wird i.H. der inländischen Steuer in das EK 50 eingestellt. Der steuerfreie Teil der Ausschüttung wird zusätzlich zu der direkt anrechenbaren Steuer in das EK 01A eingestellt. Das restliche entstehende Eigenkapital wird in das EK 01B eingestellt.
Interessengegensätze zwischen Anteilseignern mit unterschiedlichen Steuersätzen werden nicht vermieden, da der Vorteil der indirekten Anrechnung bei der Ausschüttung aufgehoben wird.
Bezüglich der indirekten Anrechnung sind die Rechtsformneutralität und die Neutralität der internationalen Besteuerung sichergestellt. Das Nettoeinkommen der Anteilseigner wird durch die Inanspruchnahme der indirekten Anrechnung nicht verändert. Es entspricht dem Nettoeinkommen, das sie erhalten, wenn die Kapitalgesellschaft nur die direkte Anrechnung in Anspruch nimmt. Kleinere Abweichungen von der Rechtsformneutralität und der Neutralität der internationalen Besteuerung sind auf die Behandlung der direkt anrechenbaren ausländischen Steuern zurückzuführen.
Die Erstattung nicht vereinnahmter Steuern wird vermieden.

c) Internationales Schachtelprivileg

Auch beim internationalen Schachtelprivileg wird der nach der Intention des ausländischen Körperschaftsteuersystems steuerfreie Anteil der Ausschüttung zusätzlich zu der direkt anrechenbaren ausländischen Steuer in das EK 01A eingestellt. Das restliche entstehende Eigenkapital wird in das EK 01B eingestellt. Wie bei der indirekten Anrechnung wird durch diese Vorgehensweise die Vergünstigung des internationalen Schachtelprivilegs bei der Ausschüttung aufgehoben.
Interessengegensätze zwischen Anteilseignern mit unterschiedlichen Steuersätzen werden nicht vermieden, da die Vergünstigung des internationalen Schachtelprivilegs bei der Ausschüttung aufgehoben wird. Das Nettoeinkommen der Anteilseigner entspricht dem Nettoeinkommen, das sie erhalten, wenn die Kapitalgesellschaft ausschließlich die direkte Anrechnung in Anspruch

nimmt. Daher werden die Rechtsformneutralität und die Neutralität der internationalen Besteuerung hinsichtlich des internationalen Schachtelprivilegs erreicht. Geringere Abweichungen sind auf die Behandlung der direkt anrechenbaren ausländischen Steuer zurückzuführen. Nicht vereinnahmte Steuern werden nicht erstattet.

III. Körperschaftsteuersysteme mit Teilanrechnungsverfahren

Teilanrechnungsverfahren vermindern die Doppelbelastung auf der Ebene der Anteilseigner, da sie Teile der von der Kapitalgesellschaft auf den ausgeschütteten Gewinn gezahlten Körperschaftsteuer auf die Einkommen- bzw. Körperschaftsteuerschuld der Anteilseigner anrechnen bzw. erstatten.
Bei unmittelbarem Bezug von Ausschüttungen ausländischer Kapitalgesellschaften kann diese Vergünstigung an inländische Anteilseigner gewährt werden, indem für die Ausschüttungen ein Steuerguthaben in der vom Ausland vorgesehenen Höhe verrechnet und ggf. erstattet wird[27].
Da die Gesamtbelastung der vom ausländischen Körperschaftsteuersystem vorgesehenen entspricht, ist die Neutralität der internationalen Besteuerung sichergestellt.
Bei mittelbarem Bezug von Ausschüttungen ausländischer Kapitalgesellschaften wird der Kapitalgesellschaft das Steuerguthaben gewährt. Durch die gliederungsmäßige Behandlung des entstehenden Eigenkapitals ist sichergestellt, daß die Vergünstigung des Teilanrechnungsverfahrens an die Anteilseigner weitergeleitet wird. Die Steuergutschrift gilt als Tarifbelastung i.S. § 27 Abs. 2 KStG, so daß das entstehende Eigenkapital vollständig in das EK 50 eingestellt wird.
Interessengegensätze zwischen Anteilseignern mit unterschiedlichen Steuersätzen werden vermieden.
Da durch die Weiterleitung dieses Vorteils die Gesamtbelastung der vom ausländischen Körperschaftsteuer-

---

27 Gegenüber Frankreich, das ein Vollanrechnungsverfahren anwendet, ist eine solche Vorgehensweise bereits verwirklicht. (Vgl. Günkel/Fischer, IWB, Fach 5 Frankreich, Gruppe 2, 635).

system vorgesehenen entspricht, ist die Neutralität der internationalen Besteuerung gegeben.
Durch diese Behandlung ist die Rechtsformneutralität zwischen mittel- und unmittelbarem Bezug gegeben.
Nach Art. 10 OECD-Muster-DBA steht dem Wohnsitzstaat das Besteuerungsrecht zu, abgesehen von einer Quellensteuer, die der Quellenstaat erheben darf.
Bei einer solchen Vorgehensweise schränkt der inländische Fiskus sein Besteuerungsrecht nicht nur ein, sondern erstattet ggf. auch nicht vereinnahmte Steuern. Daher sollte in einem abzuschließenden DBA ein Ausgleich vereinbart werden.
Da auch die Bundesrepublik ein Körperschaftsteuersystem mit Anrechnungsverfahren anwendet, kann die Anrechnung wechselseitig erfolgen[28]. Entsprechen sich die Volumina der wechselseitig angerechneten Steuern, erübrigt sich ein Ausgleich. Bestehen zwischen den Volumina erhebliche Differenzen, kann ein Fiskalausgleich eingeführt werden[29], bei dem die beiden Staaten die gewährten Steuergutschriften miteinander verrechnen[30].

---

28 Vgl. Flick, DB 1977, 34; Greif, RIW 1977, 217; Kuhn, FR 1979, 318; Vogel, Festschrift für Kuno Barth, S. 279 und DB 1975, 758; Wrede, DStZ 1974, 185 und DStR 1976, 332.
Die Gewährung des Steuerguthabens auf die Ausschüttungen deutscher Kapitalgesellschaften an ausländische Muttergesellschaften in EG-Staaten, die ebenfalls ein Körperschaftsteuersystem mit Anrechnungsverfahren anwenden, führt zu einer geringfügigen Verschärfung des erheblichen positiven Ausländereffekts. Bei Ausgestaltung der Körperschaftsteuer als Definitivsteuer kann die ausländische Muttergesellschaft ab 1996 von dem Gewinn der Tochtergesellschaft 64% reinvestieren. Diese Quote erhöht sich bei wechselseitiger Gewährung des Steuerguthabens für Spanien und Großbritannien auf 65%, da der Körperschaftsteuersatz dort 35% beträgt. Für Frankreich erhöht sich die Quote auf $66^2/_3$%, da der Körperschaftsteuersatz $33^1/_3$% beträgt. Die anderen Staaten wenden kein Körperschaftsteuersystem mit Anrechnungsverfahren an oder besitzen einen Körperschaftsteuersatz über 36%.

29 Vgl. Vogel, Festschrift für Kuno Barth, S. 279 und DB 1975, 758; Vogelaar, DStZ 1974, 294; Wrede, DStZ 1974, 300.

30 Im DBA Frankreich ist z.B. vereinbart, daß die Bundesrepublik nach Art. 20 Abs. 1 b) (bb) DBA Frankreich die für Ausschüt-

1. Direkte Anrechnung

Wird im DBA vereinbart, daß eine Quellensteuer erhoben wird, ist im Rahmen des Fiskalausgleichs auch die Berücksichtigung einer Quellensteuer möglich. Diese kann z.B. von der Erstattung für die vom anderen Staat gewährte Steuergutschrift abgesetzt werden[31].
Bei einer solchen Vereinbarung im DBA kann der inländische Fiskus die Steuergutschrift differenzieren und damit die Erhebung einer ausländischen Quellensteuer berücksichtigen, die dem inländischen Fiskus nicht erstattet wird. Auf diese Weise wird die Erstattung nicht vereinnahmter Steuern vermieden.
Bei unmittelbarem Bezug wird der Teil der Steuergutschrift, der auf die ausländische Quellensteuer entfällt, als direkt anrechenbare Quellensteuer behandelt. Nur der Rest der Steuergutschrift wird als anrechnungs- und erstattungsfähige Steuergutschrift behandelt[32].
Bei mittelbarem Bezug wird der auf die ausländische Quellensteuer entfallende Teil der Steuergutschrift als direkt anrechenbare Quellensteuer behandelt[33]. Der Rest

---

tungen französischer Kapitalgesellschaften gewährte Steuergutschrift abzüglich einer Quellensteuer vom französischen Fiskus erstattet bekommt.

31 Der französische Fiskus erhebt eine Quellensteuer von 15% auf die Bruttoausschüttung i.H.v. 150% der Ausschüttung. Diese Quellensteuer wird mit der Erstattung an den deutschen Fiskus verrechnet. Deswegen erstattet der französische Fiskus nach dem DBA Frankreich dem deutschen Fiskus nur 27,5%, obwohl der avoir fiscal 50% der Ausschüttung beträgt.
Diese Vorgehensweise ist aber nicht zwingend. Möglich ist auch der Abzug der Quellensteuer von der Ausschüttung. Das Steuerguthaben würde dann voll an den Staat erstattet, der den Anteilseignern das Steuerguthaben gutschreibt.

32 Im DBA Frankreich verzichtet die Bundesrepublik auf diese Differenzierung und erstattet insofern auch nicht vereinnahmte Steuern. Diese Vorgehensweise kann sich als Ergebnis der Verhandlungen zum DBA ergeben, wird hier aber nicht unterstellt.

33 Die Behandlung der direkt anrechenbaren Steuern entspricht der vom Institut Finanzen und Steuern für die direkte Anrechnung vorgeschlagenen Behandlung. (Vgl. Institut Finanzen und Steuern, Nr. 249, S. 20f.).

wird wie eine im Inland gezahlte Steuer behandelt und als Tarifbelastung i.S. § 27 Abs. 2 KStG gewertet.
Das entstehende Eigenkapital wird i.H. der ausländischen Quellensteuer in das EK 01A eingestellt. I.H. der inländischen Steuer zuzüglich des vom ausländischen Fiskus gewährten Fiskalausgleichs, das ist die um die ausländische Quellensteuer verminderte Steuergutschrift[34], wird das entstehende Eigenkapital in das EK 50 eingestellt[35]. Durch diese Vorgehensweise wird die Erstattung nicht vereinnahmter Steuern vermieden[36].
Da das entstehende verwendbare Eigenkapital in das EK 50 bzw. EK 01A eingestellt wird, werden Interessengegensätze zwischen Anteilseignern mit unterschiedlichen Steuersätzen vermieden.
Beträgt die ausländische Quellensteuer 0%, ist die Rechtsformneutralität gewährleistet. Übersteigt die

---

34 In dieser Untersuchung wird unterstellt, daß die ausländische Quellensteuer den Fiskalausgleich vom ausländischen an den inländischen Fiskus vermindert.

35 Bei unmittelbarem Bezug von Ausschüttungen aus Frankreich erstattet der deutsche Fiskus nach Art. 20 Abs. 1 b) (bb) DBA Frankreich dem inländischen Anteilseigner ggf. auch die vom französischen Fiskus nicht verrechnete ausländische Quellensteuer. Da der Fiskus bei unmittelbarem Bezug die Steuergutschrift nicht in einen anrechnungs- und erstattungsfähigen und einen nur anrechnungsfähigen Teil differenziert, sollte dann konsequenterweise aus Gründen der Rechtsformneutralität der volle Betrag der Steuergutschrift in das EK 50 eingestellt werden, damit auch bei mittelbarem Bezug die ausländische Quellensteuer ggf. erstattet wird.

36 Vgl. Müller-Dott und Pott, welche die Behandlung des vom französischen an den deutschen Fiskus erstatteten Betrags als Tarifbelastung i.S. § 27 Abs. 2 KStG fordern (Müller-Dott, RIW 1978, 309ff.; Pott, BB 1978, 807ff.). Dies entspricht der hier vorgeschlagenen Behandlung.
Dagegen unterscheidet sich die Behandlung der ausländischen Quellensteuer von der hier vorgeschlagenen. Müller-Dott und Pott behandeln diese wie im z.Zt. gültigen Körperschaftsteuerrecht, so daß die ausländische Quellensteuer im Ausschüttungsfall zur abziehbaren Steuer wird. Hier wird die ausländische Quellensteuer nach der in §7.B.I.3. (S. 194ff.) empfohlenen Vorgehensweise behandelt.

ausländische Quellensteuer 0%, nähert sich der Vorschlag der Rechtsformneutralität, erreicht sie aber nicht.

Beispiel 39: Bilaterale Regelung der direkten Anrechnung bei Körperschaftsteuersystemen mit Teilanrechnungsverfahren

Ausschüttung der ausländischen Tochtergesellschaft	100
Steuerguthaben	50
ausländische Quellensteuer	10% von 150
Erstattung des ausländischen an den inländischen Fiskus	35

Steuersatz der Anteilseigner in %	0	10	20	30	40	50
unmittelbarer Bezug (Vorschlag)	135	135	120	105	90	75
mittelbarer Bezug (Vorschlag)[37]	135	123	111	99	87	75

Die leichten Abweichungen von der Rechtsformneutralität sind auf die Behandlung der direkt anrechenbaren Steuern zurückzuführen[38]. Diese entspricht der in §7.B.I.3. (S. 194ff.) für die direkte Anrechnung empfohlenen Behandlung.
Der Vorschlag kommt der Neutralität der internationalen Besteuerung nahe. Bei einer ausländischen Quellensteuer über 0% tragen Anteilseigner mit einem Steuersatz unter 50% eine leicht über der vom ausländischen Körperschaftsteuersystem vorgesehenen Gesamtbelastung liegende Steuerbelastung. Dies ist auf die Behandlung der direkt anrechenbaren ausländischen Steuer zurückzuführen.
Da nur von der Kapitalgesellschaft gezahlte und vom ausländischen Fiskus erstattete Steuern zu EK 50 führen, wird die Erstattung nicht vereinnahmter Steuern vermieden.
Bei den Verhandlungen zu dem DBA kann allerdings auch vereinbart werden, daß die Bundesrepublik die gesamte

---

37 Das entstehende verwendbare Eigenkapital wird folgendermaßen aufgeteilt:
EK 01A = 15
EK 50 = 60 (25 von der inländischen Kapitalgesellschaft gezahlte Körperschaftsteuer und 35 Fiskalausgleich)
Die Einnahmen der Anteilseigner betragen 135 und die zu versteuernden Einkünfte 120.

38 Vgl. Haase/Roßmayer, DStR 1991, 1131; Institut Finanzen und Steuern, Nr. 249, S. 24.

Steuergutschrift als anrechnungs- und erstattungsfähig behandelt, ungeachtet einer ggf. vom ausländischen Fiskus vom Fiskalausgleich abgesetzten Quellensteuer[39]. Bei unmittelbarem Bezug ist dann das gesamte Steuerguthaben erstattungsfähig.

Bei mittelbarem Bezug wird die gesamte Steuergutschrift als Tarifbelastung i.S. § 27 Abs. 2 KStG gewertet. Die ausländischen Einkünfte führen dann in vollem Umfang zu EK 50. Diese Vorgehensweise vermeidet Interessengegensätze zwischen Anteilseignern, da nur EK 50 entsteht. Die Rechtsformneutralität wird erreicht, da die Steuergutschrift bei unmittelbarem Bezug voll erstattungsfähig ist und bei mittelbarem Bezug voll zur Tarifbelastung i.S. § 27 Abs. 2 KStG zählt, ungeachtet des i.H. der ausländischen Quellensteuer nicht erstatteten Fiskalausgleichs. Die Neutralität der internationalen Besteuerung wird erreicht, da die Belastung der vom ausländischen Körperschaftsteuersystem vorgesehenen entspricht. Anrechnungsüberhänge können bei unmittelbarem Bezug nicht entstehen, da das ausländische Steuerguthaben voll erstattungsfähig ist. Bei mittelbarem Bezug tritt eine über der Neutralität der internationalen Besteuerung liegende Belastung nicht auf, da das gesamte Steuerguthaben als Tarifbelastung i.S. § 27 Abs. 2 KStG gilt. Nicht vereinnahmte Steuern werden u.U. i.H. der nicht verrechneten ausländischen Quellensteuer erstattet. Da dies im DBA vereinbart wird, kann hierfür ein Ausgleich an anderer Stelle erfolgen.

2. Indirekte Anrechnung

Kann die inländische Kapitalgesellschaft trotz des Bestehens einer Schachtelbeteiligung das internationale Schachtelprivileg nicht in Anspruch nehmen, verbleibt die indirekte Anrechnung. Zu beachten ist, daß nur die Steuer indirekt angerechnet werden kann, die nicht bereits als Steuerguthaben gewährt wurde.

Nimmt die Kapitalgesellschaft die indirekte Anrechnung in Anspruch und differenziert der inländische Fiskus

---

39 Dies ist z.B. in Art. 20 Abs. 1 b) (bb) DBA Frankreich vorgesehen. Vgl. auch Pott, BB 1978, 808.

das Steuerguthaben in einen nur anrechnungsfähigen Teil und einen anrechnungs- und erstattungsfähigen Teil, wird das entstehende verwendbare Eigenkapital folgendermaßen aufgeteilt. In das EK 50 wird Eigenkapital i.H. der gezahlten inländischen Körperschaftsteuer zuzüglich der um die ausländische Quellensteuer verminderten Steuergutschrift eingestellt. I.H. der ausländischen Quellensteuer wird Eigenkapital in das EK 01A eingestellt[40]. Das restliche entstehende Eigenkapital, das der indirekt angerechneten ausländischen Steuer entspricht, wird in das EK 01B eingestellt. Diese Vorgehensweise entspricht vom Grundprinzip her dem in §7. für die indirekte Anrechnung erarbeiteten Vorschlag. Interessengegensätze zwischen Anteilseignern mit unterschiedlichen Steuersätzen werden nicht vermieden, da Eigenkapitalteile in das EK 01B eingestellt werden.

Die Rechtsformneutralität wird hinsichtlich der indirekten Anrechnung erreicht, da diese Vergünstigung bei der Ausschüttung aufgehoben wird. Das Nettoeinkommen der Anteilseigner entspricht dem Nettoeinkommen, das sie erhalten, wenn die Kapitalgesellschaft ausschließlich die direkte Anrechnung in Anspruch nimmt. Geringe Abweichungen von der Rechtsformneutralität bei ausländischen Quellensteuern über 0% haben ihre Ursache in der Behandlung dieser direkt anrechenbaren ausländischen Steuern[41]. Die Behandlung entspricht dem in §7.B.I.3. (S. 194ff.) empfohlenen Vorschlag.

Auch die Neutralität der internationalen Besteuerung wird durch den Vorschlag sichergestellt. Die Gesamtbelastung entspricht der durch das ausländische Körperschaftsteuersystem vorgesehenen Belastung. Zu einer etwas über der neutralen Bandbreite liegenden Gesamtbelastung kommt es, wenn ausländische Quellensteuern erhoben werden, durch die Behandlung der direkt anrechenbaren ausländischen Steuern.

---

40 Die Vorgehensweise entspricht vom Grundsatz her der Vorgehensweise, die das Institut Finanzen und Steuern für die direkte Anrechnung vorgeschlagen hat. (Vgl. Institut Finanzen und Steuern, Nr. 249, S. 20f.).

41 Vgl. Haase/Roßmayer, DStR 1991, 1131; Institut Finanzen und Steuern, Nr. 249, S. 24.

Bei der kumulativen Inanspruchnahme der direkten und indirekten Anrechnung kommt der Vorschlag damit der Rechtsformneutralität und der Neutralität der internationalen Besteuerung nahe, erreicht diese aber nicht. Da nur inländische Körperschaftsteuer bzw. vom ausländischen Fiskus erstattete Steuergutschriften zu EK 50 führen, wird die Erstattung nicht vereinnahmter Steuern vermieden.
Wird im DBA vereinbart, daß ungeachtet eines um die ausländische Quellensteuer verminderten Fiskalausgleichs das gesamte Steuerguthaben anrechnungs- und erstattungsfähig ist[42], wird das entstehende verwendbare Eigenkapital i.H. der inländischen Körperschaftsteuer zuzüglich des gesamten Steuerguthabens in das EK 50 eingestellt. Das restliche entstehende verwendbare Eigenkapital, welches der indirekt angerechneten ausländischen Steuer entspricht, wird in das EK 01B eingestellt. Interessengegensätze zwischen Anteilseignern werden nicht vermieden. Die Rechtsformneutralität und die Neutralität der internationalen Besteuerung werden erreicht, da die ausländische Steuergutschrift zu EK 50 führt und damit die Belastung in jedem Fall der durch das ausländische Körperschaftsteuersystem vorgesehenen entspricht. Ggf. werden nicht vereinnahmte Steuern i.H. der ausländischen Quellensteuer erstattet.

3. Internationales Schachtelprivileg

Kann die inländische Kapitalgesellschaft das internationale Schachtelprivileg in Anspruch nehmen und differenziert der inländische Fiskus das Steuerguthaben in einen nur anrechnungsfähigen Teil und einen anrechnungs- und erstattungsfähigen Teil, wird das entstehende verwendbare Eigenkapital i.H. der Steuergutschrift, die um die ausländische Quellensteuer vermindert wird, in das EK 50 eingestellt. I.H. der ausländischen Quellensteuer entsteht EK 01A[43]. Das restliche

---

42 So vereinbart in Art. 20 Abs. 1 b) (bb) DBA Frankreich.

43 Vgl. zur grundsätzlichen Vorgehensweise Institut Finanzen und Steuern, Nr. 249, S. 20f..

entstehende verwendbare Eigenkapital wird in das EK 01B eingestellt.
Weil Eigenkapitalteile in das EK 01B eingestellt werden, bleiben Interessengegensätze zwischen Anteilseignern mit unterschiedlichen Steuersätzen bestehen.
Da die Vergünstigung des internationalen Schachtelprivilegs bei der Ausschüttung aufgehoben wird, entspricht das Nettoeinkommen der Anteilseigner demjenigen, das sie erhalten, wenn die Kapitalgesellschaft nur die direkte Anrechnung in Anspruch nimmt. Die Gesamtbelastung entspricht damit der vom ausländischen Körperschaftsteuersystem vorgesehenen gemilderten Doppelbelastung. Hinsichtlich des internationalen Schachtelprivilegs ist die Rechtsformneutralität und die Neutralität der internationalen Besteuerung gewährleistet.
Die Behandlung der direkt anrechenbaren ausländischen Quellensteuern verursacht leichte Abweichungen von der Rechtsformneutralität und eine leicht über der neutralen Bandbreite liegende Gesamtbelastung[44]. Daher kommt der Vorschlag insgesamt der Rechtsformneutralität und der Neutralität der internationalen Besteuerung nahe, erreicht diese aber nicht.
Nur der vom ausländischen Fiskus erstattete Teil der Steuergutschrift führt zu EK 50. Die Erstattung nicht vereinnahmter Steuern wird deshalb vermieden.
Sieht das DBA vor, daß ungeachtet des um die ausländische Quellensteuer verminderten Fiskalausgleichs das volle ausländische Steuerguthaben anrechnungs- und erstattungsfähig ist, wird das entstehende verwendbare Eigenkapital i.H. der gesamten Steuergutschrift in das EK 50 eingestellt. Das restliche entstehende verwendbare Eigenkapital wird in das EK 01B eingestellt.
Wie bei der indirekten Anrechnung bleiben Interessengegensätze zwischen Anteilseignern bestehen, da die Vergünstigung des internationalen Schachtelprivilegs bei der Ausschüttung aufgehoben wird. Die Rechtsformneutralität und die Neutralität der internationalen Besteuerung werden erreicht. Nicht vereinnahmte Steuern werden ggf. i.H. der nicht verrechneten ausländischen Quellensteuer erstattet.

---

44 Vgl. Haase/Roßmayer, DStR 1991, 1131; Institut Finanzen und Steuern, Nr. 249, S. 24.

B. Bilateral durchführbare Maßnahmen gegenüber Staaten mit Beseitigung der Doppelbelastung

I. Ersatzlose Abschaffung der Körperschaftsteuer

Sollte ein ausländischer Staat ein solches Steuersystem anwenden, sind die in §7. empfohlenen Reformvorschläge ohne Änderung auf dieses Steuersystem anwendbar. Da die Doppelbelastung auf der Ebene der Kapitalgesellschaft durch die Abschaffung der Körperschaftsteuer beseitigt wird, erhalten alle Anteilseigner diese Vergünstigung[45].

II. Freistellung der Ausschüttungen von der Einkommensteuer

Diese Vergünstigung wirkt auf der Ebene der Anteilseigner und muß daher vom inländischen Fiskus gewährt werden.
Bei unmittelbarem Bezug wird die Ausschüttung beim inländischen Anteilseigner freigestellt. Die Neutralität der internationalen Besteuerung ist damit gewährleistet, denn die Belastung entspricht der vom ausländischen Körperschaftsteuersystem vorgesehenen Belastung.
Bei mittelbarem Bezug wird die Ausschüttung bei der Kapitalgesellschaft ebenfalls freigestellt. Das entstehende verwendbare Eigenkapital wird in das EK 01A eingestellt, um die Vergünstigung bei der Ausschüttung nicht aufzuheben.
Interessengegensätze zwischen Anteilseignern mit unterschiedlichen Steuersätzen werden vermieden.
Die Rechtsformneutralität und die Neutralität der internationalen Besteuerung werden erreicht, denn auch bei mittelbarem Bezug werden die Ausschüttungen wie bei unmittelbarem Bezug nur mit der ausländischen Körperschaftsteuer belastet, wie es das ausländische Körperschaftsteuersystem vorsieht.
Grundsätzlich steht dem Wohnsitzstaat das Besteuerungsrecht für Ausschüttungen zu. Bei diesem Vorschlag schränkt er sein Besteuerungsrecht ein, um die vom

---

45 Vgl. Menck in Mössner u.a., Steuerrecht international tätiger Unternehmen, Rz. A 57.

ausländischen Körperschaftsteuersystem beabsichtigte Beseitigung der Doppelbelastung auch auf inländische Anteilseigner zu übertragen. Für diese Einschränkung sollte in einem DBA ein Ersatz bzw. ein Fiskalausgleich vereinbart werden.

III. Abzug der Ausschüttungen von der körperschaftsteuerlichen Bemessungsgrundlage

Dieses Körperschaftsteuersystem vermeidet die Doppelbelastung auf der Ebene der Kapitalgesellschaft. Die Vergünstigung kommt damit allen Anteilseignern zugute[46].

Die in §7. empfohlenen Reformvorschläge können ohne Änderung gegenüber diesem Körperschaftsteuersystem angewandt werden.

IV. Teilhabersteuer

Staaten, die ein Teilhabersteuersystem anwenden, sind nicht bekannt. Daher ist z.B. unklar, ob ausländische Teilhabererträge Einkünfte aus einer ausländischen Betriebstätte oder Dividenden i.S. OECD-Muster-DBA sind[47].

Werden sie als Einkünfte aus einer ausländischen Betriebstätte gewertet, werden sie in deutschen DBA i.d.R. im Inland freigestellt[48]. Die Ausschüttungen sind dann bei mittel- und unmittelbarem Bezug steuerfrei. Sie sind bei der Kapitalgesellschaft ebenso zu behandeln wie von der Einkommensteuer freigestellte Ausschüttungen in §8.B.II. (S. 269f.). Bei der inländischen Kapitalgesellschaft werden sie in das EK 01A eingestellt.

---

46 Vgl. Menck in Mössner u.a., Steuerrecht international tätiger Unternehmen, Rz. A 57.

47 Vgl. Gutachten der Steuerreformkommission, Schriftenreihe des BMF, Heft 17, Rz. IV/150f.; vgl. auch Wöhe, DStR 1971, 269.

48 Vgl. die Übersicht in Rose, Betrieb und Steuer, Grundzüge des internationalen Steuerrechts, S. 163ff..

Werden die Teilhabererträge als Dividenden i.S. Art. 10 OECD-Muster-DBA angesehen, sind diese Teilhabererträge wahrscheinlich mit einem Steuerguthaben verbunden[49]. Da nach der Konzeption der Teilhabersteuer ein Vollanrechnungsverfahren vorliegt[50], sollten die Ausschüttungen behandelt werden, wie im folgenden Abschnitt §8.B.V. für Vollanrechnungsverfahren dargestellt.

V. Körperschaftsteuersysteme mit Vollanrechnungsverfahren

Körperschaftsteuersysteme mit Vollanrechnungsverfahren vermeiden die Doppelbelastung auf der Ebene der Anteilseigner, indem sie die von der Kapitalgesellschaft auf die Ausschüttung gezahlte Körperschaftsteuer auf die Einkommen- bzw. Körperschaftsteuer der Anteilseigner anrechnen und ggf. erstatten.
Beziehen inländische Anteilseigner die Ausschüttungen von der ausländischen Kapitalgesellschaft unmittelbar, kann die Vergünstigung der Vermeidung der Doppelbelastung an die inländischen Anteilseigner weitergegeben werden, indem der inländische Fiskus ein Steuerguthaben in der vom ausländischen Körperschaftsteuersystem vorgesehenen Höhe gewährt[51]. Die Gesamtbelastung der Ausschüttungen entspricht dann der durch das ausländische, aber auch der durch das inländische Körperschaftsteuersystem vorgesehenen Belastung. Die Neutralität der internationalen Besteuerung ist gegeben.
Bei mittelbarem Bezug über eine inländische Kapitalgesellschaft wird das Steuerguthaben der Kapitalgesellschaft gewährt. Die Weiterleitung dieser Vergünstigung

---

49 Vgl. Engels/Stützel, Teilhabersteuer; Gutachten der Steuerreformkommission, Schriftenreihe des BMF, Heft 17, Rz. IV/104ff..

50 Vgl. Engels/Stützel, Teilhabersteuer; Gutachten der Steuerreformkommission, Schriftenreihe des BMF, Heft 17, Rz. IV/104ff..

51 Ähnlich die Vorschläge von Ritter, BB 1991, 356 und BB 1992, 367.
Gegenüber Frankreich bereits verwirklicht. (Vgl. Günkel/ Fischer, IWB, Fach 5 Frankreich, Gruppe 2, 635).

an die Anteilseigner wird durch die Gliederung des entstehenden verwendbaren Eigenkapitals sichergestellt. Das der Kapitalgesellschaft gewährte Steuerguthaben wird als Tarifbelastung i.S. § 27 Abs. 2 KStG gewertet. Daher wird das entstehende Eigenkapital vollständig in das EK 50 eingestellt.
Damit entstehen keine Interessengegensätze zwischen Anteilseignern mit unterschiedlichen Steuersätzen.
Da sowohl bei mittel- als auch bei unmittelbarem Bezug die Vermeidung der Doppelbelastung durch das ausländische Körperschaftsteuersystem an die Anteilseigner weitergeleitet wird, ist der Vorschlag rechtsformneutral.
Da die Doppelbelastung auch bei mittelbarem Bezug vermieden wird, ist die Neutralität der internationalen Besteuerung gegeben.
Grundsätzlich steht dem Wohnsitzstaat nach Art. 10 OECD-Muster-DBA das Besteuerungsrecht für Ausschüttungen von Kapitalgesellschaften zu, abgesehen von einer Quellensteuer, die der Quellenstaat erheben darf.
Nach diesem Vorschlag gewährt der inländische Fiskus eine Steuergutschrift für Steuern, die er nicht vereinnahmt hat. Damit verzichtet er auf Steuereinnahmen und erstattet ggf. nicht vereinnahmte Steuern. In einem DBA sollte dem inländischen Fiskus hierfür ein Ersatz zugestanden werden oder es sollte ein Fiskalausgleich vereinbart werden.
Wie bei Teilanrechnungsverfahren in §8.A.III. (S. 260ff.) ist auch hier eine wechselseitige Anrechnung möglich[52]. In diesem Fall ist bei gleichen Anrechnungsvolumina ein Ausgleich überflüssig, anderenfalls sollte ein Fiskalausgleich vereinbart werden[53].

---

52 Vgl. Flick, DB 1977, 34; Greif, RIW 1977, 217; Kuhn, FR 1979, 318; Vogel, Festschrift für Kuno Barth, S. 279 und DB 1975, 758; Wrede, DStZ 1974, 185 und DStR 1976, 332.

53 Vgl. Vogel, Festschrift für Kuno Barth, S. 279 und DB 1975, 758; Vogelaar, DStZ 1974, 294; Wrede, DStZ 1974, 300.

1. Direkte Anrechnung

Wird im DBA vereinbart, daß ein Staat oder beide Staaten eine Quellensteuer erheben, kann diese von dem Fiskalausgleich für die vom anderen Staat gewährten Steuergutschriften abgesetzt werden[54].

Soll bei einer solchen Vereinbarung die Erstattung nicht vereinnahmter Steuern vermieden werden, wird die Steuergutschrift in einen anrechnungs- und erstattungsfähigen Teil i.H. der erstatteten Steuergutschrift und einen nur anrechnungsfähigen Teil i.H. der einbehaltenen ausländischen Quellensteuer differenziert.

Bei unmittelbarem Bezug wird der anrechnungsfähige Teil, welcher der ausländischen Quellensteuer entspricht, als direkt anrechenbare Steuer behandelt. Der vom ausländischen Fiskus erstattete Teil wird als anrechnungs- und erstattungsfähige Steuergutschrift behandelt.

Bei mittelbarem Bezug wird der auf die ausländische Quellensteuer entfallende Teil als direkt anrechenbare ausländische Quellensteuer behandelt. Der vom ausländischen Fiskus erstattete Teil gehört zur Tarifbelastung i.S. § 27 Abs. 2 KStG.

Das entstehende verwendbare Eigenkapital wird i.H. der im Inland gezahlten Körperschaftsteuer zuzüglich der Steuergutschrift, die um die ausländische Quellensteuer vermindert wird, in das EK 50 eingestellt. I.H. der ausländischen Quellensteuer wird das entstehende Eigenkapital in das EK 01A eingestellt[55].

Interessengegensätze zwischen Anteilseignern mit unterschiedlichen Steuersätzen werden vermieden, da das entstehende Eigenkapital in das EK 50 und das EK 01A eingestellt wird.

---

54 Z.B. erstattet Frankreich der Bundesrepublik nicht den avoir fiscal i.H.v. 50% der Ausschüttung, sondern vermindert die Erstattung um eine Quellensteuer i.H.v. 15% der Ausschüttung zuzüglich des avoir fiscal, so daß nur 27,5% der Ausschüttung erstattet werden.

55 Damit entspricht die Behandlung der direkt anrechenbaren ausländischen Quellensteuer der Behandlung, die vom Institut Finanzen und Steuern für die direkte Anrechnung vorgeschlagen wurde (vgl. Institut Finanzen und Steuern, Nr. 249, S. 20f.).

Beträgt die ausländische Quellensteuer mehr als 0%, kommt der Vorschlag der Rechtsformneutralität nahe, erreicht sie aber nicht.

Beispiel 40: Bilaterale Regelung der direkten Anrechnung bei Vollanrechnungsverfahren

Ausschüttung der ausländischen Tochtergesellschaft	60
Steuerguthaben	40
ausländische Quellensteuer	10% von 100
Erstattung des ausländischen an den inländischen Fiskus	30

Steuersatz der Anteilseigner in %	0	10	20	30	40	50
unmittelbarer Bezug (Vorschlag)	90	90	80	70	60	50
mittelbarer Bezug (Vorschlag)[56]	90	82	74	66	58	50

Die Abweichungen von der Rechtsformneutralität resultieren aus der Behandlung der direkt anrechenbaren ausländischen Quellensteuer[57]. Die Behandlung entspricht der in §7.B.I.3. (S. 194ff.) vorgeschlagenen.
Auf dieselbe Ursache geht die über der neutralen Bandbreite liegende Gesamtbelastung für Anteilseigner mit Steuersätzen unter 50% zurück, wenn eine ausländische Quellensteuer über 0% erhoben wird. Der Vorschlag kommt der Neutralität der internationalen Besteuerung aber nahe und stellt gegenüber dem z.Zt. gültigen Recht eine Verbesserung dar.
Die Erstattung nicht vereinnahmter Steuern wird vermieden, da nur im Inland gezahlte Körperschaftsteuer bzw. vom Ausland erstattete Steuergutschriften zu EK 50 führen.
Im DBA kann vereinbart werden, daß in der Bundesrepublik die gesamte Steuergutschrift als anrechnungs- und erstattungsfähig gilt, ungeachtet einer vom ausländi-

---

56 Das entstehende verwendbare Eigenkapital wird folgendermaßen aufgeteilt:
EK 01A = 10
EK 50 = 40 (10 von der inländischen Kapitalgesellschaft gezahlte Körperschaftsteuer und 30 Fiskalausgleich)
Die Einnahmen der Anteilseigner betragen 90 und die zu versteuernden Einkünfte 80.

57 Vgl. Haase/Roßmayer, DStR 1991, 1131; Institut Finanzen und Steuern, Nr. 249, S. 24.

schen Fiskus vom Fiskalausgleich abgesetzten Quellensteuer.
Bei unmittelbarem Bezug ist dann die volle Steuergutschrift erstattungsfähig.
Bei mittelbarem Bezug wird die gesamte Steuergutschrift als Tarifbelastung i.S. § 27 Abs. 2 KStG gewertet, so daß diese Einkünfte ausschließlich zu EK 50 führen. Interessengegensätze zwischen Anteilseignern werden vermieden. Die Rechtsformneutralität wird erreicht, da das ausländische Steuerguthaben bei unmittelbarem Bezug voll erstattungsfähig ist und bei mittelbarem Bezug voll zur Tarifbelastung i.S. § 27 Abs. 2 KStG zählt.
Die Neutralität der internationalen Besteuerung wird erreicht, da in beiden Fällen die Einkünfte nur mit der Einkommensteuer der Anteilseigner belastet werden. Bei unmittelbarem Bezug können keine Anrechnungsüberhänge entstehen, da das Steuerguthaben voll erstattungsfähig ist. Auch bei mittelbarem Bezug werden die Einkünfte nur mit der Einkommensteuer der Anteilseigner belastet, denn das gesamte Steuerguthaben gilt als Tarifbelastung i.S. § 27 Abs. 2 KStG.
Ggf. werden nicht vereinnahmte Steuern i.H. der ausländischen Quellensteuer erstattet. Da diese Vorgehensweise im DBA vereinbart wird, kann an anderer Stelle ein Ausgleich vereinbart werden.

2. Indirekte Anrechnung

Die indirekte Anrechnung bringt gegenüber Körperschaftsteuersystemen mit Vollanrechnungsverfahren keinen weiteren Vorteil, wenn die Steuergutschrift für Ausschüttungen ausländischer Kapitalgesellschaften auch an inländische Anteilseigner gewährt wird. Daß ggf. ein Teil der Steuergutschrift aufgrund einer im Ausland erhobenen und dem inländischen Fiskus nicht erstatteten Quellensteuer nicht erstattungsfähig, sondern nur anrechnungsfähig ist, ändert dies nicht. Auch bei der indirekten Anrechnung werden ausländische Steuern nur angerechnet und nicht erstattet.

3. Internationales Schachtelprivileg

Nimmt die Kapitalgesellschaft das internationale Schachtelprivileg in Anspruch, wird das entstehende verwendbare Eigenkapital i.H. des Betrags der Steuergutschrift, der um eine ggf. erhobene ausländische Quellensteuer vermindert wird, in das EK 50 eingestellt. I.H. der erhobenen ausländischen Quellensteuern entsteht EK 01A[58]. Das restliche entstehende verwendbare Eigenkapital wird in das EK 01B eingestellt.
Interessengegensätze zwischen Anteilseignern mit unterschiedlichen Steuersätzen werden nicht vermieden, da Teile des entstehenden Eigenkapitals in das EK 01B eingestellt werden.
Da der Vorteil des internationalen Schachtelprivilegs durch diesen Vorschlag bei der Ausschüttung aufgehoben wird, entspricht das Nettoeinkommen der Anteilseigner demjenigen, das die Anteilseigner erhalten, wenn die Kapitalgesellschaft nur die direkte Anrechnung in Anspruch nimmt. Der Vorschlag kommt daher der Rechtsformneutralität und der Neutralität der internationalen Besteuerung nahe. Daß er die Rechtsformneutralität und die Neutralität der internationalen Besteuerung nicht erreicht, beruht auf der Behandlung der direkt anrechenbaren ausländischen Quellensteuern[59]. Die Behandlung der direkt anrechenbaren ausländischen Quellensteuer entspricht der in §7.B.I.3. (S. 194ff.) vorgeschlagenen.
Da ausschließlich dem inländischen vom ausländischen Fiskus erstattete Steuergutschriften zu EK 50 führen, wird die Erstattung nicht vereinnahmter Steuern vermieden.
Wird im DBA vereinbart, daß das volle Steuerguthaben anrechnungs- und erstattungsfähig ist, ungeachtet des um die ausländische Quellensteuer verminderten Fiskalausgleichs, ist das entstehende verwendbare Eigenkapi-

---

58 Damit entspricht die Behandlung der direkt anrechenbaren ausländischen Quellensteuer grundsätzlich der vom Institut Finanzen und Steuern vorgeschlagenen Behandlung. (Vgl. Institut Finanzen und Steuern, Nr. 249, S. 20f.).

59 Vgl. Haase/Roßmayer, DStR 1991, 1131; Institut Finanzen und Steuern, Nr. 249, S. 24.

tal i.H. der gesamten Steuergutschrift in das EK 50 einzustellen. Der Rest des entstehenden verwendbaren Eigenkapitals wird in das EK 01B eingestellt. Interessengegensätze zwischen Anteilseignern mit unterschiedlichen Steuersätzen bleiben bestehen, da EK 01B entsteht. Die Rechtsformneutralität wird erreicht, da die Ausschüttungen wie bei unmittelbarem Bezug mit dem individuellen Steuersatz der Anteilseigner belastet werden. Damit ist auch die Neutralität der internationalen Besteuerung erreicht, da die Gesamtbelastung der vom in- und ausländischen Körperschaftsteuersystem vorgesehenen entspricht. Ggf. werden nicht vereinnahmte Steuern i.H. der nicht erstatteten ausländischen Quellensteuer erstattet.

C. Betriebsteuersysteme

Die Besonderheit von Betriebsteuersystemen ist, daß sie eine einheitliche Form der Unternehmensbesteuerung für alle Rechtsformen vorsehen[60]. Die Maßnahmen zur Milderung bzw. Vermeidung der Doppelbelastung können hinsichtlich der Vorgehensweise jedoch nicht anders ausgestaltet sein als bei den Körperschaftsteuersystemen, die im vorangehenden Abschnitt behandelt wurden. Ausschüttungen aus Staaten, die eine Betriebsteuer anwenden, sollten daher so behandelt werden wie Ausschüttungen aus Staaten, die ein Körperschaftsteuersystem anwenden, das in Bezug auf die Maßnahmen zur Milderung bzw. Vermeidung der Doppelbelastung vergleichbar ist.

60 Vgl. §2.C. dieser Arbeit (S. 61ff.).

§9. SCHLUßBETRACHTUNG

A. Reformvorschlag im Entwurf des Standortsicherungsgesetzes

Im Entwurf des Standortsicherungsgesetzes schlägt das BMF eine geänderte Behandlung des EK 01 vor. Dieser Vorschlag sieht vor, bei der Ausschüttung von EK 01 keine Körperschaftsteuererhöhung durchzuführen[1].
Ist der Anteilseigner eine natürliche Person oder eine nicht zur Eigenkapitalgliederung verpflichtete Körperschaft, ist die Ausschüttung aus dem EK 01 steuerpflichtig. Für diese Ausschüttung wird kein Steuerguthaben gewährt[2].
Für diese Anteilseigner ändert sich die Belastung durch die geänderte Behandlung nicht. Nach dem z.Zt. gültigen Steuerrecht wird bei einer Ausschüttung aus dem EK 01 i.H.v. 100 die Ausschüttungsbelastung i.H.v. 36 hergestellt. Der Anteilseigner erhält eine Ausschüttung i.H.v. 64 und ein Steuerguthaben i.H.v. 36. Die zu versteuernden Einkünfte betragen 100. Die Ausschüttung aus dem EK 01 wird deswegen im Inland insgesamt mit dem Steuersatz des Anteilseigners belastet.
Durch den Reformvorschlag im Entwurf des Standortsicherungsgesetzes ändert sich diese Belastung nicht. Zwar ist auf der Ebene der Kapitalgesellschaft nicht die Ausschüttungsbelastung herzustellen, dafür wird aber auf der Ebene der Anteilseigner auch kein Steuerguthaben angerechnet. Auch nach diesem Vorschlag betragen bei einer Ausschüttung aus dem EK 01 i.H.v. 100 die zu versteuernden Einkünfte auf der Ebene der Anteilseigner 100.
Wenn der Anteilseigner eine zur Eigenkapitalgliederung verpflichtete Körperschaft ist, ändert sich durch den Vorschlag im Gesetzentwurf die Belastung. Bei diesem Anteilseigner bleibt die Ausschüttung aus dem EK 01 bei

---

1 § 40 Satz 1 Nr. 1 KStG (Entwurf); BMF, Entwurf Standortsicherungsgesetz, Begründung, S. 48.

2 § 36 Abs. 2 Nr. 3a EStG (Entwurf); BMF, Entwurf Standortsicherungsgesetz, Begründung, S. 48.

der Ermittlung des Einkommens außer Ansatz[3]. Es wird kein Steuerguthaben angerechnet[4].
Nach dem z.Zt. gültigen Recht ist bei der Ausschüttung von EK 01 die Ausschüttungsbelastung herzustellen. Bei anderen Kapitalgesellschaften sind die Ausschüttungen aus dem EK 01 steuerpflichtig. Die Ausschüttung aus dem EK 01 wird auf der Ebene der Kapitalgesellschaft, die die Ausschüttung erhält, im Inland deswegen insgesamt mit der Körperschaftsteuer i.H.v. 50% belastet. Die Steuervergünstigung des EK 01 wird bei der Ausschüttung von einer Kapitalgesellschaft an eine beteiligte Kapitalgesellschaft daher z.Zt. aufgehoben.
Durch den Vorschlag im Entwurf des Standortsicherungsgesetzes wird die Ausschüttung aus dem EK 01 auf der Ebene der beteiligten Kapitalgesellschaft nicht besteuert. Die Steuervergünstigung des EK 01 wird bei einer Ausschüttung von einer Kapitalgesellschaft an eine beteiligte Kapitalgesellschaft damit nicht mehr aufgehoben[5].
Insgesamt ähnelt diese Regelung einem Schachtelprivileg. Eine Mindestbeteiligung ist nicht erforderlich.
Der Vorschlag im Gesetzentwurf beseitigt aber nicht die hier kritisierte Ungleichbehandlung. Bei der Einbeziehung der Anteilseignerebene wird das Problem nur gelöst, wenn der Anteilseigner eine Kapitalgesellschaft ist. Da aber letztendlich die Ausschüttungen an eine natürliche Person fließen, bleibt das hier untersuchte Problem bestehen: Bei der Ausschüttung an natürliche Personen verlieren die Maßnahmen zur Vermeidung bzw. Milderung der Doppelbesteuerung ihre Wirkung.

B. Zusammenfassung

Durch die Darstellung des in der Bundesrepublik verwirklichten Körperschaftsteuersystems mit Vollanrechnungsverfahren und der möglichen Unternehmensbesteue-

---

3 § 8b Abs. 1 KStG (Entwurf); BMF, Entwurf Standortsicherungsgesetz, Begründung, S. 48.

4 § 36 Abs. 2 Nr. 3a EStG (Entwurf); BMF, Entwurf Standortsicherungsgesetz, Begründung, S. 48.

5 Vgl. BMF, Entwurf Standortsicherungsgesetz, Begründung, S. 39.

rungssysteme wird die Grundentscheidung des Gesetzgebers deutlich, die Doppelbelastung zu beseitigen.
Die Maßnahmen zur Vermeidung bzw. Milderung der Doppelbesteuerung lassen die Grundentscheidung des Gesetzgebers deutlich werden, ausländische gegenüber inländischen Einkünften nicht zu benachteiligen.
Die in §4. erarbeiteten Beurteilungskriterien für die Wirkung von Maßnahmen zur Vermeidung bzw. Milderung der Doppelbesteuerung werden aus den Grundentscheidungen des Gesetzgebers bei der Einführung des Vollanrechnungsverfahrens und der Einführung der Maßnahmen zur Vermeidung bzw. Milderung der Doppelbesteuerung abgeleitet.
In §5. wird gezeigt, daß bei mittelbarem Bezug ausländischer Einkünfte über eine inländische Kapitalgesellschaft die Behandlung der ausländischen Einkünfte gegen die in §4. erarbeiteten Kriterien verstößt[6].
In §6. wird deutlich, daß sich die Wirkung der Maßnahmen zur Vermeidung bzw. Milderung der Doppelbesteuerung in den unterschiedlichen Körperschaftsteuersystemen voneinander unterscheidet. In bestimmten Körperschaftsteuersystemen verlieren diese Maßnahmen bei der Ausschüttung ihre Wirkung nicht. Allerdings leitet auch das italienische Vollanrechnungsverfahren die Wirkung der Maßnahmen zur Vermeidung bzw. Milderung der Doppelbesteuerung nicht an die Anteilseigner weiter.
In §7. werden Reformvorschläge erarbeitet, die unilateral in das deutsche Körperschaftsteuerrecht eingeführt werden können. Die Vorgehensweise der Vorschläge besteht in einer Differenzierung des EK 01. Für Steuervergünstigungen, deren Vorteil an die Anteilseigner weitergeleitet werden soll, wird die Eigenkapitalgruppe EK 01A eingeführt. Bei Ausschüttungen aus dieser Eigenkapitalgruppe wird die Ausschüttungsbelastung nicht hergestellt. Die Ausschüttungen führen bei den Anteilseignern zu steuerfreien Einkünften. Soll der Vorteil der Steuervergünstigung auf die Ebene der Kapitalgesellschaft beschränkt bleiben, wird das entstehende

6 Dies gilt nicht bei der Inanspruchnahme des Steuerabzugs. Die Behandlung des Steuerabzugs durch das Körperschaftsteuerrecht leitet den Vorteil bereits jetzt durch die Kapitalgesellschaft an die Anteilseigner weiter.

verwendbare Eigenkapital in das EK 01B eingestellt. Diese Eigenkapitalgruppe wird wie das jetzige EK 01 behandelt.
Das entstehende verwendbare Eigenkapital wird ausschließlich auf das EK 50 und das EK 01A bzw. EK 01B aufgeteilt. Die Eigenkapitalgruppe EK 36 entfällt.
Durch diese Vorgehensweise können für die körperschaftsteuerliche Behandlung der verschiedenen Maßnahmen zur Vermeidung bzw. Milderung der Doppelbesteuerung Reformvorschläge erarbeitet werden. Die Reformvorschläge kommen den Grundentscheidungen des Gesetzgebers bei der Einführung des Vollanrechnungsverfahrens und der Einführung der Maßnahmen zur Vermeidung bzw. Milderung der Doppelbesteuerung sehr nahe.
Ggf. verbleibende geringe Abweichungen von der Rechtsformneutralität und der Neutralität der internationalen Besteuerung sind bei der direkten Anrechnung[7], der indirekten Anrechnung[8], dem Quasi-Schachtelprivileg[9], der fiktiven direkten Anrechnung[10] und dem internationalen Schachtelprivileg[11] auf die Behandlung im Ausland erhobener Quellensteuern zurückzuführen. Wird keine Quellensteuer mehr erhoben, werden die Rechtsformneutralität und die Neutralität der internationalen Besteuerung vollständig erreicht.
In §8. werden Reformvorschläge vorgestellt, die bilateral eingeführt werden können.
Die unilateral durchführbaren Reformvorschläge erreichen die Neutralität der internationalen Besteuerung nur gegenüber Staaten, die ein klassisches Körperschaftsteuersystem anwenden, bzw. gegenüber Staaten, welche die Doppelbelastung auf der Ebene der Kapitalgesellschaft vermeiden[12].
Wendet der ausländische Staat ein Körperschaftsteuersystem an, das die Doppelbelastung auf der Ebene der Anteilseigner vermeidet bzw. mildert, wird durch diese Reformvorschläge die Neutralität der internationalen

---

7 Vgl. §7.B.I.3. dieser Arbeit (S. 194ff.).
8 Vgl. §7.B.II.2.a) dieser Arbeit (S. 213ff.).
9 Vgl. §7.B.III.1. dieser Arbeit (S. 227f.).
10 Vgl. §7.B.III.2. dieser Arbeit (S. 228ff.).
11 Vgl. §7.E. dieser Arbeit (S. 240ff.).
12 Vgl. §8. dieser Arbeit (S. 246f.).

Besteuerung nicht erreicht. Gegenüber diesen Staaten werden bilaterale Reformvorschläge erarbeitet, welche die Maßnahmen des ausländischen Körperschaftsteuersystems zur Vermeidung bzw. Milderung der körperschaftsteuerlichen Doppelbelastung an die inländischen Anteilseigner weiterleiten. Die Vorschläge erreichen bei mittel- und unmittelbarem Bezug die Rechtsformneutralität und die Neutralität der internationalen Besteuerung bzw. kommen ihnen sehr nahe. Nur bei Erhebung einer ausländischen Quellensteuer kommt es zu geringfügigen Abweichungen. Auch diese Vorschläge nutzen die Differenzierung des EK 01 in das EK 01A und das EK 01B.
Durch die in §7. und §8. erarbeiteten Reformvorschläge wird sichergestellt, daß unabhängig vom ausländischen Körperschaftsteuersystem die Besteuerung die Rechtsformneutralität und die Neutralität der internationalen Besteuerung erreicht bzw. ihnen sehr nahe kommt. Die Erstattung nicht vereinnahmter Steuern wird vermieden. Interessengegensätze zwischen Anteilseignern mit unterschiedlichen Steuersätzen verbleiben nur, wenn Vergünstigungen nicht an die Anteilseigner weitergeleitet werden sollen. Ist die Neutralität der internationalen Besteuerung kein geeignetes Kriterium, da vom Gesetzgeber eine über die Neutralität hinausgehende Vergünstigung beabsichtigt ist, wird auch diese Vergünstigung an die Anteilseigner weitergeleitet.
Sämtliche Reformvorschläge nutzen das EK 01A, um Vergünstigungen an die Anteilseigner weiterzuleiten. Sollen Vergünstigungen bei der Ausschüttung aufgehoben werden, wird das EK 01B genutzt. Das Vollanrechnungsverfahren und auch seine Funktionsweise werden beibehalten.

C. Ausblick

Die praktische Durchführung der unilateral konzipierten Reformvorschläge durch den deutschen Gesetzgeber ist jederzeit möglich. Diese Reformvorschläge bringen gegenüber der derzeitigen Behandlung eine erhebliche Annäherung an die Grundentscheidungen des Gesetzgebers bei der Einführung des Vollanrechnungsverfahrens und der Maßnahmen zur Vermeidung bzw. Milderung der Doppelbesteuerung. Durch die Reformvorschläge kann die EG-feindliche Ausgestaltung des deutschen Körperschaftsteuersystems beseitigt werden. Bei diesen Vorschlägen ist eine weitere Annäherung an die Grundentscheidungen des Gesetzgebers durch DBA erreichbar. Diese Annäherung kann z.B. durch eine weitere Senkung oder Abschaffung von Quellensteuern erreicht werden.

Dagegen ist es erforderlich, die bilateral durchführbaren Reformvorschläge in DBA zu vereinbaren. Da die Bundesrepublik bereits ein umfangreiches Netz von DBA unterhält, wird i.d.R. bereits ein DBA bestehen. In diesem Fall könnte man sich, wenn keine anderen Punkte für Revisionsverhandlungen vorliegen, auf die Vereinbarung eines Fiskalausgleichs beschränken. Obwohl dies die Revision der DBA erheblich vereinfachen würde, ist die Einführung der bilateralen Reformvorschläge sehr aufwendig.

Im Rahmen der EG erscheint die Vereinbarung dieser bilateralen Reformvorschläge aber durchführbar und wegen des Binnenmarktes auch erforderlich.

Im Vergleich zur Einführung eines harmonisierten Körperschaftsteuersystems ist dies sicher der einfachere Weg mit größeren Aussichten auf praktische Durchführung. Die Körperschaftsteuersysteme der einzelnen Staaten bleiben bestehen, werden aber durch die in §7. und §8. erarbeiteten Reformvorschläge aufeinander abgestimmt.

Hilfreich wäre es, wenn die EG Grundsätze für die Verteilung der Lasten bei der Vereinbarung des Fiskalausgleichs aufstellen würde. Dies gilt ebenso für die OECD.

Diese Untersuchung geht von der Prämisse aus, daß das Anrechnungsverfahren bestehen bleibt. Eine Untersuchung ohne diese Annahme käme zu anderen Lösungsvorschlägen. Vielleicht wäre das Ergebnis einer solchen Untersuchung, daß sich andere Körperschaftsteuersysteme einfacher international neutral ausgestalten ließen.

Literaturverzeichnis

Achenbach, Edgar, Zur Tarifbelastung und Gliederung des verwendbaren Eigenkapitals bei Anrechnung ausländischer Steuer nach dem Körperschaftsteuergesetz 1977, RIW 1978, 246 - 249.

Ascher, Theodor, Die Betriebsteuer als Mittel zum Wirtschaftsaufbau, BFuP 1949, 133 - 149.

Baranowski, Karl-Heinz, Besteuerung von Auslandsbeziehungen, 1978.

Bareis, Peter, Die notwendige Reform der Körperschaftsteuer: Systembereinigungen und Vereinfachungen, StbKRep 1987, 33 - 88.

Bareis, Peter/Geiger, Andreas/Höflacher, Stefan, Überlegungen zur Körperschaftsteuerreform 1990, GmbHR 1988, 312 - 318.

Barth, Kuno, Flucht in die GmbH nach der Körperschaftsteuerreform?, BB 1976, 992 - 994.

Bastert, Volker/Gräfer, Horst, Körperschaftsteuer, 1979.

Becker, Enno, Ist es erwünscht, das Einkommen aus Gewerbebetrieb nach gleichmäßigen Grundsätzen zu besteuern, ohne Rücksicht auf die Rechtsform, in der das Gewerbe betrieben wird? Welche Wege rechtlicher Ausgestaltung bieten sich für eine solche Besteuerung?, Verhandlungen des 33. Deutschen Juristentags 1924, S. 429 - 465.

Becker, Helmut, Der Progressionsvorbehalt in den Doppelbesteuerungsabkommen, RIW 1969, 411 - 415.

ders., Tücken bei der Anrechnung ausländischer Steuern, BB 1977, 536 - 537.

ders., Auswirkungen der Körperschaftsteuerreform auf europäische Unternehmensverschmelzungen, BB 1978, 1373 - 1379.

Bellstedt, Christoph, Die Besteuerung international verflochtener Gesellschaften, 1973.

ders., Körperschaftsteuer-Tarifsenkung ab 1990 und Kapitalertragsteuer auf Schachteldividenden nach den DBA, RIW 1988, 285 - 286.

Betriebsteuerausschuß der Verwaltung für Finanzen, Bericht und Gesetzentwürfe zur Betriebsteuer, StuW 1949, Sp. 929 - 1068.

Biergans, Enno, Einkommensteuer und Steuerbilanz, 5. Aufl., 1990.

Blum, Leo, Die steuerliche Ausnutzung der Aktiengesellschaften in Deutschland, 1911.

Blümich, Einkommensteuergesetz/Körperschaftsteuergesetz /Gewerbesteuergesetz, Kommentar, 14. Aufl., Loseblatt, Stand: 42. ErgLfg. Januar 1993.

BMF, Entwurf eines Gesetzes zur Verbesserung der steuerlichen Bedingungen zur Sicherung des Wirtschaftsstandorts Deutschland im Europäischen Binnenmarkt (Standortsicherungsgesetz - StandOG).

Boettcher, Carl, Vorschlag eines Betriebsteuerrechts, StuW 1947, Sp. 67 - 90.

ders., Verbrauchsbeschränkung und Kapitalbildung bei der Steuerreform, StuW 1948, Sp. 489 - 512.

ders., Vergleichende Darstellung der drei Entwürfe, StuW 1949, Sp. 1011 - 1022.

ders., Zur Betriebsteuer, StuW 1951, Sp. 411 - 432.

Breithecker, Volker, Behandlung pauschal besteuerter ausländischer Einkünfte im verwendbaren Eigenkapital, DB 1986, 1946 - 1948.

Brenner, Dieter, Reform der Körperschaftsteuer-Reform?, in: Unternehmensbesteuerung und Steuerreform, Bericht über die Steuerfachtagung 1988 des IdW in Deutschland e.V., 1988, S. 67 - 79.

Brezing, Klaus, Die Behandlung ausländischer Einkünfte nach der Körperschaftsteuer-Reform, GmbHR 1976, 271 - 273.

ders., Die Behandlung steuerfreier Einnahmen (Einkünfte) einer Kapitalgesellschaft nach der Körperschaftsteuerreform, AG 1979, 244 - 258.

ders., Zwischenbilanz zum Körperschaftsteuergesetz 1977, StbJb 1981/82, 393 - 418.

ders., Die Behandlung ausländischer Einkünfte und steuerfreier inländischer Einnahmen, GmbHR 1987, 152 - 156.

Brezing, Klaus / Krabbe, Helmut / Lempenau, Gerhard / Mössner, Jörg / Runge, Berndt, Außensteuerrecht, Kommentar, 1991.

Bühler, Ottmar, Das Wesen einer einheitlichen Betriebsteuer, DB 1949, 582.

ders., Über einige Prinzipien des internationalen Steuerrechts, FA N.F. 1959/60, Bd. 20, 151 - 163.

ders., Prinzipien des internationalen Steuerrechts, 1964.

Bullinger, Michael, Wirkungen der vorgesehenen Änderung der Aufteilungsvorschrift des § 32 KStG, RIW 1983, 930 - 933.

Classen, Karl, Umbau der Betriebsbesteuerung, in: Finanzwissenschaftliche Forschungsarbeiten, Heft 3, hrsg. v. Günter Schmölders, 1950.

Clouth, Elmar, Überlegungen zur Reform der Körperschaftsteuer - Plädoyer für einen einheitlichen Steuersatz, DStR 1986, 752 - 753.

Commandeur, Gert, Berücksichtigung ausländischer Steuern im deutschen Einkommen- und Körperschaftsteuerrecht, 1983.

Crezelius, Georg, Steuerrecht II: Besonderes Steuerrecht, 1991.

Curtius-Hartung, Rudolf, Aktuelle Entwicklungen im Körperschaftsteuerrecht, StbJb 1986/87, 9 - 23.

Debatin, Helmut, Die Pauschalierung der Einkommensteuer und Körperschaftsteuer für ausländische Einkünfte, DStZ 1959, 303 - 305.

ders., Wesen und Anwendung der Doppelbesteuerungsabkommen, RIW 1962, 61 - 67.

ders., Steuerbefreiung mit Progressionsvorbehalt als Methode zur Vermeidung der Doppelbesteuerung, RIW 1965, 41 - 50.

ders., Revision des deutsch-französischen Doppelbesteuerungsabkommens, DB 1969, 2145 - 2151.

ders., Standort und Orientierung des deutschen internationalen Steuerrechts, FR 1970, 4 - 18.

ders., Die ertragsteuerlichen Schachtelvergünstigungen des deutschen Außensteuerrechts, DB 1975, 1714 - 1718, 1764 - 1770.

ders., Entwicklungsaspekte des internationalen Steuerrechts, RIW 1980, 3 - 10.

ders., System und Auslegung der Doppelbesteuerungsabkommen, DB Beilage 23/1985.

Denkl, Hellmut Rainer, Die fiktive Steueranrechnung nach den deutschen Doppelbesteuerungsabkommen mit Entwicklungsländern im Einkommen- und Körperschaftsteuerrecht, RIW 1979, 321 - 325.

Dietzel, Carl, Die Besteuerung der Actiengesellschaften in Verbindung mit der Gemeinde-Besteuerung, 1859.

Dorn, Herbert, Welche Grundsätze empfehlen sich für das internationale Vertragsrecht zur Vermeidung internationaler Doppelbesteuerung bei Einzelpersonen und Körperschaften, insbesondere bei gewerblichen Betrieben?, Verhandlungen des 33. Deutschen Juristentags 1924, S. 495 - 544.

Dötsch, Ewald, Das körperschaftsteuerliche Anrechnungsverfahren, DB 1978, 265 - 275, 314 - 324, 361 - 372, 413 - 418, 459 - 465, 509 - 514, 555 - 560.

ders., Behandlung ausländischer Einkünfte bei der Gliederung des verwendbaren Eigenkapitals, DB 1979, 1428 - 1431, 1477 - 1483.

ders., Vereinfachung des körperschaftsteuerlichen Anrechnungsverfahrens, DB 1987, 1858 - 1866.

ders., Der Referentenentwurf des Körperschaftsteuer-Vereinfachungsgesetzes, DB 1988, 2426 - 2432.

Dötsch/Eversberg/Jost/Witt, Kommentar zum Körperschaftsteuergesetz und zu den einkommensteuerrechtlichen Vorschriften des Anrechnungsverfahrens, Loseblatt, Stand: 18. ErgLfg. Dezember 1992.

Dötsch, Ewald/Gottstein, Siegfried/Stegmüller, Hubert/Zenthöfer, Wolfgang, Körperschaftsteuer, 10. Aufl., 1991.

Ebling, Klaus, Unilaterale Maßnahmen gegen die internationale Doppelbesteuerung bei den Steuern vom Ertrag, 1969.

ders., Die internationalen Steuerverträge als Instrument der Ausschaltung internationaler Doppelbesteuerung, DStR 1976, 333 - 340.

Eggesieker, Fritz, Das Körperschaftsteuersystem ist gar nicht so kompliziert, GmbHR 1977, 202 - 211.

Einig, Eva-Maria, Steuerermäßigungen im Körperschaftsteuerrecht bei Kapitalgesellschaften, 1984.

Ellis, Maarten J., Steuervermeidung durch Einschaltung von Steueroasen in der internationalen Praxis, in: Steueroasen und Außensteuergesetze, Münchener Schriften zum Internationalen Steuerrecht, Heft 3, hrsg. v. Klaus Vogel, 1981, S. 7 - 14.

ders., Steuerliche Gestaltungen bei grenzüberschreitenden Finanztransaktionen aus den Erfahrungen einer Beraterpraxis, in: Zinsen im internationalen Steuerrecht, Münchener Schriften zum Internationalen Steuerrecht, Heft 9, hrsg. v. Klaus Vogel, 1985, S. 30 - 44.

Elschen, Rainer, Die Betriebsteuer - von niemandem gewünscht und doch wünschenswert?, StuW 1983, 318 - 333.

Engels, Wolfram, Die Körperschaftsteuer als Einkommensteuervorabzug, Steuerertrag und Steuertechnik bei einer Reform der Körperschaftbesteuerung, Die Aussprache 1967, 9 - 14.

Engels, Wolfram/Stützel, Wolfgang, Teilhabersteuer, 2. Aufl., 1968.

Escher, Hans, Auslandsbeziehungen unter Geltung des Verfahrens zur Anrechnung der Körperschaftsteuer, RIW 1977, 404 - 410.

Farnschläder, Marion, Diskriminierung indirekter deutscher Schachtelbeteiligungen an französischen Holdinggesellschaften?, IWB 1992, Fach 5 Frankreich, Gruppe 2, 861 - 866.

Feuerbaum, Ernst, Internationale Besteuerung des Industrieanlagenbaus, 1979.

ders., Maßnahmen zur Sicherung der internationalen steuerlichen Wettbewerbsfähigkeit der deutschen Außenwirtschaft, DB 1980, 1805 - 1812.

ders., In- und ausländische Besteuerung des deutschen Industrieanlagenbaus, StbJb 1982/83, 109 - 139.

Findeisen, Franz, Die Unternehmungsform als Rentabilitätsfaktor, 1924.

Fischer, Curt, Um ein Unternehmens-Steuerrecht, StuW 1942, Sp. 601 - 638.

ders., Wege zur grundsätzlichen Neugestaltung der Gewinnbesteuerung, ZfhF 1950, 53 - 60.

Fischer, Lutz, Die Finanzierungsneutralität der Besteuerung als Forderung der Betriebswirtschaftslehre, ZfB 1970, 313 - 328.

ders., Besteuerung und Aufbau internationaler deutscher Unterordnungskonzerne, in: Unternehmung und Steuer, Festschrift zur Vollendung des 80. Lebensjahres von Peter Scherpf, hrsg. v. Lutz Fischer, 1983, S. 273 - 304.

Fischer, Lutz/Warneke, Perygrin, Internationale betriebswirtschaftliche Steuerlehre, 3. Aufl., 1988.

Flämig, Christian, Die Reform der Körperschaftsteuer, JuS 1977, 152 - 157, 222 - 225.

Flick, Hans, Methoden zur Ausschaltung der internationalen Doppelbesteuerung bei den direkten Steuern, FA N.F. 1961, Bd. 21, 86 - 116.

ders., Außensteuerliche Aspekte der Körperschaftsteuerreform, DB 1977, 33 - 35.

ders., Steuerliche Aspekte der Finanzierung von Auslandsinvestitionen, in: Unternehmung und Steuer, Festschrift zur Vollendung des 80. Lebensjahres von Peter Scherpf, hrsg. v. Lutz Fischer, 1983, S. 319 - 331.

ders., Folgerungen und Fortentwicklung, in: Steuern auf ausländische Einkünfte, Münchener Schriften zum Internationalen Steuerrecht, Heft 7, hrsg. v. Klaus Vogel, 1985, S. 93 - 104.

Flick, Hans/Wassermeyer, Franz, Die steuerliche Behandlung von Schachtelbeteiligungen an ausländischen Kapitalgesellschaften, FR 1975, 285 - 290, 315 - 319, 342 - 348.

Flick/Wassermeyer/Becker, Kommentar zum Außensteuerrecht, 5. Aufl., Loseblatt, Stand: 32. ErgLfg. März 1993.

Flume, Werner, Die Betriebsteuer als Möglichkeit der Steuerreform, DB 1971, 692 - 696.

Freericks, Wolfgang, Zur Reform der Körperschaftsteuer: Grundzüge des Anrechnungsverfahrens, AG 1976, 253 - 262.

Friauf, Karl Heinrich, Die Teilhabersteuer als Ausweg aus dem Dilemma der Doppelbelastung der Körperschaftsgewinne, FR 1969, 27 - 31.

Frotscher/Maas, Körperschaftsteuergesetz (KStG 1977), Kommentar, Loseblatt, Stand: 37. ErgLfg. 1993.

Gaddum, Johann Wilhelm, Gesichtspunkte zur Besteuerung von Zinsen bei internationalen Finanztransaktionen, in: Zinsen im Internationalen Steuerrecht, Münchener Schriften zum Internationalen Steuerrecht, Heft 9, hrsg. v. Klaus Vogel, 1985, S. 1 - 11.

Gail/Goutier/Grützner, Körperschaftsteuergesetz, Kommentar, Loseblatt, Stand: 21. ErgLfg. 1992.

Gandenberger, Otto, Der Einfluß der Einkommen- und Körperschaftsteuer auf die internationalen Wirtschaftströme, in: Grundfragen des internationalen Steuerrechts, hrsg. im Auftrag der Deutschen Steuerjuristischen Gesellschaft e.V. v. Klaus Vogel, DStJG 1985, 33 - 48.

Geiger, Klaus/Zeitler, Franz Christoph, Körperschaftsteuerreform 1977, 1976.

Geiger, Rainer, Steuerrecht und Entwicklungspolitik, DStR 1977, 423 - 432.

Greif, Martin, Auswirkungen der Körperschaftsteuerreform auf deutsche Investitionen im Ausland, RIW 1977, 215 - 217.

Greif, Martin / Krebs, Hans-Joachim / Münzner, Herbert, Körperschaftsteuer, 1978.

Grotherr, Siegfried, Steuerrechtsänderungen in Großbritannien und Nordirland, IWB 1988, Fach 5 Großbritannien, Gruppe 2, 257 - 268.

Grützner, Dieter, Doppelbesteuerungsabkommen, 1978.

Günkel, Manfred/Fischer, Brigitte, Steuergutschrift auf französische Dividenden nach dem DBA-Frankreich, IWB 1987, Fach 5 Frankreich, Gruppe 2, 635 - 638.

Gutachten der Kommission zur Verbesserung der steuerlichen Bedingungen für Investitionen und Arbeitsplätze, 1991.

Gutachten der Steuerreformkommission, Schriftenreihe des BMF, Heft 17, 1971.

Haas, Gerhard, Haftungsbegrenzte deutsche Betriebstätten in der EG: Elemente und Modelle steuergünstiger Bündelunternehmen, 1981.

Haas, Gerhard/Bacher, Hanns/Scheuer, Wolfgang, Steuerliche Gestaltung internationaler Geschäftsbeziehungen, 3. Aufl., 1979.

Haase, Klaus Dittmar / Roßmayer, Konrad, Körperschaftsteuer auf Auslandseinkünfte, DStR 1991, 1126 - 1132.

Haberstock, Lothar, Die Steuerplanung der internationalen Unternehmung, 1976.

Haller, Heinz, Die Steuern, Grundlinien eines rationalen Systems öffentlicher Abgaben, 1964.

Hansmeyer, Karl-Heinrich, Zur Diskussion um die Reform der Körperschaftsteuer, GmbHR 1970, 29 - 33.

Hasebrock, Günter, Ausländische Betriebstättengewinne von Kapitalgesellschaften - Steueranrechnung oder Pauschalierung?, DB 1988, 1626 - 1628.

Heibel, Reinhold, Wie ist die Ankündigung einer Dividendenausschüttung aus dem EK 0/1 (Auslandseinkünfte) zu beurteilen?, RIW 1982, 646 - 652.

ders., Die Ausschüttung von Auslandseinkünften, DB 1984, 2060 - 2068.

Heidinger, Gerald, Nochmals: Für und Wider Betriebsteuer, StuW 1982, 268 - 272.

ders., Die österreichische Körperschaftsteuerreform 1988, StuW 1989, 90 - 94.

Heigl, Anton, Systemfehler im Reformkonzept zur Körperschaftsbesteuerung, StuW 1972, 315 - 326.

Heintzeler, Wolfgang, Auswirkungen der Gewinnsteuerreform auf die Unternehmensfinanzierung, ZfbF 1971, 555 - 565.

Hellwig, Peter, Die Anrechnung ausländischer Steuern und die Grenzen des Ausgleichs ausländischer Verluste, DB 1984, 2264 - 2265.

Herrmann/Heuer/Raupach, Einkommen- und Körperschaftsteuergesetz mit Nebengesetzen, Kommentar, 20. Aufl., Loseblatt, Stand: 172. ErgLfg. Februar 1993.

Herzig, Norbert, Verwendbares Eigenkapital und verdeckte Gewinnausschüttungen nach dem Körperschaftsteuergesetz, StuW 1976, 325 - 334.

ders., Funktionsweise des körperschaftsteuerlichen Anrechnungsverfahrens auf der Gesellschaftsebene, Überblick und Analyse, FR 1976, 441 - 449.

ders., Das verwendbare Eigenkapital - eine zentrale Größe des körperschaftsteuerlichen Anrechnungsverfahrens, BFuP 1977, 326 - 345.

ders., Vorteilhaftigkeit der Pauschalierungsmethode unter der Herrschaft des körperschaftsteuerlichen Anrechnungsverfahrens, RIW 1978, 169 - 174.

ders., Negativer Progressionsvorbehalt im Körperschaftsteuerrecht, RIW 1979, 545 - 552.

ders., Körperschaftsteuerguthaben oder verwendbares Eigenkapital, GmbHR 1985, 37 - 42.

ders., Nationale und internationale Aspekte einer Reform der Körperschaftsteuer, StuW 1990, 22 - 39.

Herzig, Norbert / Dötsch, Ewald, Gedanken zu einer erneuten Reform der Körperschaftsteuer, in: Festschrift 40 Jahre DER BETRIEB, 1988, S. 115 - 162.

Herzig, Norbert/Förster, Guido, Steuerwirkungen der geplanten Absenkung der körperschaftsteuerlichen Tarifbelastung, DB 1987, 1205 - 1210.

Herzig, Norbert/Schuler, Roland U., Die Vereinfachung der Gliederungsrechnung wird vertagt - Eine vertane Chance zur Steuervereinfachung, DB 1989, 495 - 501.

Hey, Friedrich E. F., US-Steuergesetz 1989: Beschränkung der Abzugsfähigkeit von Zinsen bei Gesellschafter-Fremdfinanzierung, RIW 1990, 120 - 122.

Hintzen, Lothar, Die deutsche Körperschaftsteuerreform im Vergleich zu den Ländern der erweiterten Europäischen Gemeinschaft, FR 1979, 77 - 87.

Hofbauer, Max A., Der Einfluß der Körperschaftsteuerreform auf die Wahl der Unternehmensform, DStR 1977, 331 - 341, 371 - 374.

Hofmann, Heinz, Doppelbesteuerung von Zinsen trotz DBA und Gestaltungen zu deren Vermeidung, in: Zinsen im internationalen Steuerrecht, Münchener Schriften zum Internationalen Steuerrecht, Heft 9, hrsg. v. Klaus Vogel, 1985, S. 12 - 29.

Hundt, Florenz, Änderungen des Außensteuerrechts durch das Gesetz zur Änderung des EStG, des KStG und anderer Gesetze - und Behebung der Doppelbesteuerung in anderen Industriestaaten, DB Beilage 17/1980.

ders., Vorgesehene Änderungen des Außensteuerrechts, DStR 1980, 158 - 161.

IdW, Zur direkten Steueranrechnung nach § 34c EStG und § 26 Abs. 1 KStG 77, DB 1977, 323 - 326.

dass., Vereinfachung des körperschaftsteuerlichen Anrechnungsverfahrens, WPg 1985, 526 - 527.

Institut Finanzen und Steuern, Ausländische Einkünfte und direkte Steueranrechnung, Nr. 164, 1977.

dass., Die indirekte Steueranrechnung (§ 26 Abs. 2 - 5 KStG 1977) - Kritik, Alternativen, Verbesserungsvorschläge, Nr. 182, 1978.

dass., Die Behandlung der Ausschüttungen von ausländischen Einkünften nach der Körperschaftsteuerreform - Verbesserungsvorschläge - , Nr. 249, 1985.

dass., Vorschlag zur Verbesserung der Behandlung nichtabziehbarer Ausgaben im KStG 1977, Nr. 263, 1987.

Jacobs, Otto H., Internationale Unternehmensbesteuerung, 2. Aufl., 1991.

ders., Unternehmensbesteuerung und Rechtsform, 1988.

Jacobs, Otto H./Spengel, Christoph, Besteuerung und Finanzierung verbundener Unternehmen in Deutschland, Frankreich und Großbritannien, IStR 1992, 84 - 88, 125 - 131, IStR 1993, 37 - 44.

Jahn, Hermann, Probleme der internationalen Steueranrechnung im Rahmen der Körperschaftsteuerreform, DB 1976, 1447 - 1448.

Jonas, Bernd, Einheitlicher Körperschaftsteuersatz ist kein Selbstzweck, DStR 1986, 753 - 754.

ders., Steuerliche Aspekte bei ausländischen Konzerngesellschaften, RIW 1991, 41 - 48.

Jost, Werner F., Aufteilung nach § 32 KStG bei Steuerermäßigungen durch besonderen Steuersatz ab 1984, DB 1984, 1593 - 1595.

ders., Körperschaftsteuer-Guthaben als Ersatz für das verwendbare Eigenkapital oder vereinfachte Gliederung des verwendbaren Eigenkapitals, DB Beilage 3/1986.

Jünger, Paul, Grundzüge des körperschaftsteuerlichen Anrechnungsverfahrens, DB 1974, 303 - 308.

ders., Überblick über das Körperschaftsteuer-Reformgesetz in der vom Bundestag verabschiedeten Fassung, DB 1976, 1122 - 1130.

ders., Das Einführungsgesetz zum Körperschaftsteuerreformgesetz 1977, DB 1976, 2370 - 2378.

ders., Besteuerung der GmbH nach dem Körperschaftsteuerreformgesetz, GmbHR 1976, 173 - 183.

Jurkat, Werner, Das Körperschaftsteuerreformgesetz (KStG 1977), WPg 1976, 513 - 524, 545 - 558.

ders., Körperschaftsteuer, Gliederung und Fortschreibung des verwendbaren Eigenkapitals, StbKRep 1977, 283 - 312.

Ketzel, Eberhart, Teilhabersteuer, Konzeption und Gestaltungsmöglichkeit, 1969.

Kießling, Heinz / Pelikan, Horst, Körperschaftsteuer, 12. Aufl., 1991.

Kirchner, Hildebert, Abkürzungsverzeichnis der Rechtssprache, 4. Aufl., 1993.

Kläschen, Körperschaftsteuergesetz mit den einschlägigen Vorschriften des EStG, Kommentar, Loseblatt, Stand: 18. ErgLfg. 2/1991.

Kluge, Volker, Das deutsche internationale Steuerrecht, 3. Aufl., 1992.

Knobbe-Keuk, Brigitte, Referat, Thema: Empfiehlt sich eine rechtsformunabhängige Besteuerung der Unternehmen?, Teil O, Sitzungsbericht über die Verhandlungen der steuerrechtlichen Abteilung, Verhandlungen des 53. Deutschen Juristentages 1980, S. O9 - O36.

dies., Möglichkeiten und Grenzen einer Unternehmenssteuerreform, DB 1989, 1303 - 1309.

dies., Bilanz- und Unternehmenssteuerrecht, 8. Aufl., 1991.

Kofler, Herbert, Die körperschaftsteuerlichen Reformvorschläge und ihre Beurteilung in betriebswirtschaftlicher Sicht, 1978.

Kopp, Roland, Rechtsformabhängige Belastungsdifferenzen als Ansatzpunkt einer Reform der Unternehmensbesteuerung, 1983.

Korn/Debatin, Doppelbesteuerung, Sammlung der zwischen der Bundesrepublik Deutschland und dem Ausland bestehenden Abkommen über die Vermeidung der Doppelbesteuerung, Kommentar, 9. Aufl., Loseblatt, 3. ErgLfg. August 1992.

Krabbe, Helmut, Steuerliche Behandlung von Schachtelbeteiligungen an ausländischen Kapitalgesellschaften, BB Beilage 3/1975.

ders., Änderungen bei der indirekten Steueranrechnung im Rahmen des neuen Körperschaftsteuerrechts, BB 1977, 1091 - 1093.

ders., Berücksichtigung ausländischer Steuern vom Einkommen bei der deutschen Besteuerung, BB 1980, 1146 - 1150.

ders., Der neue Pauschalierungserlaß, RIW 1985, 51 - 53.

Krause, Michael, Steuerliche Maßnahmen der Industriestaaten zur Förderung von Investitionen in Entwicklungsländern unter besonderer Berücksichtigung der fiktiven Anrechnung ausländischer Steuern, Intertax 1979, 99 - 105.

Krebs, Hans-Joachim, Die Reform der Körperschaftsteuer, BB Beilage 3/1976.

ders., Überlegungen zur Vereinfachung des Körperschaftsteuer-Anrechnungsverfahrens, BB 1984, 1862 - 1873.

ders., Steuerpolitische Entscheidungen zu Beginn des zweiten Jahrzehnts des deutschen Körperschaftsteuersystems, GmbHR 1987, 156 - 164.

ders., Die Harmonisierung der direkten Steuern für Unternehmen in der EG, BB 1990, 1945 - 1951.

Kreile, Reinhold, Möglichkeiten und Grenzen einer grundsätzlichen Reform des Körperschaftsteuerrechts, BB 1970, 893 - 896.

Kuhn, Klaus, Ungelöste steuerliche Probleme und wirtschaftliche Aspekte der Körperschaftsteuerreform, FR 1979, 313 - 319.

ders., Probleme der Besteuerung von Kapitalgesellschaften und Konzernen, StbJb 1980/81, 167 - 195.

Lademann, Kommentar zum Körperschaftsteuergesetz, Loseblatt, Stand: 21. ErgLfg. Januar 1993.

Lampe, Adolf, Reine Theorie der Finanzreform, FA N.F. 1934, Bd. 2, 218 - 280.

Lang, Joachim, Reform der Unternehmensbesteuerung, StuW 1989, 3 - 17.

ders., Reform der Unternehmensbesteuerung auf dem Weg zum europäischen Binnenmarkt und zur deutschen Einheit, StuW 1990, 107 - 129.

Lüdicke, Jochen, Steuerermäßigung bei ausländischen Einkünften, 1985.

Maas, Ernst, Die Besteuerung ausländischer Einkünfte und ihre Auswirkungen auf das verwendbare Eigenkapital bei Kapitalgesellschaften nach dem Körperschaftsteuergesetz 1977, BB 1976, 1506 - 1508.

ders., Überlegungen zur Vereinfachung des körperschaftsteuerlichen Anrechnungsverfahrens, BB 1985, 45 - 47.

Maenner, Günter, Grundfragen des körperschaftsteuerlichen Anrechnungsverfahrens, 1982.

Manke, Klaus, Neue Entwicklungen beim Abschluß von Doppelbesteuerungsabkommen, StuW 1976, 93 - 99.

ders., Auswirkungen der Körperschaftsteuerreform auf das Außensteuerrecht, StbJb 1977/78, 269 - 294.

ders., Günstigere Regelungen zur Berücksichtigung ausländischer Steuern, DStZ 1980, 323 - 329.

ders., Steuerreform und Doppelbesteuerungsabkommen, WPg 1989, 70 - 77.

Mannhold, Peter M., Die Familien-GmbH im geltenden Recht und unter Aspekten der Körperschaftsteuerreform, FR 1976, 369 - 373.

Märkle, Rudi W./Gottstein, Siegfried/Seibold, Werner/ Stegmüller, Hubert, Das Anrechnungsverfahren nach dem Körperschaftsteuerreformgesetz 1977, 1978.

Mayer-Wegelin, Eberhard, Die Körperschaftsteuer-Erhöhung - ein neuer Begriff, BB 1976, 1599 - 1601.

ders., Die Körperschaftsteuer-Erhöhung im Konzern, BB 1978, 1404 - 1406.

Mayr, Siegfried, Volle Anrechnung der Körperschaftsteuer in Italien, IWB 1978, Fach 5 Italien, Gruppe 2, 131 - 134.

ders., Das neue Körperschaftsteuer-Anrechnungssystem nach italienischem Recht, in: Das neue italienische Körperschaftsteuerrecht, Münchener Schriften zum Internationalen Steuerrecht, Heft 1, hrsg. v. Klaus Vogel, 1979, S. 8 - 21.

ders., Die direkten Steuern in Italien, IWB 1990, Fach 5 Italien, Gruppe 2, 283 - 324.

Meilicke, Heinz, Steuerliche Erleichterung der Umwandlung und Umgestaltung von Unternehmungen, Die Aussprache 1967, 213 - 221.

Menck, Thomas, Das Revisionsprotokoll zum deutsch-französischen Doppelbesteuerungsabkommen, DStZ 1970, 273 - 278.

ders., Welteinkommen und Territorialität der Besteuerung nach deutschem Recht und in deutscher Sicht, in: Steuern auf ausländische Einkünfte, Münchener Schriften zum Internationalen Steuerrecht, Heft 7, hrsg. v. Klaus Vogel, 1985, S. 28 - 41.

Mennel, Annemarie, Internationaler Vergleich der Anrechnung ausländischer Steuern, RIW 1977, 470 - 476.

dies. (Hrsg.), unter Mitarbeit von Domann, Rita..., Steuern in Europa, USA, Kanada und Japan, Loseblatt, Stand: 24. ErgLfg. 1992.

Merkert, Hubert, Plädoyer für ein Schachtelprivileg im neuen Körperschaftsteuerrecht, DB 1977, 1819 - 1821.

Michels, Rolf, Anrechnung, Abzug oder Pauschalierung ausländischer Steuern, DB 1981, 22 - 27.

Moebus, Ulrich, Schachtelbeteiligung bei der Körperschaftsteuer, Vermögensteuer und Gewerbesteuer, 1979.

Mösbauer, Heinz, Zur aktuellen Diskussion einer Reform der Unternehmensbesteuerung, FR 1987, 49 - 54.

Mössner, Jörg Manfred, Grundfragen des Doppelbesteuerungsrechts: Die Methoden zur Vermeidung der Doppelbesteuerung - Vorzüge, Nachteile, aktuelle Probleme -, in: Grundfragen des internationalen Steuerrechts, hrsg. im Auftrag der Deutschen Steuerjuristischen Gesellschaft e.V. v. Klaus Vogel, DStJG 1985, 135 - 169.

Mössner, Jörg Manfred u.a., Steuerrecht international tätiger Unternehmen, Handbuch der Besteuerung von Auslandsaktivitäten inländischer Unternehmen und von Inlandsaktivitäten ausländischer Unternehmen, 1992.

Mühl, Wolfgang, Überlegungen und Vorschläge für weitere Verbesserungen der steuerlichen Rahmenbedingungen - Reform der Unternehmensbesteuerung in der Bundesrepublik Deutschland, hrsg. v. Institut Finanzen und Steuern, Nr. 292, 1990.

Müller-Dott, Johannes Peter, Über die Notwendigkeit eines körperschaftsteuerlichen Schachtelprivilegs, BB 1977, 1267 - 1270.

ders., Avoir fiscal und Tarifbelastung nach § 27 Absatz 2 Körperschaftsteuergesetz 1977, RIW 1978, 309 - 311.

ders., Anrechnung ausländischer Steuern nach § 26 Abs. 1 KStG und Aufteilung des verwendbaren Eigenkapitals, BB 1978, 1105 - 1113.

ders., Kann das italienische Körperschaftsteuer-Anrechnungsverfahren Vorbild für eine Vereinfachung des deutschen Körperschaftsteuerrechts sein?, in: Das neue italienische Körperschaftsteuerrecht, Münchener Schriften zum Internationalen Steuerrecht, Heft 1, hrsg. v. Klaus Vogel, 1979, S. 22 - 27.

ders., Zur Aufteilung ermäßigt besteuerter Eigenkapitalteile nach dem Steuerentlastungsgesetz 1984, BB 1984, 524 - 526.

ders., Das deutsche Steuerrecht braucht ein Holdingprivileg, Handelsblatt v. 15.5.1990, 10.

Nell-Breuning, Oswald von, Fragwürdige Rechnungen, DER VOLKSWIRT 1970, Nr. 39, 61 - 64.

Neyer, Wolfgang, Körperschaftsteuergesetz 1977: Auswirkungen der Zwischenschaltung deutscher Kapitalgesellschaften bei Einkünften aus einer ausländischen Betriebstätte, RIW 1980, 412 - 415.

OECD, Verrechnungspreise und multinationale Unternehmen, Bericht des Steuerausschusses der OECD 1979, übersetzt vom BMF in Abstimmung mit dem DIHT und dem BDI, 1981.

Palitzsch, Werner, Bringt die Aufteilung ermäßigt belasteter Eigenkapitalteile bei Vollausschüttung überhaupt einen steuerlichen Vorteil?, BB 1981, 900 - 902.

Päsler, Rüdiger, Handbuch des Investmentsparens, 1991.

Pezzer, Heinz-Jürgen, Die Entlastung ausgeschütteter Gewinne von der Körperschaftsteuer nach dem Körperschaftsteuergesetz 1977 (Anrechnungsverfahren), StuW 1976, 311 - 324.

Pfitzer, Norbert, Zum Einfluß der Besteuerung auf die Finanzierung der zweistufigen internationalen deutschen Unternehmung, 1988.

Pfleiderer, Otto, Steuersystem und volkswirtschaftlicher Kreislauf, FA N.F. 1934, Bd. 2, 419 - 446.

Piltz, Detlev Jürgen, Pauschalierte Steuer für ausländische Einkünfte im KStG 1977, DB 1977, 327.

Pöllath, Reinhard, Die Behandlung ausländischer Einkünfte im körperschaftsteuerlichen Anrechnungsverfahren, RIW 1979, 757 - 764.

Popitz, Johannes, Körperschaftsteuer, in: Handwörterbuch der Staatswissenschaften, Band 5, 4. Aufl., 1923, S. 895 - 900.

ders., Einkommensteuer, in: Handwörterbuch der Staatswissenschaften, Band 3, 4. Aufl., 1926, S. 400 - 437.

Pott, Hans-Michael, Die Berechnung der körperschaftsteuerlichen Tarifbelastung im Falle angerechneter, dem deutschen Fiskus rückerstatteter ausländischer Steuern, BB 1978, 807 - 809.

Prang, Klaus-Martin, Die Vertragspolitik der Bundesrepublik Deutschland beim Abschluß von Doppelbesteuerungsabkommen, 1982.

ders., Die Verhinderung der Doppelbesteuerung auf Basis des OECD-Musterabkommens, RIW 1983, 355 - 360.

Pumbo, Manfred, Steuerbelastung ausländischer Einkünfte bei Weiterausschüttung, DB 1992, 1993 - 1999.

Rädler, Albert J., Nochmals: Zur Ausgestaltung der Körperschaftsteuer, FR 1967, 167 - 169.

Rädler, Albert J./Raupach, Arndt, Deutsche Steuern bei Auslandsbeziehungen, 1966.

Rasenack, Christian A. L., Die Theorie der Körperschaftsteuer, 1974.

Raupach, Arndt, Außensteuerliche Wirkungen der Steuerreformgesetze, JbFSt 1977/78, 424 - 443.

ders., Die Systematik der Grundvorschriften des körperschaftsteuerlichen Anrechnungsverfahrens (§§ 20, 36 EStG, §§ 27, 41, 43 KStG), FR 1978, 570 - 581.

ders., Problematik des verwendbaren Eigenkapitals, StbJb 1979/80, 423 - 445.

Reuter, Hans-Peter, Mängel bei der Anrechnung ausländischer Steuern, FR 1973, 470 - 472.

ders., Einzelfragen des Schachtelprivilegs nach dem Außensteuerreformgesetz, JbFSt 1973/74, 82 - 105.

ders., Einzelfragen des neuen Körperschaftsteuerrechts, StbJb 1976/77, 311 - 347.

ders., Auswirkungen der Körperschaftsteuerreform auf die Rendite steuerbefreiter ausländischer Schachtelbeteiligungen deutscher Kapitalgesellschaften, DStR 1978, 66 - 68.

ders., Auswirkungen der Körperschaftsteuerreform auf die Rendite ausländischer Beteiligungen deutscher Kapitalgesellschaften ohne Schachtelprivileg, DStR 1978, 239 - 242.

ders., Die heutige Bedeutung der steuerlichen Organschaft, DStR 1982, 155 - 156.

Rhein, Wolfgang, Betriebswirtschaftliche Probleme bei der Reform der Gewinnbesteuerung, 1953.

Riedel, Wolfgang, Die steuerpolitische Willensbildung bei der Körperschaftsteuerreform 1977, 1982.

Rieger, Horst, Prinzipien des internationalen Steuerrechts als Problem der Steuerplanung in der multinationalen Unternehmung, 1978.

Riegler, Bernhard/Salomon, Klaus, Folgen der Absenkung des Körperschaftsteuer-Thesaurierungssatzes für ausländische Dividendenempfänger, DB 1990, 1002 - 1003.

Ritter, Wolfgang, Steuerbeziehungen mit der Dritten Welt, DStZ 1979, 419 - 429.

ders., Ausländische Einkünfte und ausländischer Streubesitz unter dem Regime der Körperschaftsteuerreform, BB 1983, 325 - 327.

ders., Reform der Unternehmensbesteuerung aus der Sicht der Wirtschaft, StuW 1989, 319 - 327.

ders., Konzept einer Reform der Unternehmensbesteuerung, BB 1990, 2197 - 2202.

ders., Die deutsche Vertragspolitik zur Vermeidung der Doppelbesteuerung, BB 1991, 353 - 358.

ders., Das Steueränderungsgesetz 1992 und die Besteuerung grenzüberschreitender Unternehmenstätigkeit, BB 1992, 361 - 368.

Roer, Hans, Indirekte und direkte Anrechnung ausländischer Steuern bei der Körperschaftsteuer, DB 1976, 647 - 649, 695 - 698, 744 - 746.

Rose, Gerd, Betrieb und Steuer, Die Ertragsteuern, 1. Buch, 11. Aufl., 1989.

ders., Betrieb und Steuer, Grundzüge des internationalen Steuerrechts, 5. Buch, 2. Aufl., 1991.

Ruding-Ausschuß, Die Schlußfolgerungen und Empfehlungen des Ruding-Ausschusses, DB Beilage 5/1992.

Sachverständigenrat zur Begutachtung der gesamtwirtschaftlichen Entwicklung, Weichenstellungen für die neunziger Jahre, Jahresgutachten 1989/90.

Salditt, Franz, Die deutsche Auslandsinvestition unter der Geltung eines körperschaftsteuerlichen Anrechnungsverfahrens, RIW 1971, 394 - 400.

ders., Das körperschaftsteuerliche Anrechnungsverfahren, RIW 1971, 474 - 480.

Sarrazin, Viktor, Die Reform der Körperschaftsteuer, FR 1976, 493 - 501.

ders., Gesetzgeberische Pläne zur Vereinfachung des Anrechnungsverfahrens, DStZ 1986, 235 - 242.

Saß, Gert, Zum Richtlinienvorschlag zur Harmonisierung der Körperschaftsteuersysteme in der EG, DStZ 1977, 43 - 46, 59 - 63.

ders., Steuerharmonisierung in der EG - Perspektiven für eine Harmonisierung der Körperschaftsteuer und der Gewinnermittlung, DB 1993, 113 - 124.

Schäffle, Albert, Die Steuern, Besonderer Teil, 1897.

Schaich, Immanuel, Die negativen Auswirkungen der Körperschaftsteuer-Reform 1977, insbesondere bei hohem Vermögen und geringen Erträgen, GmbHR 1979, 229 - 233.

Scheffler, Wolfram, Einfluß der Besteuerung auf die Finanzierungspolitik eines internationalen Konzerns, IStR 1992, 118 - 125.

ders., Betriebswirtschaftliche Analyse des Wahlrechts zwischen Anrechnung und Abzug ausländischer Steuern nach dem Steueränderungsgesetz 1992, DB 1993, 845 - 851.

Schieber, Paul Hermann, Besteuerung von Auslandsaktivitäten, DStR 1976, 146 - 158.

Schipporeit, Erhard, Grundsätze und Möglichkeiten einer Unternehmungsteuer, 1979.

ders., Ziele und Möglichkeiten einer Unternehmungsteuer, StuW 1980, 190 - 199.

Schmidt, Kurt, Zur Reform der Unternehmungsbesteuerung, FA N.F. 1962/63, Bd. 22, 35 - 70.

Schmidt, Ludwig, Die Körperschaftsteuerreform, NJW 1976, 2233 - 2242.

ders., Die Organschaft im Körperschaftsteuerrecht nach dem Körperschaftsteuerreformgesetz, GmbHR 1977, 7 - 21.

Schmölders, Günter, Steuerpolitik und Wirtschaftsordnung, FA N.F. 1940, Bd. 7, 206 - 229.

ders., Steuerumbau als Aufgabe für heute, FA N.F. 1943, Bd. 9, 246 - 272.

ders., Organische Steuerreform, Grundlagen, Vorarbeiten, Gesetzentwürfe, 1953.

Schneider, Dieter, Körperschaftsteuerreform und Gleichmäßigkeit der Besteuerung, StuW 1975, 97 - 112.

ders., Reform der Unternehmensbesteuerung aus betriebswirtschaftlicher Sicht, StuW 1989, 328 - 339.

ders., Grundzüge der Unternehmensbesteuerung, 5. Aufl., 1990.

Schnetgöke, Monika, Die fiktive Quellensteueranrechnung bei Dividenden-Einkünften aus Brasilien im Rahmen der §§ 20, 34c EStG, FR 1988, 578 - 579.

Schöne, Wolf-Dieter, Die Besteuerung der Kapitalgesellschaften, 1985.

Schredelseker, Klaus, Kritik der Körperschaftsteuerreform, FA N.F. 1972/73, Bd. 31, 27 - 47.

Schreiber, Ulrich, Rechtsformabhängige Unternehmensbesteuerung?, 1987.

Schuler, Roland Ulrich, Körperschaftsteuerliche Aspekte der geplanten Unternehmenssteuerreform, 1991.

Schulte, Horst, Der Vorschlag einer "Betriebsteuer" und das geltende deutsche Steuersystem, in: Finanzwissenschaftliche Forschungsarbeiten, N.F. Heft 36, hrsg. v. Günter Schmölders, 1967.

Schulze-Brachmann, Arno, Totalitäts- oder Territorialitätsprinzip?, StuW 1964, Sp. 589 - 626.

Seidl, Christian, Betriebsteuer und Neutralität, StuW 1989, 350 - 357.

Siegel, Theodor, Die systemgerechte körperschaftsteuerliche Behandlung nichtabziehbarer Ausgaben, BB 1988, 1013 - 1016.

ders., Gesellschafter-Fremdfinanzierung, Entwürfe eines § 8a KStG und steuersystematische Lösung, StuW 1989, 340 - 349.

Singbartl, Hans/Dötsch, Ewald/Hundt, Florenz, Die Änderung des KStG durch das Steuerreformgesetz 1990, DB 1988, 1767 - 1771, 1819 - 1822, 1871 - 1874.

Söffing, Günter/Wrede, Friedrich, Das Gesetz zur Änderung des EStG, des KStG und anderer Gesetze, FR 1980, 365 - 384, 397 - 404.

Spitaler, Armin, Das Doppelbesteuerungsproblem bei den direkten Steuern, 1936.

Statistisches Bundesamt (Hrsg.), Finanzen und Steuern, Fachserie 14, Reihe 7.2, Körperschaftsteuer 1986, 1991.

Stäuber, Hans-Wilkin, Zur Reform der Körperschaftsteuer, GmbHR 1974, 197 - 201.

Stein, Heinz-Gerd, Auswirkungen der Körperschaftsteuerreform auf die Investitionspolitik deutscher Unternehmen im Ausland, in: Unternehmung und Steuer, Festschrift zur Vollendung des 80. Lebensjahres von Peter Scherpf, hrsg. v. Lutz Fischer, 1983, S. 333 - 343.

Steiner, Herbert, Gedanken zur Betriebsteuer, StuW 1950, Sp. 645 - 676.

Stützel, Wolfgang, Steuersystem und Kapitalverkehr, Die Aussprache 1966, 135 - 143.

Swoboda, Peter, Betriebliche Finanzierung, 1981.

Teichner, Karl, Internationales Steuerrecht, 1967.

Telkamp, Heinz-Jürgen, Betriebstätte oder Tochtergesellschaft im Ausland, 1975.

ders., Die Auswirkungen der Körperschaftsteuerreform auf die Besteuerung international tätiger Unternehmen, FR 1977, 285 - 291, 313 - 322.

Terhalle, Fritz, Steuerumbau als Aufgabe für morgen, FA N.F. 1943, Bd. 9, 191 - 196.

ders., Steuerumbau als Aufgabe für heute und morgen, FA N.F. 1943, Bd. 9, 604 - 621.

Thiel, Rudolf, Die Reform der Körperschaftsteuer und die gesetzestechnische Gestaltung der Grundvorschriften für das Anrechnungsverfahren, 1972.

ders., Wegweiser durch den Irrgarten der körperschaftsteuerlichen Anrechnungsvorschriften, DB 1976, 1495 - 1502.

Thiel, Rudolf/Schad, Hans Joachim, Der Vorschlag der Steuerreformkommission zur Reform der Körperschaftsteuer, GmbHR 1971, 101 - 106.

Thömmes, Otmar, Steuerrecht, in: EG-Handbuch, Recht im Binnenmarkt, hrsg. v. Carl Otto Lenz, 1991, S. 471 - 574.

Tietze, Hubert, Der Einfluß steuerfreier Einnahmen auf die Belastung mit Körperschaftsteuer im Anrechnungsverfahren (KStG 1977) und nach altem Körperschaftsteuerrecht, BB 1977, 438 - 441.

Tillmann, Bert, Das neue Körperschaftsteuerrecht der GmbH, 2. Aufl., 1978.

Tillmanns, Wolfhard, Kapitalausstattung französischer Tochtergesellschaften aus steuerlicher Sicht, DB 1980, 2249 - 2250.

ders., Das Steuerrecht Frankreichs, IWB 1992, Fach 5 Frankreich, Gruppe 2, 881 - 932.

Tipke, Klaus, Zur Problematik einer rechtsformunabhängigen Besteuerung der Unternehmen, NJW 1980, 1079 - 1084.

Tipke, Klaus / Lang, Joachim, Steuerrecht, 13. Aufl., 1991.

Tipke / Kruse, Abgabenordnung, Finanzgerichtsordnung, Kommentar zur AO 1977 und FGO (ohne Steuerstrafrecht), 14. Aufl., Loseblatt, 69. ErgLfg. April 1993.

Troeger, Heinrich, Denkschrift zur Verbesserung der Einkommensbesteuerung 1957, 1958.

Uelner, Adalbert, Referat, Thema: Empfiehlt es sich, das Einkommensteuerrecht zur Beseitigung von Ungleichbehandlungen und zur Vereinfachung neu zu ordnen?, Teil N, Sitzungsbericht über die Verhandlungen der steuerrechtlichen Abteilung, Verhandlungen des 57. Deutschen Juristentages 1988, S. N9 - N28.

Veiel, Otto, Betriebsteuern, Unternehmer und Unternehmergemeinschaften, StuW 1943, Sp. 465 - 553.

Viegener, Johannes, Beschränkungen des Zinsenabzugs auf Gesellschafterdarlehen im französischen Steuerrecht, RIW 1982, 103 - 107.

ders., Vollanrechnung und Schachtelprivileg in Frankreich, IWB 1993, Fach 5 Frankreich, Gruppe 2, 933 - 936.

Vodrazka, Karl, Die Körperschaftsbesteuerung der Kapitalgesellschaften - Argumente und Folgerungen, StuW 1971, 235 - 246.

Vogel, Horst, Pauschalierung der Einkommensteuer und Körperschaftsteuer für ausländische Einkünfte (§ 34c Abs. 3 EStG, § 19a KStG), DB 1959, 984 - 986.

ders., Die außensteuerlichen Wirkungen eines Anrechnungsverfahrens bei der Körperschaftsteuer, in: Steuerlast und Unternehmungspolitik, Festschrift für Kuno Barth, hrsg. v. Karl Oettle, 1971, S. 263 - 282.

ders., Zur außensteuerlichen Wirkung der Körperschaftsteuer - Reform, DB 1975, 756 - 758.

Vogel, Klaus, Doppelbesteuerungsabkommen der Bundesrepublik Deutschland auf dem Gebiet der Steuern vom Einkommen und Vermögen, Kommentar auf der Grundlage der Musterabkommen, 2. Aufl., 1990.

Vogelaar, Th. W., Ein Anrechnungssystem für Europa?, DStZ 1974, 291 - 294.

Wagner, Adolph, Finanzwissenschaft, 2. Theil, Gebühren und allgemeine Steuerlehre, 1880.

ders., Die Reform der direkten Staatsbesteuerung in Preussen im Jahre 1891, FA 1891, 551 - 810.

Wagner, Franz W., Neutralität und Gleichmäßigkeit als ökonomische und rechtliche Kriterien steuerlicher Normkritik, StuW 1992, 2 - 13.

Walz, W. Rainer, Empfiehlt sich eine rechtsformunabhängige Besteuerung der Unternehmen?, Gutachten F für den 53. Deutschen Juristentag 1980.

Weber, Harald, Grundgesetz, Gesellschaftsrecht und die Besteuerung der Unternehmen, DB 1971, 2080 - 2086.

Wehner, Hans-Georg, Die >>Kleinen<< zahlen für die >>Großen<<, DER VOLKSWIRT 1970, Nr. 17, 96 - 98.

Wendt, Rudolf, Reform der Unternehmensbesteuerung aus europäischer Sicht, StuW 1992, 66 - 80.

Wettstein, Reto, Die Unternehmen- oder Betriebsteuer, 1964.

Weyhenmeyer, Hans, Stützel-Plan - Benachteiligung der selbständigen Unternehmer?, Die Aussprache 1969, 217 - 220.

Widdau, Peter, Die Quantifizierung der Steuerbelastung im internationalen Bereich, 1984.

Widmann, Siegfried, Aktuelle Fragen des Körperschaftsteuerrechts, JbFSt 1977/78, 310 - 327.

ders., Die Familien-GmbH im neuen Körperschaftsteuerrecht, DStR 1980, 522 - 527.

Widmer, Max, Tendenzen in der Wahl der Methode zur Vermeidung der Doppelbelastung, RIW 1976, 566 - 571.

Wilke, Kay-Michael, Die Besteuerung ausländischer Einkünfte im Körperschaftsteuerrecht, Teil 1: Das direkte Anrechnungsverfahren, IWB 1988, Fach 3 Deutschland, Gruppe 4, 289 - 298.

ders., Die Besteuerung ausländischer Einkünfte im Körperschaftsteuerrecht, Teil 3: Verluste, Doppelbesteuerungsabkommen, beschränkte Steuerpflicht und Schachtelvergünstigungen, IWB 1988, Fach 3 Deutschland, Gruppe 4, 317 - 324.

ders., Lehrbuch des internationalen Steuerrechts, 4. Aufl., 1992.

Willemsen, Arnold, Was hat die Körperschaftsteuerreform der GmbH gebracht?, GmbHR 1981, 82 - 88.

Wissenschaftlicher Beirat beim BMF, Gutachten zur Reform der direkten Steuern (Einkommensteuer, Körperschaftsteuer, Vermögensteuer und Erbschaftsteuer) in der Bundesrepublik Deutschland, Schriftenreihe des BMF, Heft 9, 1967.

ders., Stellungnahme zur Tarifstruktur der Körperschaftsteuer, Schriftenreihe des BMF, Heft 39, 1987.

Wöhe, Günter, Grundprobleme der Körperschaftsteuer- und Gewerbesteuerreform, ZfbF 1971, 502 - 533.

ders., Die GmbH in der Körperschaftsteuerreform, GmbHR 1971, 245 - 251.

ders., Zur Reform der Unternehmensbesteuerung, DStR 1971, 263 - 275.

ders., Die Körperschaftsteuerreform unter besonderer Berücksichtigung des Anrechnungsverfahrens, DStR 1972, 303 - 308, 334 - 339.

ders., Betriebswirtschaftliche Steuerlehre, Bd. I, Grundlagen - Der Einfluß der Besteuerung auf das Rechnungswesen des Betriebes, 4. Aufl., 1976.

ders., Betriebswirtschaftliche Auswirkungen der Körperschaftsteuerreform, DBW 1977, 25 - 52.

ders., Betriebswirtschaftliche Steuerlehre, Bd. I, Grundlagen - Der Einfluß der Besteuerung auf das Rechnungswesen des Betriebes, 5. Aufl., 1978.

ders., Der Einfluß der Besteuerung auf die Wahl der Unternehmensform, ZfbF 1980, 519 - 538.

ders., Betriebswirtschaftliche Steuerlehre, Bd. II, Halbbd. 2, Der Einfluß der Besteuerung auf Unternehmenszusammenschlüsse und Standortwahl im nationalen und internationalen Bereich, 3. Aufl., 1982.

ders., Einführung in die allgemeine Betriebswirtschaftslehre, 16. Aufl., 1986.

ders., Betriebswirtschaftliche Steuerlehre, Bd. I, Halbbd. 1, Die Steuern des Unternehmens - Das Besteuerungsverfahren, 6. Aufl., 1988.

Wohlschlegel, Hanspeter, Körperschaftsteuerreform mit Hindernissen: Herstellung der Ausschüttungsbelastung und Steuerbefreiungen nach Abkommensrecht, FR 1976, 243 - 245.

Wrede, Friedrich, Die Reform der Körperschaftsteuer, DStZ 1974, 181 - 186.

ders., Die Harmonisierung der Körperschaftsteuern in der Europäischen Gemeinschaft, DStZ 1974, 295 - 300.

ders., Die Reform der Körperschaftsteuer, DStR 1976, 327 - 333.

ders., Grundüberlegungen zur Reform der Körperschaftsteuer, DStZ 1976, S. 411 - 418.

Wundsam, Walter/Zöchling, Hans, Das Steuerrecht Österreichs, IWB 1989, Fach 5 Österreich, Gruppe 2, 239 - 256.

Zeitler, Franz-Christoph/Krebs, Hans-Joachim, "Europataugliches" Anrechnungsverfahren im Standortsicherungsgesetz, DB 1993, 1051 - 1054.